Sabemos lo que sabemos

No sabemos lo que sabemos

No sabemos lo que no sabemos

Dado que sólo somos conscientes de

2.000 BITS

de información
de los

400.000 MILLONES DE BITS

de información
que procesamos
cada segundo...

Cuando alegamos razones en contra
del conocimiento nuevo...
¿cuánta «conciencia» nuestra
está esgrimiendo esas razones?

¿Cómo podemos saber todo acerca
de todo lo que no sabemos?

¿¡Y tú qué (S)aβēs!?

DESCUBRE LAS INFINITAS POSIBILIDADES PARA CAMBIAR TU REALIDAD COTIDIANA

WILLIAM ARNTZ

BETSY CHASSE

MARK VICENTE

Traducción:
Elisa Gómez-Acebo Príes
Carmen González del Yerro

palmyra

Primera edición: septiembre de 2006

Título original: *What the Bleep Do We Know!? Discovering the Endless Possibilities for Altering Your Everyday Reality*, escrito por William Arntz, Betsy Chasse y Mark Vicente, coautores de la película *What the Bleep Do We Know!?* con Jack Forem y Ellen Erwin

Avenida de Alfonso XIII, 1, bajos
28002 Madrid
Teléf.: 91 296 02 00 - Fax: 91 296 02 06
Pág. web: www.palmyralibros.com

Cubierta y diseño interior: Larissa Hise Henoch
Formato interior: Lawna Patterson Oldfield
Diseño gráfico original para el Capítulo 11: Gloria Naylor
Imágenes de alquimia en el Capítulo 12 © Adam McLean, 2002
ISBN: 84-96665-02-X
Depósito legal: M-28.264-2006
Servicios editoriales: conbuenaletra SCP
Fotomecánica: Star-Color
Impresión: Rigorma
Encuadernación: Méndez
Impreso en España-*Printed in Spain*

ÍNDICE

Unas palabras de los autores

Empezamos este proyecto como sabíamos. Terminamos, bueno, ya sabes el título de la película…

Si estás en una librería leyendo esto y buscas una guía que te diga «cómo hacerlo» escrita por seres muy avanzados que ya «lo hayan hecho», probablemente quieras volver a poner este libro en el estante.

Pero si aún sigues leyendo, vamos a hacer un viaje.

O mejor dicho, hicimos un viaje. Recorrimos todo el país en equipo para entrevistar a todas estas personas brillantes y recoger en la película lo que tenían que decir. Resulta que queríamos filmar lo que pensábamos que tenían que decir, pero pronto descubrimos que lo que realmente tenían que decir era *diferente*. Diferente de algunas de nuestras ideas, diferente lo que decían unos de lo que decían otros, diferente de lo que nos enseñaron en el colegio, diferente de lo que se predicaba en la iglesia y diferente de lo que vemos en las noticias de la noche. Y al final, fuimos nosotros los que decidimos. Decidimos *por nosotros mismos* dónde radica la verdad y qué probar en nuestras vidas.

Will Arntz (izquierda) y el famoso científico Ervin Laszlo.

Parece que el ser humano tiene tendencia a pensar que existe una fórmula mágica, una técnica esotérica secreta, o una tradición oculta que, de repente, hará que todo funcione. Si hay una fórmula tan sencilla como ésa, nosotros no la hemos encontrado en años (décadas entre todos) de práctica espiritual.

Como según parece no la conocemos, a lo mejor te preguntas qué hacemos escribiendo un libro. Bueno, para mucha gente, *¿¡Y tú qué sabes!?* presentó muchas ideas y novedosas formas de mirar el mundo. Para otros, parecía que confirmaba lo que siempre habían *sentido* que era verdad, pero nunca habían conocido a nadie que pensara de esa manera. Así pues, una parte de este libro es informativa: ahonda en la ciencia. Luego hay partes que se reflejan en nosotros mismos, en cómo percibimos (o no percibimos) lo que hacemos y en cómo nuestras actitudes influyen en nuestra experiencia y en nuestra realidad. También exploramos la posible clave descubierta por algunos investigadores que explica por qué hacemos lo que hacemos.

Y después está la bola de cristal. Muchos de los entrevistados son visionarios, pioneros y profetas. Todos sentimos que estamos al borde de *algo,* de algo grande. A lo largo de la historia, los cambios fundamentales en la manera de ver el mundo (es decir, los paradigmas) han sido anunciados por los visionarios que los presentían y/o estaban un paso por delante. ¿Crearon los visionarios un paradigma nuevo o es el nuevo paradigma el que retrocede en el tiempo y crea a los visionarios? O ¿una cosa crea otra? O, como sugiere algún modelo nuevo, ¿no es que una cosa cree otra sino que existe sólo un estado de existencia mutua donde la relación causa/efecto es reemplazada por *es*?

Esto es la madriguera del conejo blanco. Y por místico que suene y extraño que parezca, hay datos científicos que sugieren que es así verdaderamente.

Nos pareció muy interesante entrevistar a nuestro coro griego de científicos, filósofos y místicos. Tanto como para que, al final de la entrevista, nuestros equipos de rodaje terminaran animándose a hacer preguntas. Los equipos no estaban formados por personas familiarizadas con la materia; eran profesionales del cine que escogíamos en cada ciudad. Y al quedar expuestos ante esas ideas y conceptos, no podían evitar entusiasmarse y empezar a preguntarse sobre las distintas posibilidades. *Ése* es el porqué de este libro, porque hay gente, mucha gente, que está interesada en estos temas. De modo que si podemos servir un poco de «cocina cuántica», nos alegramos de poder hacerlo. Diviértete con todo esto, porque es un viaje real a asuntos verdaderamente asombrosos.

Will Arntz

Recuerdo que hace cinco años me quejaba (para mis adentros, como hacía a menudo) de que Hollywood no estaba haciendo la clase de películas que yo creía que de verdad merecían la pena y el mundo necesitaba. En aquel entonces yo era un cineasta y lo que quería realmente era encontrar directores que quisieran hacer películas transformadoras, para trabajar con ellos. Un día me topé con la cruda realidad y me di cuenta de que la labor de Hollywood no era hacer películas que cambiaran la vida; tal vez fuera la mía. Y me había pasado todos estos años culpando a Hollywood de no satisfacer mis exigencias... Un poco arrogante, ¿no te parece?

Nunca se me ocurrió que, en vez de quejarme, podía empezar a dirigir. Poco después conocí a William Arntz, probablemente uno de los hombres más valientes que conozco. Hay poca, muy poca gente que predique con el ejemplo como ha hecho Will. Junto con Betsy Chasse, una chica de mucho talento, Will y yo formamos una sociedad creativa que daría origen a la película, al libro y a un nuevo sentido del ser para cada uno de nosotros. Durante los tres años que costó hacer la película vivimos todas las dependencias emocionales que salen en la misma y llegamos al final más viejos y más sabios. Este libro contiene unos cuantos pensamientos que no llegaron a aparecer en la película, pero también los mismos conceptos que hicieron que fuera un éxito. Creo que esos conocimientos y esa información constituyen un material que cambia la vida. Disfruta de nuestra ojeada al futuro de la humanidad.

Mark Vicente

Hace cuatro años vivía feliz con mi «consciencia de zapato» (¿qué zapatos me pongo?, ¿qué coche conduzco?). Entonces, la película cayó literalmente sobre mis rodillas. ¡Habla del universo enviándote un mensaje! He pasado la mayor parte de los últimos cuatro años preguntando a todo el mundo: «¿Qué tiene esto que ver conmigo?» y «¿Cómo puedo usar esto en mi vida?». A veces puede parecer abrumador el intentar siquiera empezar a entender la mayor parte de estos temas e incorporarlos después a tu vida. Este libro ha supuesto una oportunidad increíble para explicar cómo entendemos este mundo tan raro y extravagante en que vivimos. Espero que te ayude a empezar a hacer lo mismo. Aquí está nuestro viaje, nuestras experiencias y nuestra versión de todo ello. No pretendo ser una maestra o una gurú, pero puedo decir que tener la experiencia de convertirlo en una película y escribirlo después en este libro, me ha cambiado para siempre. Confío en que encuentres en él información útil. Pero no aceptes sin más nuestras palabras, inténtalo tú mismo/a.

Betsy Chasse

LAS GRANDES PREGUNTAS

Si te haces grandes preguntas crearás nuevas formas de estar en el mundo. Entrará un soplo de aire fresco. Tu vida será más alegre. El verdadero secreto en la vida no es alcanzar el conocimiento, sino adentrarse en el misterio.

FRED ALAN WOLF

¿Qué ES una Gran Pregunta?
¿Por qué tenemos que preocuparnos?
¿Qué hace que sea Grande?

Digamos que una nave espacial aterriza cerca de ti sobre la mesita del café (¡no vamos a hablar de tamaños!) y dentro se encuentra el *Libro de la sabiduría universal*. Puedes hacerle una sola pregunta. ¿Cuál sería?

Puede parecer un poco tonto, pero vale la pena el esfuerzo. Piensa durante un minuto. ¿Cuál sería la pregunta? Puede ser cualquier cosa. Venga, escríbelo en un diario.

Ahora vamos a pensar que el libro se siente infrautilizado y te regala otra pregunta. Piensa en algo que te despierte curiosidad. Podría ser si Elvis está aún vivo, o dónde has dejado las llaves del coche. Algo que simplemente te resulte atractivo. Escríbelo también.

A estas alturas el libro se siente un poco débil. Llegó a ser el *Libro de la sabiduría universal* haciendo preguntas a todo el mundo y obteniendo respuestas reales. De modo que la pregunta para ti (cuya respuesta será añadida al libro) sería:

¿Qué es LO ÚNICO que sabes con seguridad?

Las grandes preguntas – El abridor de la consciencia

Aparte de unos pocos como Fred Alan Wolf (a quien hicimos referencia en la introducción), ¿nos animamos alguna vez a hacer preguntas? Y sin embargo, la mayoría de los grandes descubrimientos y revelaciones que valoramos en nuestra sociedad han surgido a partir de preguntas. Las cosas que estudiamos en el colegio, las *respuestas,* eran el resultado de las *preguntas*. Las preguntas son las precursoras, o la causa primera, en todas las ramas del saber humano. El sabio indio Ramana Maharshi explicó a sus alumnos que el camino hacia la Iluminación se resumía en «¿Quién soy yo?». El físico Niels Bohr preguntó: «¿Cómo puede un electrón moverse desde A hasta B, sin estar nunca en medio?».

Las preguntas nos abren la mente a lo que no sabíamos previamente. Y en realidad constituyen la única forma de llegar al otro lado de lo desconocido.

¿Por qué hacer una Gran Pregunta? Porque es una invitación a la aventura, un viaje hacia el descubrimiento. Es emocionante comenzar una aventura, tiene el encanto de la libertad; libertad para explorar un territorio nuevo.

Así que, ¿por qué no hacerse grandes preguntas? Porque abre la puerta al caos, a lo desconocido y a lo impredecible. En el momento en que te haces una pregunta de la que realmente no sabes la respuesta, te abres a un campo de infinitas posibilidades. ¿Estás dispuesto a recibir una respuesta que puede no gustarte o con la que puedes no estar de acuerdo? ¿Qué pasa si te hace sentir mal y te saca de la zona segura y confortable que te has construido? ¿¡Qué pasa si la respuesta no es la que quieres oír!?

Hacerse una pregunta no es cuestión de fuerza, sino de valentía.

Veamos ahora qué hace que una pregunta sea Grande. Una Gran Pregunta no tiene que salir de un libro de filosofía, o tratar de los grandes asuntos de la vida. Una Gran Pregunta para ti podría ser: «¿Qué pasaría si decido volver a la universidad y conseguir un título en una nueva materia?» o «¿Debo escuchar esa voz que constantemente me dice que vaya a California o a China?» o «¿Es posible descubrir lo que hay en el interior de un neutrón?». Hacerte estas preguntas o muchas otras puede cambiar la dirección de tu vida. Eso es una Gran Pregunta: la que puede cambiar la dirección de tu vida.

Así que, una vez más, ¿por qué no nos las hacemos? La mayoría de la gente prefiere permanecer en la seguridad de lo conocido y no ir en busca de problemas. Incluso si se dan de narices con una

¿De dónde venimos?
¿Qué deberíamos hacer?
Y ¿adónde vamos?

Miceal Ledwith

La diferencia entre el niño que yo era a los cinco años y cómo soy ahora es que a los cinco años aún no había invertido mucho emocionalmente hablando en cómo es el Universo. No me preocupaba «equivocarme». Todo era aprender. Ahora me recuerdo a mí mismo constantemente: «En ciencia no existe el experimento fallido: aprender que lo que estaba probando simplemente no funciona es ya un éxito en realidad».

WILL

pregunta, es más que probable que escapen corriendo, entierren la cabeza en la arena o se afanen en hacer cualquier otra cosa.

A la mayoría de nosotros nos hace falta una gran crisis para que nos planteemos Grandes Preguntas: una enfermedad que amenaza nuestra vida, la muerte de alguien cercano, el fracaso en el trabajo o en el matrimonio, una pauta de conducta repetida e incluso adictiva de la que parece que no te puedes librar, o una soledad que se te antoja insoportable un solo día más. En esos momentos, las Grandes Preguntas bullen como lava caliente en las profundidades de nuestro ser. Estas preguntas no son ejercicios del intelecto, sino gritos del alma. «¿Por qué yo? ¿Por qué él? ¿Qué he hecho mal? Tras esto, ¿vale la pena seguir viviendo? ¿Cómo puede Dios permitir que esto suceda?».

Si pudiésemos armarnos de la misma clase de pasión para hacernos una Gran Pregunta sobre nuestras vidas *ahora*, cuando no existe una crisis inminente, ¿quién sabe lo que podría pasar?

Como dice el doctor Wolf, hacernos una Gran Pregunta puede crear nuevas formas de vivir en este mundo. Puede ser un catalizador para la transformación. Crecimiento. Más crecimiento. Avance.

Cuando observo a mi hija jugar con un juguete o con cualquier chisme que tenga en ese momento, puedo ver la alegría pura en su cara cuando trata de entender cómo funciona. No se desanima, se limita a intentarlo una y otra vez hasta que consigue lo que quiere. Una vez conseguido, pasa inmediatamente al próximo desafío, a la próxima pregunta.

Estuve observándola esta mañana cuando intentaba averiguar cómo abrir el pestillo de un armario. Le costó un rato, pero no paró hasta conseguirlo. Una vez que se hizo con el pestillo, la siguiente diversión fue: ¡ahora a abrir la puerta! Cuando la abrió su cara resplandeció de excitación. ¡Mira lo que hay dentro! ¿Qué es esto? ¿Y lo de ese estante? Fue un verdadero viaje de exploración, lleno de alegría en cada momento.

Lo que me pregunté entonces y lo que te pregunto ahora a ti es: ¿cuál es tu pestillo?, ¿qué deseas tú saber hoy?

BETSY

La alegría de preguntar

Recuerda cuando tenías cinco años y preguntabas sin cesar «¿Por qué?». Tus padres pudieron llegar a pensar, al cabo de un rato, que lo hacías simplemente para volverles locos, pero ¡tú realmente querías saber! ¿Qué pasó con aquel niño de cinco años?

¿Te acuerdas de ti a esa edad? ¿Puedes recordar qué sentías? Es importante, porque entonces te encantaba estar rodeado de misterio. Te encantaba querer entender las cosas. Te encantaba el viaje. Cada día estaba lleno de nuevos descubrimientos y nuevas preguntas.

¿Cuál es la diferencia entre entonces y ahora?

¡Buena pregunta!

Lo divertido y la alegría de la vida están en el viaje. En nuestra cultura, nos han programado para considerar que «no saber» es algo inaceptable o malo, una especie de fracaso. Para pasar la prueba, tenemos que saber las respuestas. No obstante, cuando se trata incluso del conocimiento objetivo sobre cosas en concreto, lo que la ciencia *no* sabe, supera con creces lo que *sí* sabe. La mayoría de los grandes científicos se han adentrado en el misterio del universo y de la vida en nuestro planeta y han dicho con franqueza que «sabemos muy poco, en realidad tenemos un montón de preguntas». De hecho, eso es lo que piensan los pensadores de prestigio que hemos entrevistado. En palabras del autor Terence McKenna, «cuanto más alumbran las hogueras de conocimiento, mayor se nos revela la oscuridad ante nuestra mirada perpleja».

Es más difícil aún dar con una respuesta escueta a la pregunta «¿cuál es el significado y el objetivo de mi vida?». La respuesta a Grandes Preguntas como ésta sólo puede surgir del viaje de la vida. Y sólo podemos llegar a ella por el camino del no saber, o tal vez deberíamos decir del no-saber-todavía. Si siempre pensamos que sabemos la respuesta, ¿cómo podemos crecer?

Un profesor universitario visitó al maestro zen Nan-in, para preguntarle sobre la filosofía zen. Pero en vez de escuchar al maestro, el visitante expuso una y otra vez sus propias ideas.

Tras escuchar durante un rato, Nan-in se dispuso a servir el té. Llenó una taza hasta el borde y prosiguió vertiendo. El té rebasó los bordes de la taza, llenó el platito y se derramó sobre los pantalones del hombre y por el suelo.

«¿No ve que la taza está llena?», explotó el profesor. «¡No puede seguir llenándola!».

«Exactamente», respondió Nan-in con calma. «Al igual que esta taza, usted está lleno de sus propias ideas y opiniones. ¿Cómo puedo explicarle la filosofía zen si no vacía su taza primero?».

Vaciar la taza significa hacer sitio a las Grandes Preguntas. Significa estar abierto, reacondicionarnos para poder aceptar, de momento, el *no* saber. De ahí surgirá un conocimiento mayor.

He llegado a la conclusión de que encuentro una agradable emoción cuando de repente me doy cuenta de que no conozco la respuesta a algo. Es como llegar al borde de un acantilado en mi propia mente.

En ese espacio de la «nada» o del no-conocimiento alcanzo este fuerte sentimiento de anticipación. Me emociono porque he llegado al límite de lo que conozco y me doy cuenta de que, en breve, llegará a mi cabeza un conocimiento asombroso que no había estado en mí un momento antes.

Será un enorme ¡ajá! He averiguado hace poco que un ¡ajá! estimula el centro de placer del cerebro... Y evidentemente, me he hecho adicto a este sentimiento.

MARK

Cada edad, cada generación posee sus propias suposiciones bien arraigadas, que el mundo es plano, que el mundo es redondo. Existen cientos de suposiciones ocultas, cosas que damos por sentadas que pueden ser o no ser verdad. En la gran mayoría de los casos, esas concepciones de la realidad, que pertenecen al paradigma o visión del mundo imperante, no son precisas. Así, si la historia sirve de guía, gran parte de lo que hoy en día damos por sentado con respecto al mundo, simplemente no es verdad.

John Hagelin, físico

NO ES MALO NO SABER LA RESPUESTA

Hace poco mi sobrina de dieciséis años me mandó un e-mail muy largo. Fundamentalmente decía: «La vida es asquerosa. Veo que papá todos los días llega a casa del trabajo en un estado lamentable. No quiero quedarme atrapada en esa ratonera, pero no veo ningún modo de evitarlo, ¿la vida es así?, ¿qué sentido tiene? La verdad es que me gustaría pegarme un tiro y morir».

«Cristina —respondí—, pensarás quizá que ésta no es una gran respuesta, pero me siento orgulloso de ti. Te diré que vas a resolver tu problema y a encontrar la Respuesta. Sé que quieres respuestas, pero a veces la vida no te las da inmediatamente. Pero estás haciendo las preguntas correctas y eso es importante».

WILL

Estás en compañía distinguida

La gente se ha estado haciendo Grandes Preguntas desde hace miles de años. Siempre ha habido hombres y mujeres que contemplaban las estrellas y se cuestionaban ese vasto misterio, o miraban a su alrededor viendo como vivía la gente y pensaban: «¿No hay nada en la vida más que esto?».

Los antiguos filósofos griegos reflexionaban y discutían sobre las Grandes Preguntas. Algunos, como Sócrates o Platón, se decían: «¿Qué es la Belleza? ¿Qué es la Bondad? ¿Qué es la Justicia? ¿Cuál es la mejor manera de gobernar una sociedad? ¿Qué personas son las adecuadas para ser gobernantes?».

Profesores religiosos, místicos y maestros espirituales como Buda, Lao Tse, Jesús, Mahoma, san Francisco, Meister Eckhardt, Apolonio de Tiana, entre otros muchos de todas las tradiciones de este mundo, se han hecho Grandes Preguntas.

La gente con una mente científica siempre ha formulado preguntas: ¿cómo funciona? ¿Qué hay dentro? ¿Son realmente las cosas como parece que son? ¿De dónde viene el universo? ¿Es la Tierra el centro del sistema solar? ¿Existen leyes y normas que sirven de base a lo que ocurre en la vida cotidiana? ¿Cuál es la conexión entre mi cuerpo y mi mente?

Estas preguntas provocan en los grandes científicos de la historia una pasión por *comprender* que va más allá de la curiosidad. No son simples curiosos, ¡necesitan saber!

Cuando Albert Einstein era un niño, se preguntaba: «¿Qué pasaría si montara en mi bicicleta a la velocidad de la luz y encendiera el faro?, ¿se encendería?». Casi se vuelve loco haciéndose esa pregunta durante diez años, pero gracias a su decidida búsqueda se llegó a la teoría de la relatividad. Es un magnífico ejemplo de un hombre que se hace una gran pregunta y se mantiene en el desconocimiento durante años, hasta que da con una visión de la realidad completamente distinta.

Nunca puedes llegar a una conclusión sobre la vida. La vida es algo eterno, al igual que nosotros somos algo eterno. Tenemos que empezar a buscar otros significados acerca de lo que somos. Bueno, aún tenemos que buscar el significado de lo que somos.

Ramtha

Paradigmas rotos

Una de las grandes cuestiones de la ciencia es la presunción de que lo que hoy se cree que se sabe, mañana es probable que se demuestre que es erróneo. Las teorías de ayer han servido como plataformas para escalar más alto, como explicaba sir Isaac Newton cuando decía: «Si he tenido el privilegio de ver más lejos que otros, es porque me he subido a los hombros de gigantes».

La única manera de que la ciencia progrese es haciendo preguntas, poniendo en duda las suposiciones y las «verdades» que se daban por sentadas en un determinado momento. ¿Qué pasaría si resultase ser cierto también con respecto a nuestra vida personal, nuestro crecimiento individual y nuestro progreso?

¿Sabes qué? Es verdad. Cuando te liberas de tus propias suposiciones con respecto a ti mismo, creces más de lo que nunca hubieras pensado.

Convéncete

Me miro al espejo cada mañana e intento hacerme una Gran Pregunta. «¿Qué no sé y quiero saber?». Esta mañana era «Quiero saber si soy verdaderamente capaz de sentir un amor incondicional».

Para mí no es tan sólo una idea abstracta. El amor incondicional es mi asignatura pendiente, es cómo quiero ser, al menos con respecto a mi marido y a mi hija; pero, si soy sincera conmigo misma, no estoy segura de haberlo sentido nunca verdaderamente.

BETSY

Reflexionar sobre las Grandes Preguntas es una manera maravillosa de que tu mente pase un «buen rato». ¿Cuándo fue la última vez que fuiste con tu mente a galopar salvajemente por el misterio? ¿Cuándo intentaste ir al otro lado del Infinito?

El hacerse preguntas tiene también un valor práctico enorme. Abre la puerta al cambio.

Por ejemplo: te has preguntado alguna vez, tal y como hace Joe Dispenza, «¿por qué repetimos una y otra vez la misma realidad? ¿Por qué seguimos teniendo las mismas relaciones? ¿Por qué conseguimos siempre los mismos trabajos, siempre los mismos? Con el mar infinito de potenciales que existe a nuestro alrededor, ¿cómo es posible que recreemos las mismas realidades?».

O como dijo Einstein, una de las definiciones de locura es hacer las mismas cosas una y otra vez y esperar diferentes resultados.

Así es como llegamos a las Grandes Preguntas. Son *Grandes* porque crean una realidad más significativa, un panorama más significativo y opciones más significativas. Y llegan en forma de *Preguntas* porque vienen del otro lado, de lo Desconocido. Y llegar hasta allí es cambiar.

Reflexiona un rato sobre esto...

Nota sobre «Reflexiona…»: muchos de nosotros podemos contestar a algunas de estas preguntas con facilidad. Pero el secreto es no ver solamente lo obvio, sino ver también lo que no es obvio, el subconsciente. Ese lugar donde no miramos a menudo, si es que alguna vez lo hacemos. Cuando pienses en estas preguntas, recuerda mirar dentro de ti. Piensa en las cosas que puede que aprendieras de niño. Como el miedo, por ejemplo: el miedo a los perros ¿penetra en tu consciencia bajo otro disfraz? Piénsalo despacio. ¡No hay nadie cronometrándote!

- ¿Recuerdas tus primeras tres preguntas del principio del capítulo? ¿Qué son ahora?
- Una nave espacial aterriza a tu lado y dentro está *El libro de la sabiduría universal*. Se te concede hacer una pregunta extra, una pregunta sólo para divertirnos. ¿Cuál es?
- Y otra más de propina: ¿hemos vuelto al principio o hemos avanzado?

Recuerda estas preguntas mientras lees el libro. Seguro que evolucionarán a medida que tú evoluciones. ¡Ésa es la parte divertida! Escribe un diario para poder comprobar tu propia evolución y recordar.

¡Las cosas grandes se consiguen con alegría!
Ramtha

CIENCIA Y RELIGIÓN: EL GRAN DIVORCIO

En la lógica formal, una contradicción es una señal de derrota, pero en la evolución del conocimiento real, señala el primer escalón en el progreso hacia la victoria.

ALFRED NORTH WHITEHEAD

El espíritu y la ciencia constituyen las dos grandes aproximaciones de la humanidad hacia la Verdad. Ambas buscan la verdad sobre nosotros y sobre nuestro universo; ambas buscan respuestas a las Grandes Preguntas. Son dos caras de la misma moneda.

Unidos en el origen

En la primera civilización que conocemos, la antigua Sumeria (3800 a.C.), la búsqueda del conocimiento del mundo que nos rodea y la búsqueda del conocimiento del mundo de lo espiritual se contemplaban como una misma cosa. Tenían un dios de la astrología, un dios de la horticultura y un dios de la irrigación. Los sacerdotes del templo eran escribas y tecnólogos que investigaban esos campos del conocimiento.

Los sumerios conocían el ciclo de 26.000 años, la precisión de los equinoccios, la mutación de las plantas para producir frutos y vegetales y el sistema de irrigación que alimentaba todo el Creciente Fértil (la cuenca de los ríos Tigris y Éufrates).

Avancemos 3.000 años hasta la antigua Grecia. Los filósofos hacían Grandes Preguntas como «¿Por qué estamos aquí? ¿Qué debemos hacer con nuestras vidas?». También inventaron la teoría del átomo, estudiaron los movimientos celestes y buscaron principios universales de conducta ética. Durante miles de años, la astrología era el único estudio de los cielos; de la astrología deriva la astronomía moderna, y de la astronomía, las matemáticas y la física. La alquimia, la búsqueda de la transmutación y de la inmortalidad, originó la ciencia de la química que, posterior-

El alma se eleva y logra satisfacer algo que tiene inculcado en su naturaleza... en el sentido místico de la creación que nos rodea, en la expresión del arte, en el anhelo de Dios. La búsqueda de la ciencia nace [también] de una lucha que la mente se ve obligada a seguir, un interrogante que no será suprimido. Tanto en la búsqueda intelectual de la ciencia como en búsqueda mística del espíritu, nos invita una luz frente a nosotros a la que responde el propósito que surge en nuestro interior.

Sir Arthur Eddington, astrofísico, en *La naturaleza del mundo físico*

mente, se especializaría en física de partículas y biología molecular. Hoy, la búsqueda de la inmortalidad la llevan a cabo los bioquímicos que estudian el ADN.

Un mundo vivo

El mundo en el que la gente creía antes de la Revolución Científica era un mundo vivo. En China, la gente veía el mundo como un juego dinámico entre fuerzas energéticas que cambian constantemente. Nada es fijo o estático; todo fluye, cambia o nace sin cesar.

En Occidente, la gente creía que el mundo en general expresaba la voluntad y la inteligencia del Divino Creador. Sus componentes estaban unidos en una «gran cadena del ser» que se extendía desde Dios, a través de los ángeles, al hombre, a los animales, plantas y minerales, y cada cosa tenía un lugar propio dentro de un todo viviente. Nada estaba aislado; cada parte estaba relacionada con todas las demás.

Los nativos de todos los continentes vivían en una relación armoniosa con su entorno, con los animales y las plantas, el sol y la lluvia, la Tierra viviente. A menudo expresaban esa forma de ver la vida encontrando «espíritus» en montañas, arroyos y arboledas, y basaban su religión y su ciencia en aprender a vivir de un modo que agradara a esos espíritus de la tierra y del cielo.

En todas esas culturas, el objetivo de la ciencia era obtener conocimientos para armonizar la vida humana con las grandes fuerzas del mundo natural y con los poderes trascendentales que presentían tras el mundo físico. La gente quería saber cómo funciona la naturaleza, pero no para controlarla y dominarla, sino para vivir de acuerdo con el flujo y reflujo naturales. Como escribió Fritjof Capra, físico y filósofo, en *El punto crucial*: «Desde la Antigüedad, los objetivos de la ciencia han sido la sabiduría, entender el orden natural y vivir en armonía con él. Se buscaba la ciencia "para gloria de Dios" o, como decían los chinos, para "seguir el orden natural" y "fluir en la corriente del Tao"».

Todo esto cambió radicalmente a mediados del siglo XVI.

En las culturas más importantes del mundo antiguo, una escalera unía lo humano y lo divino. Para dirigirse a la Tierra y al cosmos utilizaban el «Tú» y no «ella/ello». Los antiguos pensaban que participaban en un gran misterio cósmico y que eran parte de él. Experimentaban lo divino como algo inminente en el mundo material. La naturaleza y el cosmos estaban dotados de alma con la presencia divina. En ceremonias como las que se celebraban en Stonehenge... la Tierra se conectaba con el cielo y se fortalecía el sentido de participación en una realidad divina.

Anna Baring

Se cuestiona el poder de la Iglesia

En la Europa medieval, la Iglesia tenía poder supremo. La Iglesia era terrateniente, tenía una gran influencia y era la proveedora de la verdad; además, se arrogaba el papel de ser la única que sabía todo. Su dogma era ley y su poder, absoluto. No sólo legislaba la forma en que funcionaba el mundo espiritual, en términos de cielo, infierno y purgatorio, sino que también decía cómo tenía que comportarse el universo físico.

En 1543, Nicolas Copérnico tuvo la audacia de contradecir a la Iglesia y a la Biblia. Publicó un libro en el que sugería que el Sol, y no la Tierra, era el centro del universo. La Iglesia, al enfrentarse con la idea de que Copérnico podría estar en lo cierto, prohibió a sus seguidores leer el libro. Lo puso en el Índice de libros prohibidos y, cosa increíble, no lo quitó ¡hasta 1835!

Afortunadamente para él, Copérnico murió por causas naturales antes de que la Iglesia pudiera cogerle. Dos científicos que apoyaron su obra no consiguieron escapar tan fácilmente. Giordano Bruno confirmó los cálculos de Copérnico y planteó que nuestro Sol y sus planetas podrían no ser sino un sistema solar entre otros muchos en un universo infinito. Por esa terrible blasfemia, fue llevado ante la Inquisición (que todavía hoy sigue siendo un departamento dentro de la Iglesia), condenado por hereje y quemado en la hoguera.

Galileo Galilei también apoyó el modelo de Copérnico. También él fue llamado ante la Inquisición, pero, como era amigo personal del Papa, solamente le condenaron a permanecer encerrado en su casa (a la edad de 70 años) hasta su muerte.

A menudo se conoce a Galileo como el «padre de la ciencia moderna», porque fue el primero que basó su trabajo en los dos pilares que han caracterizado la actividad científica desde entonces: la observación empírica y el uso de las matemáticas.

A comienzos del siglo XVII, gracias a los descubrimientos de Galileo, el conocimiento dejó de ser propiedad de los sacerdotes. Su validez en adelante ya no se basaría en las fuentes autorizadas de la Antigüedad, o en las jerarquías eclesiásticas. En adelante, el conocimiento se iba a adquirir a través de la investigación y de

De niño, pensaba mucho en Dios. Me dijeron que no podía entender a Dios, que era un misterio que jamás podría desentrañar. Yo, que era arrogante e inquisitivo, decidí que estaban equivocados; pensaba que tenía que haber un camino. Cuando, de adolescente, descubrí la ciencia, me entusiasmé. Aunque sabía que la ciencia estudiaba los efectos de un orden superior, me parecía que las cosas que aprendía se acercaban más al milagro de la vida que muchos de los momentos aburridos que había experimentado de niño en la iglesia. Cuando descubrí la mecánica cuántica, ¡me pareció que estaba en el cielo! (perdón por el juego de palabras); utilizaba un lenguaje que, en mi opinión, podría empezar a explicar lo divino, y la idea del observador podría sugerir que lo divino somos nosotros. La ciencia y el espíritu no son tan distintos; son disciplinas diferentes que intentan entender la misma cosa.

MARK

la observación directa y a validar mediante principios convenidos, que pronto se conocería como el método científico. Los científicos no buscaban enfrentarse a la Iglesia; sabían que era inútil y peligroso. En vez de intentar formular leyes matemáticas sobre Dios o el alma, o siquiera sobre la sociedad y la naturaleza humana, se limitaron a investigar los misterios de la materia.

La Iglesia, por su parte, hizo todo lo que estaba en sus manos para impedir que se propagaran ideas que podrían poner en peligro su autoridad. Pero lo que pasó fue precisamente lo que la Iglesia temía. Cuando los científicos perseveraron en la aventura del descubrimiento, utilizaron el conjunto creciente de conocimientos para crear tecnologías cada vez más poderosas; el atractivo de la actividad científica incrementó el apoyo que recibía.

El abismo entre la ciencia y el espíritu nos afecta hoy porque los científicos implicados en esa clase de debate saben muy poco sobre las verdaderas enseñanzas del espíritu. Se limitan a recoger las historias que se cuentan en todos los púlpitos del país y lo toman por espíritu científico cuando, de hecho, no es más que una versión de la ciencia del espíritu. Y desgraciadamente, los eclesiásticos tampoco conocen su ciencia, de modo que en realidad las dos partes están disparando a fuego cruzado. Pero son sencillamente dos formas complementarias de mirar la realidad.

Miceal Ledwith

Descartes separa el cuerpo de la mente, la humanidad de la naturaleza

El filósofo y matemático francés del siglo XVII René Descartes amplió la distancia que existía entre ciencia y espíritu: «En el concepto de cuerpo, nada hay que corresponda a la mente, y nada hay en el concepto de mente que corresponda al cuerpo».

Y así cayó el hacha y partió por la mitad una misma moneda (la realidad). Si la ciencia y el espíritu estaban divorciándose, Descartes fue el abogado que lo hizo aceptable. Aunque él creía que Dios había creado tanto el espíritu como la materia, pensaba que eran cosas completamente distintas e independientes. La mente humana era un centro de inteligencia y razón, diseñado para analizar y entender. El campo propio de la ciencia era el universo material (la naturaleza), una máquina, según él, que actuaba de acuerdo con leyes que podían ser formuladas matemáticamente. Para Descartes, gran aficionado a los relojes y a los juguetes mecánicos, en la naturaleza todo compartía esa esencia mecánica, y no únicamente las cosas inanimadas como los planetas y las montañas. Asimismo, todas las operaciones del cuerpo podían explicarse de acuerdo con el modelo mecánico: «Considero que el cuerpo humano es como una máquina». La separación de mente y cuerpo, que Descartes convirtió en regla fundamental de la ciencia, ha causado innumerables problemas, como veremos después.

He pasado la mayor parte de mi vida con la cabeza enterrada en la arena. Mi red de seguridad consistía en despertarme por la mañana preocupada por los zapatos que me iba a poner. Nunca pude conformarme con la idea de que, allá arriba en el cielo, había alguien juzgándome y jamás me creí al cien por cien que descendíamos del mono. Siempre me pareció que tenía que haber algo más. Pero era demasiado grande para que yo, tan pequeña, pudiera considerarlo, de modo que, durante mucho tiempo, se lo dejé a los «más listos». Ahora me doy cuenta de que si no me espabilo y participo en ese diálogo, la ciencia y la religión seguirán fomentando el elitismo, el dogma y el poder. Creo que necesitan un buen terapeuta de pareja: ¡NOSOTROS!

BETSY

Francis Bacon y el dominio de la naturaleza

Francis Bacon, filósofo y científico británico, contribuyó también a establecer el método científico. Podemos explicarlo con el siguiente diagrama:

> Hipótesis → investigación y experimentación → sacar conclusiones generales → probar esas conclusiones con más investigación

Es indudable que el método científico ha producido avances enormes para la humanidad, desde un mayor entendimiento de la naturaleza, a mejoras en la salud, en la ingeniería, en la agricultura, etcétera, o a los primeros pasos en la exploración espacial. Pero esto es sólo la mitad de la historia.

Como ha señalado Fritjof Capra, Bacon veía la empresa científica en términos «a menudo francamente perversos». Había que «perseguir sin tregua los desvaríos de la naturaleza», «obligarla a servir» y «esclavizarla». La labor del científico era «atormentar a la naturaleza para arrancarle sus secretos». Desgraciadamente, esa actitud que perseguía obtener conocimientos para controlar y dominar la naturaleza se ha convertido en principio rector de la ciencia occidental. Bacon lo resumía así: «El conocimiento es poder».

El modelo clásico de Newton

Sir Isaac Newton es la persona que más frecuente e íntimamente asociamos con la formulación de la concepción científica del mundo; y por «física newtoniana» o «modelo newtoniano» nos referimos con frecuencia al modelo mecanicista del mundo. Estos términos están justificados, porque Newton dio pasos de gigante con respecto a sus antecesores: sintetizó sus ideas y métodos y los hizo avanzar enormemente. Las conclusiones a las que llegó fueron tan convincentes que, durante casi trescientos años, los científicos estuvieron persuadidos de que describían de forma precisa el funcionamiento de la naturaleza.

Para Newton, como para Descartes, el mundo era como una máquina que funcionaba en un espacio tridimensional, con acontecimientos que tenían lugar en el tiempo, como los movimientos de las estrellas o la caída de las manzanas. Según él, la materia era sólida y tenía partículas diminutas en el núcleo. Esas partículas, al igual que objetos gigantes como los planetas, se movían de acuerdo con leyes de la naturaleza, como la fuerza de la gravedad, y esas leyes podían ser descritas con tal precisión matemática que, si conociéramos las condiciones iniciales de cualquier objeto, como por ejemplo la localización de un planeta y la velocidad y la trayectoria de su órbita, podríamos predecir su futuro con certeza absoluta. La conexión de dos acontecimientos tan dispares como la caída de una manzana y el movimiento de un planeta fue un hecho completamente revolucionario. La conexión era una «fuerza», en este caso, la fuerza de la gravedad.

El enfoque mecanicista no tardó en ser aplicado a todas las ciencias, a la astronomía, a la química, a la biología, etc. Ése es el mundo en el que, salvo unas cuantas variaciones (como la visión más sofisticada del nivel atómico de la realidad), a todos nos han enseñado a creer.

Newton y la religión

Ten en cuenta que por muy revolucionarios que fueran Newton y sus colegas en su trabajo, no cuestionaron la visión dominante en su época en lo relativo a la religión. Estaban inmersos en ella. Aunque se les debe a ellos la creación de un paradigma

En el siglo XVII pasamos de una época en la que el universo se consideraba como una entidad viva y vibrante, a otra en la que el mundo se veía como una máquina. Descartes y Newton reforzaron esa idea, utilizando la ciencia y las matemáticas para describir un mundo no viviente de objetos inanimados. Descartes veía el mundo como una máquina. Le interesaban los relojes. El problema es que él y otros científicos primitivos aplicaron el modelo de un reloj a los sistemas vivientes. La idea consistía en que si entendíamos lo bastante bien las partes, entenderíamos el funcionamiento de todo el sistema. Puede que eso sea verdad en lo que se refiere a un reloj, pero el problema es que nosotros no somos máquinas.

Daniel Monti, médico

La filosofía está escrita en este gran libro (el universo) que está siempre abierto a nuestra mirada. Ahora bien, no podemos entender el libro a menos que aprendamos primero a comprender el lenguaje y a interpretar los caracteres con los que está escrito. Está escrito en lenguaje matemático y sus caracteres son triángulos, círculos y demás figuras geométricas. Sin conocerlos, sólo daremos vueltas en un laberinto oscuro.

Galileo Galilei

nuevo y radical que iba a cuestionar y a invalidar acuerdos que habían durado siglos, vivían sus vidas personales en el mundo medieval en el que habían nacido.

Como otras personas, ellos creían que Dios era el maestro arquitecto y constructor del mundo. Newton escribió en su principal obra científica, *Principia Mathematica:*

> Este bellísimo sistema solar con los planetas y los cometas únicamente puede proceder del consejo y dominio de un ser inteligente y poderoso... Ese ser gobierna todas las cosas, no como alma del mundo, sino como Señor de todo... Es eterno e infinito, omnipotente y omnisciente. Gobierna todas las cosas y conoce todo lo que es o puede ser...
>
> Desconozco la razón de que, en nuestro sistema solar, haya un cuerpo cualificado para dar luz y calor a todo el resto, salvo que el Autor pensara que era conveniente.

Como si quisiera preparar a los tiempos venideros en contra de la filosofía materialista que dominaría el pensamiento occidental en nombre de la mecánica newtoniana, sir Isaac Newton escribió: «El ateísmo es tan insensato y tan odioso para la humanidad que nunca tuvo muchos seguidores».

Un divorcio amargo

Pero quienes descubrieron que no tenían necesidad de Dios ni de espiritualidad fueron las generaciones posteriores de científicos, centrados enteramente en la máquina del mundo. Los científicos, una vez liberados de las constricciones impuestas por el dogma religioso, reaccionaron con venganza y proclamaron que todo lo que no se ve y no se puede medir es fantasía y engaño. Muchos se volvieron tan dogmáticos como las autoridades eclesiásticas y afirmaron farisaicamente que somos estrictamente pequeñas máquinas que se mueven en un universo máquina predecible, gobernado por leyes inmutables.

Los seguidores de Darwin dieron la última pincelada al triunfo materialista. No sólo no hay Dios y, por tanto, no existe una inteligencia creadora que guíe la evolución de la vida intergaláctica, sino que nosotros mismos, que una vez fuimos el centro del mundo, no somos más que mutaciones al azar, portadores de ADN en una búsqueda inexorable de algo más, dentro de un universo sin sentido.

¿Hay esperanza de reconciliación?

La separación de mente y cuerpo que Descartes convirtió en una regla científica fundamental (en cuyo descubrimiento científico se creyó durante cientos de años) ha causado un sinfín de problemas. El contemplar el mundo exterior como materia sin vida y nada más, que funciona con arreglo a leyes mecánicas predecibles y carece de toda cualidad espiritual o animada, nos separa de la naturaleza viviente que nos sostiene. Además, proporciona a la humanidad una excusa perfecta para explotar todos los «recursos naturales» para fines inmediatos y egoístas, sin preocuparnos por otros seres vivientes ni por el futuro del planeta.

Y el planeta ha sufrido. Saqueados sus recursos y despojado de su pureza, nuestro hogar contaminado entró en barrena hasta llegar al borde de la extinción.

Cuando la ciencia profundizó aún más en el universo muerto, tropezó con un misterio y lo desentrañó. A comienzos del siglo XX, científicos como Albert Einstein, Niels Bohr, Werner Heisenberg, Erwin Schrodinger y otros fundadores de la teoría cuántica hicieron que el materialismo dominante empezara a resquebrajarse. Dijeron al mundo: cuando la materia se analiza en profundidad, desaparece y se disuelve en una energía insondable. Si seguimos a Galileo y lo describimos en términos matemáticos, ¡resulta que el universo no es material en absoluto! El universo físico no es físico en esencia y puede surgir de un campo que es más sutil todavía que la energía misma, un campo que, más que materia, parece información, inteligencia o consciencia.

Si tanto la ciencia como el espíritu investigan la naturaleza de la realidad ilimitada (y, obviamente, cuanto más ilimitada sea, más se acercará a la realidad), sus caminos deberían cruzarse al final. Las escrituras más antiguas conocidas, los Vedas, hablan de que el mundo físico es una ilusión, *maya* según el término hindú. Según la física cuántica, la realidad no es tal y como la vemos: en el mejor de los casos, está casi vacía, aunque realmente es más como ondas de una no-cosa insubstancial.

Los budistas tibetanos dicen que todo es una «creación interdependiente». En física se habla de interconexión, según la cual todas las partículas están conectadas entre sí y lo han estado desde el Big Bang. Más poética es la famosa paradoja zen «¿cuál es el sonido de una sola mano aplaudiendo?», que recuerda la pregunta de la física «¿cómo puede una partícula estar en dos sitios a la vez?».

La historia del progreso humano muestra que la evolución se produce cuando se incluyen y se integran áreas de estudio cada vez más amplias. ¿Cuál es el sonido de un beso entre dos adversarios?

WILL

Dos caras de la misma moneda

Dogma:
Punto de vista, principio u opinión autorizada que mantiene una Iglesia con respecto a la fe o a la moral.

A estas alturas, la moneda sigue dividida por la mitad, con la religión en una cara y la ciencia en la otra. ¿Por qué? No porque la realidad esté dividida, sino porque los seguidores de esa concepción del mundo son *personas*. Y ¿recuerdas por qué la gente no hace preguntas? Porque puede que la respuesta que obtengan no sea la que quieren.

¿Y si la mente y la materia no estuvieran separadas? ¿Y si hubiera circuitos visibles de transmisión mutua entre ambas? Estamos en el siglo XXI y, sin embargo, la ciencia dominante sigue negándose a considerar esta posibilidad.

Dean Radin, director del departamento científico del Instituto de Ciencias Noéticas, investiga fenómenos psíquicos aplicando estrictamente el método científico. Aun así, todavía encuentra resistencia dentro de la comunidad científica dominante.

Como dice el doctor Radin,

> Los científicos de la corriente dominante tienen creencias personales y privadas, fruto de sus experiencias, pero no las comentan públicamente porque se supone que no se habla de eso en público, al menos en el mundo académico. Ésta es una de las pocas áreas en el mundo académico donde ese tabú, además de ser poderoso, ha persistido durante un siglo por lo menos. Conozco a muchos colegas académicos, personas distinguidas en su campo de trabajo (psicología, física, neurociencia cognitiva, neurociencia básica, etc.) que, en privado, están muy, pero que muy interesados en... fenómenos psíquicos. Algunos están teniendo éxito en sus experimentos. Bien, pues ¿por qué no se sabe? Porque según la cultura académica no se puede hablar de eso. Así es que estamos viviendo la parábola del traje nuevo del emperador. Lo que quiero decir es que el tabú es tan fuerte en este momento que se supone que ni siquiera se puede hablar de él. Es como si fuera un

proyecto gubernamental altamente secreto en el que hasta la existencia misma del proyecto es secreta. Bueno, el tabú es secreto; supuestamente nadie habla de él. Cuando se afronte, será el primer paso hacia su desaparición y se verá entonces que hay un interés enorme en estudiar estos temas por parte de la comunidad científica establecida.

Y TÚ, ¿qué preguntas quieres que se contesten?

¿Y bien? ¿Promueve la oración la creación? ¿Puedes influir en la realidad física con la mente? ¿Se pueden percibir cosas fuera del espacio y del tiempo? ¿Puede un hombre andar sobre las aguas? ¿Existe la Partícula Higgs?

¡¿Qué?!

La física teórica de partículas predice la existencia de la Partícula Higgs (la partícula que da masa a otras partículas). Se están gastando cientos de millones de dólares en la construcción de aceleradores cada vez más potentes para encontrarla. Nosotros creemos, sin embargo, que la mayoría de los ciudadanos del planeta Tierra preferirían saber la respuesta a las cuatro primeras preguntas.

Indudablemente, contestar esas cuatro primeras preguntas tendría un impacto masivo en la manera en que vemos el mundo y nos vemos a nosotros mismos. Un impacto mucho mayor que el que tendría encontrar otra partícula más. Pero la comunidad científica dominante no quiere contemplar lo que le han dicho que está «fuera de su campo». Es curioso, porque los grandes avances parten de ahí.

Así pues, ¿quién se apropia ahora de la búsqueda de la verdad?

Son dos caras de la misma moneda.

Primero la Iglesia, y ahora el nuevo sacerdocio: los científicos.

LA PARTÍCULA HIGGS

La Partícula Higgs es una partícula predecida teóricamente que produce todas las demás partículas de la masa del universo. Durante décadas, los científicos han estado construyendo aceleradores de partículas cada vez mayores para encontrarla porque es una partícula pesada (masiva). No pueden encontrarla porque tiene demasiada masa y da masa a las otras partículas. Entonces, ¿qué da masa a la Partícula Higgs? ¿Hay alguien más que piense que esto es un poco raro? A lo mejor lo que deberían estar buscando es una partícula de «información», que in-forme a las partículas en cuanto se refiere a su estado (masa, carga, rotación ...).

Reflexiona un rato sobre esto…

- ¿Te has apropiado de tu propia búsqueda de la verdad?
- ¿Qué significa espiritualidad para ti?
- ¿Qué diferencia hay entre dogma y ley natural, si es que hay alguna?
- ¿Qué dogmas tienes en tu vida?
- ¿Cómo rigen la forma en que te percibes a ti mismo y tu realidad?
- ¿Usas el método científico en tu vida?
- ¿Cómo afecta a tu vida la separación entre ciencia y religión?
- ¿Qué diferencia hay entre ciencia y religión?
- ¿Cómo influye el dualismo en tu forma de ver la realidad y a ti mismo?
- ¿Vives tu vida aparte, como si estuvieras separado de la naturaleza y de todos los demás, o te sientes verdaderamente conectado?
- ¿Con qué frecuencia te sientes como un lagarto? ¿Puedes hacer que te salga cola?

CAMBIO DE PARADIGMA

Busco a un montón de hombres con una capacidad infinita para ignorar lo que no puede hacerse.

HENRY FORD

Un paradigma se parece a una teoría, pero es un poco diferente. Una teoría es una idea que pretende explicar el funcionamiento de algo, como por ejemplo la teoría de la evolución de Darwin. Se supone que deber ser comprobada, demostrada o rebatida, apoyada o desafiada a través de los experimentos y de la reflexión. El paradigma, por el contrario, es un conjunto de suposiciones implícitas que no tienen que ser confirmadas; de hecho, son esencialmente inconscientes. Forman parte de nuestro modus operandi como individuos, como científicos o como sociedad.

¿Has hecho alguna vez galletas de Navidad utilizando un molde? Pongas los ingredientes que pongas, todas salen del horno exactamente iguales.

WILL

Un paradigma nunca se pone en duda puesto que nadie piensa en él. Es como si llevamos puestas *todo el tiempo* las típicas gafas con cristales rosas y todo lo vemos de color rosa. Así es la realidad en que vivimos. Nuestras percepciones nos llegan a través de ese marco que encuadra todas las cosas que damos por supuestas. Nunca nos las cuestionamos y ni siquiera nos damos cuenta de que existen, hasta que nos damos de narices contra una pared y las gafas de color de rosa se hacen añicos y, de repente, el mundo parece diferente.

Paradigmas y sistemas de creencias

Otra forma de entender el paradigma es verlo como un sistema de creencias. Si alguna vez has intentado definir tu sistema de creencias, lo que valoras y crees, sabrás lo difícil que es. Puede que algunos de los puntos en los que hayas pensado conscientemente no sean tan difíciles; puedes creer en la importancia de la familia, de la amistad, del ejercicio, de una dieta sana; puedes tener razones para pensar que tu afiliación política es la sensata, etc. Pero existen docenas, quizá centenares, de creencias inconscientes que no has examinado y que rigen tu vida desde el nivel subterráneo de la consciencia imprecisa, creencias sobre tu valía y competencia por ejemplo, o sobre si puedes confiar en la gente o no, creencias que fueron depositadas durante la niñez y continúan determinando tu relación con el mundo.

Un paradigma es como el sistema de creencias inconscientes de una cultura. Vivimos y respiramos esas creencias y pensamos e interactuamos de acuerdo con ellas.

El antiguo paradigma científico ya no funciona

Todos los días, prácticamente, aparece información científica nueva que no puede ser explicada utilizando el modelo newtoniano clásico. La teoría de la relatividad, la mecánica cuántica, la influencia de los pensamientos y emociones en nuestros cuerpos, las llamadas «anomalías», como la percepción extrasensorial, la sanación mental, la visión remota, las personas que actúan de médium y canales, las experiencias en la antesala de la muerte y fuera del cuerpo, todo ello apunta a la necesidad de crear un modelo diferente, un nuevo paradigma que incluya todos esos fenómenos dentro de una teoría más global sobre el funcionamiento del mundo.

No se trata sólo de que el modelo antiguo no sea suficiente para responder las cuestiones que plantea la nueva búsqueda. Un problema aún más serio es que el viejo modelo no ha hecho lo suficiente para liberar al ser humano del sufrimiento, de la pobreza, de la injusticia y de la guerra. De hecho, podríamos decir incluso que muchos de estos problemas han ido *a peor* por causa del modelo mecánico que ha dominado tanto tiempo nuestro modo de experimentar el mundo.

Ahora que comienzo a entender los paradigmas que rigen mi vida, puedo empezar a entender cómo he creado distintas situaciones en mi vida. Realizar esta película y escribir este libro han roto un paradigma inconsciente que yo tenía, que me hacía pensar «¡no soy tan lista!». Nunca pensé que pudiese entender alguno de estos conceptos. Bueno, tengo cierto desparpajo y soy ingeniosa y puedo abrirme camino en el mundo y tener éxito. Pero no soy «un libro abierto». En la primera semana de mi participación en la película, Will y Mark me dieron unos veinte libros y me dijeron: «Empieza a leerlos, porque vas a llamar a esos científicos y les vas a convencer de que tienen que intervenir en nuestra película». Me costó un tiempo dejar de decirme a mí misma que no era capaz. Era mi trabajo y tenía que hacerlo. Una vez que me relajé y dejé de pensar en mis limitaciones, me lancé de cabeza. Aún ahora me puede agobiar, pero entonces simplemente me repito a mí misma: «¡Soy un genio!».

BETSY

Repercusiones del paradigma newtoniano

Los cambios de paradigma también ocurren a escala humana. Puede ser tan simple como el despertarte de repente y darte cuenta de algo acerca de ti que ha estado siempre ahí, pero nunca te habías percatado. Por ejemplo: he descubierto hace poco una de las razones de mi voraz apetito de conocimiento; provenía no sólo de la curiosidad, sino también del miedo. Recuerdo que de niño tenía miedo a muchas cosas. Quizá como forma de combatir un sentimiento de inseguridad y de falta de confianza, decidí aprender de todo tanto como pudiera para intentar construir un modelo «predecible» de la realidad. Pensaba que de ese modo podría predecir cualquier acontecimiento que pudiera ocurrir y causarme dolor. Vivía en un constante estado de miedo debido a mi interpretación de los hechos que me sucedieron de niño. Sin embargo, se me ocurrió que si no hubiera tenido miedo, no habría tenido obsesión por el conocimiento. En cuanto me di cuenta, me sentí agradecido por las experiencias «difíciles». Mi visión y mi versión del pasado cambiaron para siempre en ese momento. Eso es lo que yo llamo un cambio de paradigma: una mirada nueva a una situación antigua.

MARK

El modelo materialista de la realidad pasó hace tiempo desde las filas de la «teoría» a quedarse establecido como base implícita de todo pensamiento e investigación. Durante 400 años ha gobernado la búsqueda científica y la apertura del mundo científico a lo que es posible o imposible. Dice que el universo es un sistema mecánico compuesto por «sillares» elementales, materiales y sólidos. Afirma que es real lo que es *medible* y que lo *medible* es sólo aquello que podemos percibir con los cinco sentidos y cualquier extensión mecánica de los mismos. Presupone también que la única manera válida de adquirir conocimiento es desterrar los sentimientos y la subjetividad y llegar a ser completamente racional y objetivo.

Esta manera de relacionarse con el mundo divide la totalidad de la vida humana en mente y cuerpo. Declara que son impropios los sentimientos, las pasiones, las intuiciones y la imaginación. Cosifica la naturaleza y nos aparta de ella. Bajo ese prisma, la naturaleza se convierte en «recursos» que controlar y explotar en vez de en un sistema orgánico vivo que hay que cuidar y mantener.

Según el paradigma científico actual, vivimos en un universo mecánico que es un universo muerto. Es el mundo de la máquina. Puede que una inteligencia viva lo creara y pusiera en marcha (tal y como Newton y los primeros científicos creían firmemente), pero, ahora, el universo es completamente mecánico y predecible. Dado un conjunto de condiciones iniciales, el resultado está determinado en su totalidad. Los efectos son inevitables.

Ahora bien, aunque el movimiento de los planetas sea predecible al igual que la caída de rocas o de manzanas, y aunque el funcionamiento de los objetos y su relación con el mundo material sea cuantificable (y veremos más tarde que la física cuántica contradice estos postulados), afirmar que todo ello es cierto con respecto a la vida humana es degradante y sofocante. ¿Adónde nos lleva esa clase de vida? Si no existe la libertad, si el camino que tenemos delante está totalmente determinado de antemano, ¿en qué consiste la vida, entonces? En ese modelo no hay lugar para el conocimiento ni para el espíritu, la libertad y la elección.

Un paradigma nuevo

En palabras del doctor Jeffrey Satinover, «hay un montón de gente que quiere que la mecánica cuántica les rescate de esa indiferencia fría y despiadada. Y creen que necesitan ser rescatados porque la idea mecánica, fría y despiadada es enormemente poderosa. Aunque confiesen que no creen en ella, ha influido en su vida y en la visión de la civilización en grandísima medida».

Imagínate que eres un ser mecánico (todos hemos visto las suficientes películas de ciencia ficción como para imaginárnoslo con relativa facilidad) que vive en un mundo completamente muerto, en el cual todas las «cosas» son objetos inconscientes e insensibles que están totalmente controlados por leyes de funcionamiento abstractas. ¿Qué se siente? ¿Cómo te sientes con respecto a tus seres queridos, ahora que eres sólo una máquina y que el amor no es más que una circunstancia de la química del cerebro, un beneficio evolutivo para el ADN y nada más?

¿Te lo crees? Sin embargo, es lo que dice la mayoría de los científicos en todo el mundo. Son los mismos que dicen por qué el cielo es azul, y por qué arranca el coche por la mañana, y por qué los árboles convierten el dióxido de carbono en oxígeno. Y, si tuviesen un ordenador lo suficientemente potente, te dirían por qué estás ahí sentado justo ahora leyendo este libro en concreto. Todo son condiciones iniciales con las que «tú» (una ilusión, de todos modos) no tienes nada que ver.

¿Te lo crees?

Por supuesto que nos cuesta pensar en *nosotros* como seres puramente mecánicos, y es que no lo somos. Nadie lo es. Todos experimentamos que tenemos (o que quizá *somos*) consciencia y espíritu y que *hacemos* elecciones.

¿O no?

Y henos aquí en el fondo de la madriguera del paradigma. A la izquierda está la vida en la que somos seres conscientes que determinamos nuestro camino, y a la derecha sólo hay unos y ceros que, de alguna manera, crean una imagen ilusoria de ti.

Desde el punto de vista clásico, somos máquinas, y en las máquinas no hay lugar para la experiencia consciente. No importa que la máquina muera, siempre puedes matarla, o tirarla a la basura... da igual. Si el mundo es así, la gente actuará así. Pero hay otra forma de pensar con respecto al mundo... a la que apunta la mecánica cuántica, que sugiere que el mundo no es una maquinaria de reloj, sino que se parece más a un organismo. Es semejante a un organismo con infinitas interconexiones... que se extiende a través del espacio y del tiempo. Y desde un punto de vista muy básico tiene que ver con la moral y la ética, que yo creo que afectan al mundo. En cierto sentido, ésa es realmente la clave para entender por qué es importante un cambio en la visión del mundo.

Dean Radin, psicólogo

Para mí el gran cambio de paradigma tiene que ver conmigo (el aquí dentro) y con el resto del universo (el ahí fuera). Si sólo somos relojes, muñecos de cuerda en un universo de tic tac, ¿por qué debería preocuparme lo que pase fuera de mí? Tal actitud es la que hace que sea fácil bombardear a la gente, agotar los recursos y mandar a las generaciones futuras a un mundo indigente. No obstante, cuando amplío mis fronteras en el tiempo y en el espacio, todo es diferente. En la práctica significa que, en lugar de dejar la luz toda la noche encendida porque soy demasiado perezoso para apagarla, pienso en la cantidad de carbón o de petróleo que se quema con la iluminación de esa bombilla, pienso luego en su fabricación, en el agujero de ozono, y en que dentro de tres generaciones no quedará nadie. Es asombroso que la gente se preocupe todo el día pensando en su próxima comida y no le importe qué va a comer alguien dentro de cien años. El alce que pasta en mi pradera va de una zona a otra y jamás se come TODAS las semillas. Por cierto, tampoco llevan reloj.

WILL

El *establishment* se opone

Al igual que en tiempos de Copérnico, Newton y los demás pioneros del modelo científico de los siglos XVI y XVII, los elementos conservadores de la sociedad no sólo rechazan estas nuevas ideas, sino que se oponen ferozmente a ellas. La ortodoxia establecida se ha atrincherado rígidamente y no está dispuesta a considerar cambio alguno. Hoy en día, ya no se quema en la hoguera (suplicio de eficacia probada), pero las autoridades eclesiásticas han sido sustituidas por algunas personas, no todas, que utilizan el poder de las universidades, de instituciones subvencionadas por el gobierno y de medios de mentalidad cerrada para amenazar, más que la vida, el *sustento* de los científicos «heréticos» (mediante el despido, negando la promoción o la permanencia en el puesto, reteniendo el dinero de los préstamos, o a través del ridículo o del sarcasmo), cuyas ideas y proyectos de investigación no entran dentro de los límites aceptados.

Amit Goswami vislumbra una esperanza. Cree que la oposición no es necesariamente algo malo. «La oposición tiene algo importante que decir. Nunca excluyes algo mientras creas que es basura, pues basta un examen superficial para eliminar la basura. Sin embargo, cuando algo se vuelve significativo y ya no sirve un mero examen superficial, entonces te vuelves firme y quieres excluirlo, porque es demasiado peligroso. Así, la percepción de que los científicos alternativos están argumentando bien los datos que obtienen en su campo está impactando ya en el mundo de la ciencia establecida. Por eso creo que la polarización existente es una buena señal de que estamos llegando a alguna parte».

La evolución de los paradigmas científicos

Una de las grandes verdades con respecto a los paradigmas es que *cambian*. En la ciencia especialmente, que es una aventura continua en la que una generación construye sobre el trabajo de las que la precedieron, el paradigma del conocimiento evolu-

ciona a medida que se demuestra que los antiguos puntos de vista son incompletos o incorrectos. A veces avanza lentamente, otras veces a bombo y platillos; la grandeza de la ciencia es que ¡*realmente* avanza! Avanza inexorablemente, construyendo un punto de vista nuevo o una estructura nueva sobre la base de los antiguos.

A veces el modelo actual choca contra el avance continuo del conocimiento y resulta dañado en el encontronazo. Luego, con la ayuda o con la oposición de los poderes existentes, el modelo da lugar a otro nuevo.

El doctor Hagelin ha descrito el proceso de este modo:

> En el progreso de la ciencia hay etapas de entendimiento y etapas de evolución del conocimiento. Cada una de ellas trae consigo su propia visión del mundo, su propio paradigma, según el cual la gente actúa, han nacido gobiernos y naciones, se han redactado constituciones, se han estructurado instituciones y se ha creado la educación. Así, el mundo evoluciona de paradigma en paradigma a medida que el conocimiento progresa. Cada edad tiene su visión característica del mundo, su paradigma característico; uno lleva finalmente al otro.

Creo que la tendencia de mayor alcance en nuestros días es un cambio emergente en la visión que compartimos del universo: dejar de considerar que está muerto y experimentar que está vivo. Si consideramos que el universo está vivo y vemos que nosotros mismos estamos continuamente sostenidos dentro de ese principio vital, veremos que estamos íntimamente relacionados con todo lo que existe. Esa visión interior... representa un nuevo modo de mirar el mundo y de relacionarnos con él, y supera la profunda separación que ha marcado nuestras vidas.

Duane Elgin

EL PARADIGMA DE LOS PARADIGMAS

Junto con otros muchos científicos punteros, William Tiller ha acometido de frente el prejuicio de marras: «Bueno, hemos hecho experimentos con la intención y hemos obtenido resultados muy sólidos... Entonces ¿por qué no se lanza de lleno la ciencia a su investigación? La triste realidad es que la mayoría de los científicos están tan encerrados en el paradigma convencional y en el modo convencional de ver la naturaleza que han levantado una pared a su alrededor. Si das información de experimentos que contradigan sus preceptos querrán que desaparezca, y la barren bajo la alfombra. No te dejarán publicarla. Como se trata de in-

formación incómoda para ellos, tratarán de bloquear todos los centros desde los que podrías darla a conocer. Es una pena, pero siempre ha sido así, poco más o menos. Sentirse cómodo con una forma determinada de ver el mundo es una característica humana, y las novedades son incómodas, puesto que hacen que cambies tu forma de pensar».

Tiller explica una razón importante por la que el paradigma actual de la realidad científica tiene que cambiar: «En nuestro paradigma actual no hay lugar para cualquier clase de consciencia, intención, emoción, mente o espíritu. No obstante, como nuestro trabajo muestra que la consciencia puede causar un efecto muy potente en la realidad física, tiene que haber un cambio de paradigma, un cambio que permita incorporar la consciencia. La estructura del universo tiene que expandirse más allá de sus límites actuales para permitir que entre».

Cambio de paradigma personal

El cambio de paradigma que se está produciendo en la actualidad no ocurre sólo en el campo de la ciencia; se extiende también a la sociedad y está teniendo un profundo impacto en nuestra cultura. Pero quizá el cambio más importante que está ocurriendo sea el personal. En los últimos veinte años muchos miles, quizá millones, de personas han experimentado una gran transformación en su escala de valores, en las cosas que perciben y en la manera de relacionarse con otras personas y con el mundo.

¿Por qué está sucedido esto? Una de las razones es que la gente se ha dado cuenta de que tras correr en pos de coches más veloces, casas más grandes o de tener un par de zapatos distintos para cada día del año, lo que queda es un vacío, el mismo vacío que trataban de llenar con posesiones y éxito financiero. La visión materialista del mundo dice: más dinero = mejor vida. Pero tras poseer más cosas y descubrir que el vacío permanece, la conclusión es: la suposición materialista está equivocada.

¿Otra razón? Si el paradigma nuevo es correcto y el universo es un ser vivo, del cual formamos parte nosotros y nuestros pensamientos, los planetas y las partículas subatómicas, entonces la necesidad misma de una nueva concepción del mundo hará que surja. Puede ser una arrogancia por nuestra parte (no, ¡otra vez no!), puede parecer que *nosotros* estamos introduciendo esa nueva visión. Pero un organismo hambriento siempre busca comida y nosotros somos parte de ese organismo, como lo son los planetas, nuestros pensamientos y las partículas subatómicas, y buscamos un camino nuevo porque sabemos que estamos acampados a las puertas de la muerte.

Y realmente no es que sea un lugar muy cómodo para estar. Agua contaminada y aire enrarecido. Un mundo con una superpoblación que se muere de hambre y con armas del tamaño de maletas que pueden destruir una ciudad. La lista sigue y sigue. La doctora Candace Pert dice que «el cuerpo siempre quiere curarse»; y si nuestra realidad, tanto física como no física, es un organismo enorme como sugiere la «nueva física», entonces, en este momento la realidad está tratando de curarse. De ese impulso surgen nuevas concepciones del mundo, al tiempo que las antiguas luchan para seguir afianzadas.

¿Qué hay en la balanza? Nuestra noción de la realidad. ¿Quién es la balanza? Nosotros.

Reflexiona un rato sobre esto...

- ¿Qué paradigma gobierna tu realidad?
- ¿De qué color son los cristales de tus gafas (conscientes e inconscientes)?
- ¿Qué te parecen tus gafas inconscientes?
- ¿Cuál es el paradigma mundial predominante?
- ¿En qué difiere de tu propio paradigma?
- ¿Cómo interactúan?
- ¿Es un paradigma la *conciencia social?*
- ¿Es un paradigma la revista *People?*
- ¿Lo es la Biblia?
- ¿Qué supondría para ti cambiar a un nuevo paradigma?
- ¿Estás dispuesto a dejar todo lo que está unido al paradigma antiguo?
- ¿Cuál es tu nuevo paradigma?
- ¿Es *tu* nuevo paradigma o un paradigma global nuevo?
- Si realmente somos máquinas mutantes... ¿puedes enamorarte de tu tostadora?

¿QUÉ ES LA REALIDAD?

Lo que me antes parecía irreal, hoy, de alguna manera,
me parece más real que lo que creo que es real y que ahora me parece irreal.

FRED ALAN WOLF

Este capítulo podía haber ido en cualquier sitio: justo después de «Las Grandes Preguntas» (es el importante, ¿no?) o en medio de «Ciencia y religión» (ya que ambas están intentando descubrir la realidad). «Cambio de paradigma» podría haberse titulado «Cambio de la realidad aceptada».

Muchas veces, los animales y los pájaros viven en una realidad muy distinta a la nuestra. Algunos oyen sonidos que nosotros no podemos oír, o ven frecuencias luminosas que nosotros no podemos ver, como los rayos ultravioleta o los infrarrojos. La mayoría de los mamíferos, como los perros por ejemplo, viven un mundo lleno de aromas y confían en la vista mucho menos que nosotros. ¿Y los bebés, que se pasan horas mirando una esquina «vacía» del techo?

Y ¿qué tal después de «Visión y percepción» (el siguiente capítulo), que trata de lo que percibimos y consideramos real? O después de «Física cuántica», que trata del núcleo de la realidad. Afrontémoslo, podía/debía haber ido *en cualquier sitio.*

¿No? Dime qué es la realidad cuando te enamoras (capítulo «Emociones») o cuando tu verdadero amor acaba de morir. Y en cuanto al capítulo «Deseo», que trata de la elección y el libre albedrío, ¿crees que las decisiones se basan en la realidad o en lo que tú supones que es la realidad?

Veamos, ¿qué otros capítulos cuadran con nuestra visión de la realidad? «La consciencia crea la realidad». Vale, coincide. Y sigue y sigue…

Esta pregunta *está* en todas partes, en todos los capítulos y en todos los momentos que vivimos. Toda decisión se basa en una idea subjetiva de lo que para ti es real. Pero ¿cuándo fue la última vez que te dejaste caer por la madriguera en tus suposiciones sobre la realidad?

Hicimos esta pregunta a unos cuantos científicos. En su respuesta, el doctor David Albert menciona cómo y por qué la contestamos todos los días:

Si me levanto por la mañana y, de repente, decido tomarme muy en serio la presunción (que seguramente es cierta) de no estar seguro de que mis ojos funcionen correctamente, entonces, a juzgar por lo que yo sé, junto a mi cama podría haber un precipicio o algo semejante, aunque parezca que hay un suelo firme. Si fuera incapaz de ordenar esas posibilidades en función del grado de probabilidad que les asigno, ¡no saldría de la cama! Creo que me quedaría paralizado, en el sentido literal del término.

Una hipótesis es que realmente hay un suelo, que es lo que estoy viendo. Otra hipótesis es que el hecho de que esté viendo el suelo sea una alucinación y que lo que hay es un precipicio. Cuando te levantas de la cama por la mañana, apoyas una de las hipótesis porque te parece más probable que la otra. Así es como solemos actuar normalmente en la vida.

Cuando apoyamos la realidad que nos presentan los ojos, en ese momento, estamos contestando la pregunta que se cierne sobre nosotros: ¿qué es la realidad? La mayoría de la gente cree que la realidad es lo que los sentidos proyectan ante nosotros. Y la ciencia, desde luego, ha apoyado esa visión durante cuatrocientos años: si no percibimos algo a través de los cinco sentidos (o de sus extensiones), no es real.

Sin embargo, esa «realidad» se muestra de una manera si la miramos con los ojos y de otra muy diferente si la miramos más detenidamente, en profundidad, con un microscopio o un desintegrador de átomos; entonces, se vuelve completamente distinta, irreconocible.

¿Y los pensamientos?, ¿son parte de la «realidad»? Mira a tu alrededor. Hay ventanas, sillas, luces y este libro. Probablemente pensabas que todas esas cosas eran reales. Todas estaban precedidas por una «idea» de ventana o de silla. Alguien ideó esas ventanas y sillas y las creó. Así pues, si lo último es real, ¿es también real la idea? La mayoría de la gente cree que los pensamientos y las emociones son reales; ahora bien, cuando los científicos exploran la «realidad» evitan cuidadosamente hablar de cosas semejantes.

Y ¿qué hay de la consciencia, el hecho fundamental de nuestra propia existencia, que va con nosotros donde quiera que vayamos? Tenemos que estar conscientes para hacer cualquier cosa: para pensar, soñar, crear, percibir. ¿No es eso parte de la realidad?, Pero ¿dónde está la consciencia?, ¿de qué está hecha? A diferencia de los objetos materiales, los fenómenos intangibles como la consciencia no se pueden medir; ahora bien, eso no significa que no son «reales», ¿no?

Muchos científicos están hechos un auténtico lío en relación con esto de la consciencia. Si es real, su realidad puede ser examinada: si no es real, no tendrían que seguir buscándola más. Pero entonces jamás se conocerá como algo real.

No es fácil, pues, contestar a la pregunta «¿qué es real?», posiblemente el interrogante más común entre nosotros. Y, sin embargo, ¿quiénes somos?, ¿qué es la vida?, ¿qué es posible y qué no lo es? Todo ello se basa en lo que pensamos que es real.

WILL

¡De vuelta al laboratorio!

Yo nunca me había cuestionado la realidad. ¿Por qué iba a hacer semejante estupidez? Después, la realidad en la que vivía se volvió caótica y empecé a plantearme dudas, no necesariamente sobre las mesas o las sillas, sino sobre la manera en que yo las percibía. Cuando me di cuenta de que mi realidad era sólo el producto de mis limitaciones, comprendí que tenía que estar dispuesta a rebasarlas y soñar. ¿Qué es lo que deseo de verdad y no creo que pueda conseguir o llegar a ser? En mi realidad, lo único «sólido» es la percepción que tengo de ella. Si estoy dispuesta a abrir los ojos a nuevas posibilidades, mi realidad puede cambiar.

BETSY

Al no haber obtenido una respuesta a la pregunta «¿qué es la realidad?» (que resultó ser una pregunta demasiado compleja), la humanidad volvió al laboratorio e intentó resolver un aspecto más sencillo: tomemos las «cosas» que nos rodean (todos estamos completamente de acuerdo en que son «reales») y veamos de qué estan hechas. Son mucho más simples que los sueños, las ideas, las emociones o cualquiera de esas cosas interiores.

El filósofo griego Demócrito de Abdera fue el primero en concebir la idea del átomo: «Nada existe, salvo átomos y espacio vacío; todo lo demás es sólo opinión». Era un gran punto de partida y de ahí salieron los microscopios electrónicos, los desintegradores de átomos y la cámara de Wilson; nosotros, personas grandes, escudriñamos el mundo de las cosas pequeñas.

Ahora bien, probablemente en el colegio te mostraron el modelo de un átomo, con un núcleo sólido y electrones orbitando a su alrededor; y posiblemente te dijeron: «Los átomos son los pilares de la naturaleza». ¡Buen intento! Es un concepto claro y lo explica bastante bien, sólo que no es así exactamente.

Resulta que las pequeñas órbitas regulares del interior de esos atómos diminutos y sólidos eran realmente paquetes de energía. Luego se descubrió que tampoco se trataba de eso, sino de condensaciones momentáneas de un campo energético... Como tú sabes, cada «átomo» está formado casi enteramente por un «espacio vacío»; es una especie de milagro que no nos golpeemos con el suelo cada vez que intentamos sentarnos en una silla. Y como el suelo está también casi vacío, ¿dónde encontraremos algo lo bastante sólido como para sostenernos? «Nosotros», o nuestros cuerpos al menos, ¡también estamos hechos de átomos!

Hoy la investigación más puntera sugiere que el llamado «espacio vacío» que hay en el interior de los átomos y entre un átomo y otro no está vacío en absoluto; está tan lleno de energía que un centímetro cúbico (una gotita o un área del tamaño de una canica) ¡contiene más energía que toda la materia sólida del universo conocido!

Así que... ¿qué decías que era la realidad?

Profundizando

Mucho antes que los primitivos filósofos griegos —y ciertamente mucho antes de que existieran los científicos de la física cuántica—, los sabios de la India sabían ya que había algo importante más allá del reino de los sentidos. Los profetas hindúes y budistas enseñaban, y siguen enseñando, que el mundo de las apariencias, el mundo que percibimos con los sentidos es *maya,* o ilusión, y que por debajo de ese mundo material, hay algo más poderoso y fundamental, más «real» aunque sea totalmente intangible. Como tantos textos espirituales sugieren, hay una realidad «superior» que es más fundamental que el universo material y que tiene algo que ver con la consciencia.

Eso es precisamente lo que la física cuántica está revelando. Sugiere que hay un reino enteramente no-físico en el núcleo del mundo físico, llámese información, ondas de probabilidad o consciencia. Decimos normalmente que los átomos son aquello de lo que las cosas están hechas «realmente»; si esta opinión fuera correcta, tendríamos que decir que ese campo subyacente de inteligencia es lo que «realmente» constituye el universo en el fondo.

El doctor Edgar Mitchell, astronauta de la NASA, llegó a la siguiente conclusión en su viaje de vuelta del espacio:

> En un momento me di cuenta de que el universo es inteligente. Avanza en una dirección y nosotros tenemos algo que ver con ello. El espíritu creador, el intento creativo que ha sido la historia de este planeta, procede de nuestro interior y está también ahí fuera; todo es lo mismo...
>
> Lo fundamental es la consciencia misma y la materia/energía es producto de la consciencia... Si cambiamos nuestra opinión sobre quiénes somos y conseguimos vernos como seres eternos y creadores que creamos experiencia física, unidos todos en ese nivel de existencia que llamamos consciencia, empezaremos a ver y a crear el mundo en que vivimos de una manera muy distinta.*

La materia, sea lo que fuere, no tiene nada en esencia. Es completamente insustancial. Lo más sólido que se puede decir sobre la materia insustancial es que se parece mucho a un pensamiento. Es como una pizca de información concentrada.

Jeffrey Satinover, físico

---

* Como hizo el doctor Mitchell. Aterrizó y creó el Instituto de las Ciencias Noéticas (IONS), un centro dedicado a investigar científicamente las percepciones «místicas» de la realidad, tanto las suyas como las de otras personas.

La realidad de la consciencia: una realidad posiblemente más importante y más verdadera

Andrew Newberg, doctor en Medicina, ha estudiado la experiencia mística/espiritual desde el punto de vista de la neurociencia y ha escrito un par de libros sobre el tema: *Dios: ¿por qué seguimos creyendo? Ciencia del cerebro y biología de la fe* y *The Mystical Mind: Probing the Biology of Belief (La mente mística: demostración de la biología de la fe).* Dice que la gente que tiene una profunda experiencia mística y luego «regresa» al mundo ordinario «sigue percibiendo que aquella realidad es más real y representa una forma de realidad más verdadera y fundamental; para ellos, el mundo material en que vivimos constituye una realidad secundaria».

Por eso, según Newberg, «necesitamos analizar detenidamente la relación que hay entre la consciencia y la realidad material... si el mundo material puede derivar realmente o no de una realidad consciente y si la consciencia misma puede ser ni más ni menos que el elemento esencial del universo».

Me he dado cuenta de que hay gente que piensa que es inútil hacerse preguntas como «¿qué es la realidad?» y que no tiene nada que ver con la realidad del día a día. Pero supongamos por un momento que el mundo exterior sea una construcción mental nuestra. ¿Cómo alteramos la base que lo crea? ¿Intentamos cambiar las cosas de «ahí fuera»? Bueno, pues eso es lo que la mayoría de nosotros hace una y otra vez y nunca funciona. ¿Has intentado alguna vez huir de una situación y has descubierto que tus problemas te han seguido? Desde luego que te han seguido, porque no has dejado atrás tu sistema nervioso. Sigues reaccionando de la misma manera ante los viejos estímulos. Entonces, ¿hay otra forma mejor? Aprende esto: **la realidad tiene todo que ver con nosotros.**

MARK

¿Sabremos realmente alguna vez?

En el siglo XVIII, el filósofo Immanuel Kant señaló que los seres humanos jamás podrían conocer realmente la naturaleza de la realidad *tal y como es.* Las investigaciones sólo nos proporcionan respuestas a las preguntas que planteamos y éstas están basadas en la capacidad y limitaciones de la mente. Todo lo que percibimos en el mundo natural (bien con los sentidos, bien a través de la ciencia) nos llega a través del filtro de la consciencia y está determinado por las propias estructuras mentales. Así, lo que vemos son «fenómenos», es decir, interacciones entre la mente y la «realidad de ahí fuera», sea la que fuere. No vemos la realidad, sino únicamente la idea que nos formamos de la realidad y que fabrican las neuronas del cerebro. Para nosotros, la «cosa en sí misma» permanece oculta para siempre.

Dicho de otra manera, la ciencia nos da solamente *modelos* del mundo, pero no el mundo en sí. Como dice Miceal Ledwith:

> Bueno, la visión cuántica de la realidad no ofrece la quintaesencia de la misma. Todo lo que intentamos hacer en la historia de la ciencia es producir modelos cada vez menos imperfectos que representen la naturaleza de lo que existe y, seguramente, en veinte o treinta años, puede que la física cuántica sea reemplazada por otra que permita una comprensión más seria y profunda de la realidad, se llame como se llame esa física en particular.

Y cuando la ciencia nos proporcione los modelos, aún tendremos que abordar el «nosotros». Como señala Andrew Newberg:

> En cuanto a la pregunta de si vivimos o no dentro de un gran simulador holográfico, no tenemos necesariamente una buena respuesta. Creo que es un gran problema filosófico que hay que discutir en términos de lo que la ciencia dice acerca del mundo, porque según ella, siempre somos los observadores. Siempre estamos limitados por lo que llega finalmente a nuestro cerebro humano, que nos permite ver y percibir las cosas que hacemos. Es concebible que todo esto no sea más que una gran ilusión de la que no hay forma de salir para ver lo que hay fuera realmente.

Niveles de realidad

Una información que puede ser muy útil para estudiar cuestiones sobre la naturaleza de la realidad es la idea de que hay *niveles distintos* que existen simultáneamente y que son todos reales. En otras palabras, los niveles superficiales son reales por propio derecho; sólo cuando los comparamos con niveles más profundos es cuando decimos que no son verdaderamente reales; no son el nivel «primordial». Los brazos y las piernas son reales; las células y las moléculas son reales; los átomos y los electrones son reales. Y la consciencia es real. Como dice el doctor John Hagelin:

Me acuerdo de la primera vez que se me ocurrió que creamos la realidad en la mente y que el mundo «físico» no es más que una idea. Acababa de leer el libro de Jane Roberts, *Habla Seth: la naturaleza de la realidad personal;* cerré los ojos y pensé que la pared que tenía delante no era real y que cuando abriera los ojos podría ver a través de ella. No funcionó. ¿O sí?

¡Claro! Había estado rumiando la idea de que la pared no existía, pero todo lo demás, el hecho de estar allí sentado esperando que el suelo me sostuviera, atraído por la fuerza de gravedad, sustentaba la visión de que el mundo era la cosa más real que existe. Cuando me levanto de la cama por la mañana y pongo los pies en el suelo, creo verdaderamente que el suelo es real y no una ilusión, y que no hay un agujero sin fondo en su lugar.

En todas las acciones que hacemos, damos por sentado algo acerca de la realidad. No obstante, rara vez nos lo preguntamos conscientemente. Lo suponemos y la realidad se ajusta a ello, de modo que nunca vemos la mano que lo hace. Por aquí, en algún sitio, planea la pregunta zen «¿cuál es el sonido de una realidad que se desintegra?».

WILL

Vivimos en mundos literalmente distintos; existen la verdad superficial y la verdad profunda. Existen el mundo macroscópico que vemos y el mundo de nosotros mismos; el mundo de los átomos y el mundo de los núcleos. Son mundos completamente distintos.

Tienen su propio lenguaje y sus propias matemáticas. No son simplemente más pequeños; cada uno es enteramente distinto, pero todos son complementarios: yo soy mis átomos, pero también mis células. Y también soy mi fisiología macroscópica. Todo es verdad. Distintos niveles de verdad.

De modo que:

1. Todo es verdad.
2. Nada es verdad: se trata solamente de *modelos.*
3. *Nosotros* nunca podremos salir de nuestra propia manera de percibir la *totalidad.*
4. Si expandimos nuestra consciencia, podemos percibir la totalidad.
5. Todo lo anterior es verdad.
6. Todo lo anterior son modelos.
7. O…

La respuesta fácil a la cuestión de si la realidad es ilusoria y de que todo es realmente confuso como todas las probabilidades… sería sí. Así que si alguien se me acercara y me hiciera esa pregunta, le diría que sí, que es cierto básicamente. Sin embargo, es más complicado, porque en el momento en que interactúas con ella, la realidad adquiere una existencia absolutamente sólida, como una roca. Sólo es confusa cuando no interactúas con ella.

Jeffrey Satinover

¿La realidad es un proceso democrático?

En nuestra vida cotidiana, nuestra decisión sobre la realidad momento a momento, ¿es un proceso democrático simplemente? O ¿en qué momento se vuelve real algo? Si hay diez personas en una habitación y ocho ven una silla y dos ven un marciano, ¿quién se engaña? Si doce personas ven un lago como un cuerpo acuoso y una persona lo ve con la solidez suficiente como para andar sobre él, ¿quién se engaña? Pero la pega de todo esto es: ¿crea realidad la consciencia?, ¿es por eso por lo que nadie ha dado con una buena respuesta, porque la respuesta ES la realidad?

Reflexiona un rato sobre esto…

- ¿Cuáles son tus suposiciones sobre la realidad? ¿Cuál es la suposición más básica que haces todos los días?
- ¿Te has preguntado alguna vez de qué están hechos los pensamientos?
- ¿Puedes poner un ejemplo de cómo tus pensamientos se hacen realidad?
- Escribir una respuesta a la pregunta anterior, ¿era un ejemplo?
- ¿Qué son los sueños? Si soñar y percibir son actividades cerebrales primordialmente, ¿por qué pensarías que el mundo exterior es más real?
- ¿Qué estado parece más real?
- ¿Qué diferencia hay entre la realidad y tu percepción de la realidad?
- ¿Cómo cambiaría tu percepción de la realidad si cambiaras de paradigma?
- ¿Es posible cambiar tu percepción de la realidad sin cambiar de paradigma?
- ¿De qué color son los cristales de tus gafas ahora?

Este mundo
es como una gota de rocío
y sin embargo…

Kobayashi Issa

VISIÓN Y PERCEPCIÓN

La mente proporciona el marco, el conocimiento específico y los supuestos pecíficos para que el ojo vea. La mente constituye el universo que el ojo ve después. En otras palabras, la mente está construida dentro de nuestros ojos.

HENRYK SKOLIMOWSKI

Si todo lo que percibo se basa en lo que ya sé de antemano, ¿cómo voy a percibir algo nuevo? Y si nunca percibo nada nuevo, ¿cómo voy a cambiar?, ¿cómo voy a crecer?

Tras haber recorrido los temas nebulosos y desconocidos de la realidad, es bueno volver a hablar un poco de la ciencia real: comprobada, verificada, aceptada. Y que, contrariamente a lo que la mayoría de la gente cree, algunos perciben.

Nadadores de primera fila, buceadores, saltadores de altura, velocistas, levantadores de peso y otros atletas se han entrenado para visualizar sus proezas con detalle, utilizando todos sus sentidos para simular la acción total que quieren perfeccionar. Al principio, les parecía un ejercicio muy por encima de sus posibilidades, especialmente a los atletas competitivos con grandes dosis de testosterona, que apenas entendían para qué les servía estar sentados, quietos y con los ojos cerrados; ahora, sin embargo, está absolutamente probado que funciona y es una práctica habitual.

¿¡Quién ve qué!?

Un procesamiento cerebral en cinco niveles agrupados. Eso es lo que acabas de hacer para «ver» cada una de estas letras. No es que tus ojos se hayan limitado a mandarte a «ti» una imagen de cada letra. Tu cerebro procesó la información visual que le mandaban los ojos para *elaborar* esas letras.

Lo hace de la siguiente forma: primero descompone los impulsos entrantes en formas, colores y modelos básicos. Después comienza a casarlos con recuerdos almacenados de cosas similares y los asocia con emociones y significados asignados a acontecimientos; finalmente lo une todo en una «imagen» integrada y la transmite de manera intermitente al lóbulo frontal, cuarenta veces por segundo. Es como una película muy rápida e intermitente.

Es decir, el cerebro pinta todo lo que ves. Digamos, por ejemplo, que estás mirando un bosque. Tu cerebro pinta realmente cada hoja de cada árbol que ves y lo hace asociando recuerdos, o redes neuronales, y poniéndolo todo junto de un modo u otro.

Todo esto suena tan estrambótico que nos lleva a preguntarnos: ¿cómo dieron los neurofisiólogos con ese sistema?

¿Eso de tu cara es una nariz?

Los científicos han aprendido la forma en que el cerebro construye imágenes visuales estudiando a pacientes que han sufrido un derrame cerebral. Cuando alguien tiene un derrame, le deja de funcionar una pequeña parte del cerebro. Entonces los científicos ven cómo ha afectado a la visión.

Un ejemplo es una persona que ha sufrido un derrame que ha destruido una pequeña parte del proceso visual del cerebro, la parte que (aparentemente) procesa las narices. Así pues, esa persona puede ver cualquier cosa de un individuo, pero no puede ver la nariz. Si alguien se pusiese las narizotas rojas de payaso, ante la pregunta de qué tiene de especial ese individuo, jamás mencionaría la nariz. Todo el resto lo percibe perfectamente y por tanto es evidente que los ojos le están mandando todas las señales. Sin embargo, en lugar de ver cómo es realmente la nariz, ve lo que piensa que «debe de ser» una nariz.

La prueba de que el cerebro es realmente el que percibe y no los ojos, se ve también en un nivel menos espectacular: no hay receptores visuales en el lugar donde el nervio óptico llega hasta la parte trasera del cerebro, a través del globo ocular. Por tanto podríamos esperar que si cerramos un ojo veríamos un punto negro en el centro. Pero no es así, porque el que *pinta* la imagen es el cerebro y no el ojo.

Más información...

Los científicos han averiguado que si se miden los impulsos eléctricos del cerebro de una persona mientras está mirando un objeto, y se miden otra vez mientras está *imaginando* el mismo objeto, en ambos casos se activan las mismas áreas cerebrales. Cerrar los ojos y *visualizar* el objeto produce la misma pauta cerebral que la que se produce cuando *se mira* realmente.

El cerebro no sólo no distingue entre lo que ve en su entorno y lo que imagina, sino que tampoco parece distinguir entre una acción llevada a cabo y la misma acción visualizada. El primero en descubrirlo fue Edmund Jacobson, médico (creador de la Técnica de Relajación Progresiva para reducir el estrés), en los años treinta. El doctor Jacobson pidió a unos individuos que visualizaran acciones físicas y descubrió que se producían movimientos musculares muy sutiles que correspondían a los mismos que harían los músculos si efectivamente llevaran a cabo esa actividad. Esta información ha sido utilizada con éxito por atletas en todo el mundo.

Nos bombardean con una cantidad enorme de información que entra dentro de nuestro cuerpo y la procesamos. Entra a través de los órganos sensoriales, se transmite a niveles superiores, en cada paso se elimina información y lo que llega finalmente a la conciencia es la información que nos es más útil.

Candace Pert, psicóloga

¿Qué hace que no pueda ver lo que quiero ver? ¿Cómo afectan mis emociones a mi percepción de la realidad? Y ¿cómo la provocan? ¿Cómo puedo percibir algo nuevo mientras me encuentro atrapada en mi antiguo paradigma? ¿Qué estoy dispuesta a cambiar para percibir la realidad de manera diferente? ¿Cómo puede cambiar mi realidad un cambio en mi percepción? ¿Será mejor? ¿Diferente? ¿O ambas cosas?

BETSY

La verdad sobre la percepción

La percepción es un proceso complejo y polifacético que comienza cuando las neuronas sensoriales recogen información del entorno y la envían al cerebro, en forma de impulsos eléctricos. La información que nos proporcionan los sentidos es limitada, como les ocurre a todas las criaturas vivientes. No podemos ver las luces infrarrojas, ni sentir los campos electromagnéticos como hacen los pájaros. Sin embargo, la cantidad de información que nos llega abundantemente por los cinco sentidos es impresionante, del orden de los 400.000 millones de bits *por segundo*.

Naturalmente, ni recibimos ni procesamos conscientemente tal cantidad de información, ni mucho menos; los investigadores dicen que sólo llegan a nuestra conciencia unos 2.000 bits. El cerebro, por tanto, cuando se afana «tratando de crearnos una historia del mundo», como dice el doctor Andrew Newberg, «tiene que desechar un montón de información sobrante».

Por ejemplo, mientras lees estas palabras, aunque tus sentidos perciben la temperatura del cuarto, el contacto de tu cuerpo con la silla, la textura de la ropa en tu piel, el zumbido de la nevera y el olor a champú, tú no te estás dando cuenta de nada de eso, puesto que estás concentrado en las palabras del libro. El doctor Newberg continúa diciendo:

> El cerebro tiene que eliminar una cantidad enorme de información verdaderamente superflua para nosotros. Lo hace inhibiendo cosas, impidiendo que ciertas respuestas y cierta información neuronal nos llegue finalmente a la consciencia; por eso no nos damos cuenta de la silla en la que estamos sentados. Es decir, el cerebro oculta lo conocido. Y luego está lo de ocultar lo desconocido...
>
> Si vemos algo que el cerebro no puede identificar exactamente, nos agarramos a algo similar («no es una ardilla... pero se parece muchísimo»). Si no hay nada parecido, o se trata de algo que sabemos que no es real, lo descartamos con un «debo de haber estado imaginando cosas».

Tu cerebro no distingue la diferencia entre lo que tiene lugar ahí fuera y lo que tiene lugar aquí dentro.

Joe Dispenza

Así que realmente no percibimos *la realidad;* vemos la imagen de la realidad que nuestro cerebro ha construido a partir de la información que le proporcionan los sentidos, junto con infinitas asociaciones sacadas de la red neuronal del cerebro. «Depende de cuáles hayan sido tus experiencias —dice Newberg— y de cómo procesas la información; eso es lo que crea realmente tu mundo visual... El cerebro es el que en última instancia percibe la realidad y crea nuestra interpretación del mundo».

Ahí fuera no hay un «ahí fuera» independiente de lo que ocurre «aquí dentro».

Fred Alan Wolf, físico

Emociones y percepciones

La doctora Pert, del National Institute of Health (Instituto Nacional de Salud), sugiere que no se trata sólo de que sea real lo que creemos; además, el cómo nos sentimos en relación con lo que nuestros sentidos escogen determina cómo vamos a percibir las cosas y si vamos a percibirlas: «Son nuestras emociones las que deciden a qué vale la pena prestar atención y a qué no. Los receptores participan como intermediarios en la decisión de qué se va a convertir en un pensamiento que llegue a la consciencia y qué se va a quedar como un proyecto de pensamiento no digerido, sepultado en un nivel más hondo».

Tal y como dice Joe Dispenza, «las emociones están diseñadas para reforzar químicamente algo y transformarlo en memoria a largo plazo. Para eso las tenemos». Las emociones están conectadas en un nivel bajo del proceso visual, en algún sitio cercano al primer escalón, lo cual es lógico desde el punto de vista de la evolución. Si estás paseando tranquilamente y salta un tigre delante de ti, procesarás esa imagen y empezarás a correr antes de darte cuenta de por qué lo haces.

400.000 millones de bits al segundo. Incluso una vez desechada toda la información que «no es real» (marcianos) y la que «no es importante» (olor a champú), aún quedan un montón de bits. Las emociones les proporcionan el peso relativo o la importancia que tienen. Constituyen un atajo para la percepción. Nos proporcionan también la habilidad única de no ver lo que simplemente *no tenemos ganas de ver.*

Paradigma y percepción

Entonces, si construimos la realidad a partir de nuestro almacén preexistente de memoria, emociones y asociaciones, ¿cómo vamos a percibir algo nuevo?

La clave está en el conocimiento nuevo. Al expandir nuestro paradigma, nuestro modelo de lo que es real y de lo que es posible, añadimos nuevas opciones a la lista que llevamos en el cerebro. Recuerda que esa lista no es la realidad en sí misma, sino solamente una descripción operativa de la realidad basada en nuestra propia experiencia personal. El conocimiento nuevo puede hacer que abramos la mente a nuevos tipos y niveles de percepción y experiencia.

Por ejemplo: ¿cuándo fue la última vez que te dejaste pasmado a ti mismo?, ¿cuándo fue la última vez que hiciste algo tan exageradamente «raro en ti» que te quedaste con la boca abierta diciendo «no puedo creer que yo haya podido hacerlo»?

¿TIENES UN GATITO SOBRE LA NARIZ Y NO LO VES?

Unos investigadores pusieron gatitos recién nacidos en un entorno en el que no había líneas verticales; cuando, semanas más tarde, los llevaron a un entorno «normal», los gatitos no podían ver ningún objeto con dimensiones verticales (por ejemplo una silla con patas) y chocaban contra ellos.

Nuestros ojos se mueven todo el rato. Se mueven por todo este campo de energía, entonces ¿por qué enfocan y comienzan a admitir una zona y no admiten otra? Es muy fácil: vemos lo que queremos creer. Y rechazamos aquello que nos resulta demasiado desconocido o desagradable.

Candace Pert, psicóloga

En *Viaje a Ixtlan,* Carlos Castaneda resume una de las lecciones de su maestro Don Juan: «Acecharse a sí mismo». En otras palabras: aprender tus propios hábitos como si estuvieses estudiando a la presa, con el fin de poder cazarte a ti mismo haciendo lo habitual y poder así hacer algo totalmente nuevo.

Volvemos a la antigua pregunta: si sólo percibimos lo que conocemos, ¿cómo vamos a percibir algo nuevo alguna vez? Si tú te creas a ti mismo, ¿cómo puedes crear un nuevo tú?

Una vez que nos damos cuenta de que sólo somos capaces de experimentar la vida dentro de los límites que conocemos de antemano, es evidente que si queremos tener una vida más amplia y rica, si queremos tener más oportunidades para crecer y para conseguir éxito y felicidad, necesitamos impulsarnos a nosotros mismos haciéndonos grandes preguntas, experimentando nuevas emociones y almacenando más información en nuestras redes neuronales.

Creamos nuestro propio mundo

La premisa primordial, al menos hasta donde la ciencia ha llegado, es que nosotros creamos el mundo que percibimos. Cuando abro los ojos y miro a mi alrededor, no es «el mundo» lo que veo, sino el mundo que mi equipo sensorial humano es capaz de ver, el mundo que mi sistema de creencias me permite ver y el mundo que a mis emociones les importa ver.

Aunque esta idea se nos resista y queramos creer que existe «un mundo real» que todos podemos percibir y con el que todos podemos estar de acuerdo, el hecho es que, a menudo y quizá siempre, la gente percibe las mismas cosas de una manera completamente distinta. Por ejemplo: cuando distintos testigos del mismo crimen cuentan lo que pasó, creen que la suya es la historia correcta, pero lo que realmente cuentan es su propia percepción de lo que pasó.

Creamos constantemente nuestro mundo de un sinfín de maneras; la manera más obvia en que lo hacemos, una manera

Recientemente ha llegado a mis oídos una historia sobre una compañía de seguros que intentaba analizar un problema en concreto en Saskatchewan. Parece ser que unos pilotos de vuelo ligero tuvieron un problema en el motor de la avioneta e intentaron aterrizar, y de hecho lo hicieron, en la autopista más cercana que pudieron encontrar y que estaba relativamente vacía. Una de las cosas que ocurrieron fue que una vez que habían aterrizado y parado el motor, no tuvieron suficiente inercia para salir de la carretera (probablemente estaban encantados de estar vivos para pensar otra cosa). Algunos conductores experimentados chocaron contra la avioneta, y cuando fueron interrogados por la policía, casi todos dijeron que no vieron el avión. Estaban conduciendo y de repente chocaron. La aseguradora se dio cuenta de la razón del choque: lo último que podía esperar un conductor en una autopista era encontrarse con un ultraligero, por lo tanto nunca lo vieron.

MARK

verificable científicamente, es a través de la vista y de la percepción. Pero la pregunta fundamental es: ¿acaba aquí? ¿Es éste el límite de nuestra influencia en el mundo que vemos?

La única película que está puesta en nuestro cerebro es la que tenemos la capacidad de ver.

Ramtha

Un paso adelante

Para que no creas que la ciencia ha terminado de enredar el misterio de la vista, he aquí una zambullida más profunda en el agujero del «¿sabes qué?».

Karl Pribram revolucionó la idea que se tenía del cerebro al decir que era esencialmente holográfico. Afirmó que el procesamiento cerebral se extendía por todo el cerebro y que, al igual que un hológrafo, cada parte contenía la totalidad. Luego aplicó ese modelo, bastante extraño de por sí, a la forma en que percibimos. Dijo que el universo es esencialmente holográfico y que la única razón por la que sentimos que estamos «en» la realidad, en vez de limitarnos a «percibirla», es porque el cerebro está conectado con el mundo del «ahí fuera» (en cuyo caso el tiempo y el espacio desaparecen).* Así pues, nuestra percepción no se procesa únicamente en el cerebro, sino también al salir del cerebro para interactuar con el «ahí fuera».

Y por eso, por muy buenas que sean las gafas de ver la realidad virtual, nunca te convencerán del todo de que tu estás «en» la realidad.

Pero si la realidad es holográfica, ¿es posible percibirla directamente? Nuestros sentidos son limitados, son como pequeños moldes que cortan pequeñas porciones de la realidad. Los exploradores de la consciencia, por el contrario, anuncian que es posible experimentar directamente todo el mundo completo, el universo entero y un grano de arena, todo a la vez. Desde ese punto de vista, absolutamente todo lo que percibimos con nuestros sentidos es ilusión, *maya*. Luego todo es un punto de vista solamente.

¿¡Y TÚ QUÉ SABES!?, VERSIÓN MADRIGUERA DEL CONEJO

Recibimos montones de e-mails de gente que nos preguntaba por qué reeditábamos la película una y otra vez. Al parecer creían que borrábamos sus escenas favoritas y añadíamos otras nuevas. Algunas personas estaban muy enojadas. Sin embargo, ¡realmente no estábamos reeditando nada! Incluso cuando se lo explicábamos a los espectadores, no nos creían. Parece ser que a medida que se les revelaba un nuevo conocimiento, sus mentes accedían a diferentes partes de la película.

Así que decidimos plegar y desplegar de verdad: reemplazamos todas las antiguas entrevistas por secuencias nuevas, añadimos una hora más de dibujos animados y de entrevistas y reestructuramos la parte más espectacular. ¡Será divertido ver si alguien se pierde bajando por esa madriguera!

WILL

* De hecho, es una alteración de las interconexiones de frecuencia y de fases.

Reflexiona un rato sobre esto...

- ¿Cómo afecta tu paradigma o tu actitud a lo que ves?
- ¿En qué estado emocional te encuentras más a menudo? ¿Cómo afecta ese estado a tus percepciones?
- ¿Puedes ver algo que exista fuera de ese estado emocional?
- Si sólo percibes lo que conoces, ¿cómo puedes percibir algo nuevo?
- ¿Qué estás dispuesto a hacer para percibir algo nuevo?
- ¿Por qué no ves las auras?
- ¿De dónde viene esa percepción nueva?

Ludwik Fleck, el epistemólogo y microbiólogo polaco que inspiró a Thomas Kuhn el concepto de paradigna, se dio cuenta de que cuando los estudiantes primerizos tienen que observar porciones microscópicas, al principio son incapaces de hacerlo. No ven lo que hay ahí.

Por otro lado, muchas veces ven lo que no hay. ¿Cómo puede ser? La respuesta es simple: porque toda percepción y, en particular, las formas sofisticadas de percepción, requieren un entrenamiento y un estudio rigurosos. Después de un tiempo, todos los estudiantes empiezan a ver lo que hay ahí para ser visto.

FÍSICA CUÁNTICA

Creo que puedo decir con seguridad que nadie entiende la física cuántica.

RICHARD FEYNMANN

Galardonado con el Premio Nobel de Física en 1965
por sus investigaciones sobre electrodinámica cuántica.

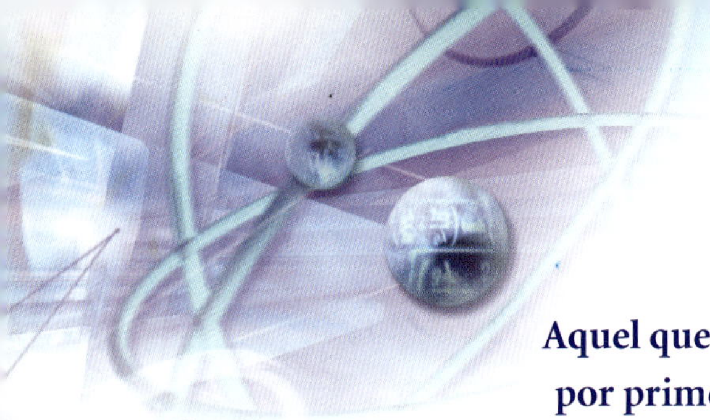

Aquel que no se asombra cuando se encuentra por primera vez con la teoría cuántica es que posiblemente no se ha enterado de nada.

Niels Bohr,
galardonado con el Premio Nobel de Física en 1922 por su trabajo sobre la estructura del átomo

Si gente como los ganadores del Premio Nobel no entienden la teoría cuántica, entonces ¿qué esperanza nos queda? ¿Qué se hace cuando la realidad llama a tu puerta y te dice cosas que te confunden, te desconciertan y te dejan perplejo? Tu forma de reaccionar, de actuar en la vida, y las opciones que te planteas dicen mucho de ti, pero ése es un misterio que trataremos en otro capítulo. Ahora, de momento, charlemos sobre electrones, fotones y quarks, y de cómo algo (¡y si es que se trata de *algo*!) tan diminuto puede ser tan insondable y hacer pedazos nuestro mundo tan bien ordenado y comprensible.

Por una parte, ésta es una teoría absolutamente paradójica, que nos deja perplejos y que además es conceptualmente desconcertante. Por otra parte, no podemos permitirnos rechazarla o siquiera desdeñarla, puesto que es la herramienta verificada más poderosa que hemos tenido nunca en nuestras manos para predecir el comportamiento de los sistemas físicos.

David Albert, filósofo

Lo conocido se encuentra con lo desconocido

La física clásica de Newton se fundamentaba en observaciones relativas a objetos cotidianos, desde la caída de una manzana a planetas en órbita. Sus leyes se sometían constantemente a examen, se probaban y se difundieron durante cientos de años. Pero a finales del siglo XIX, cuando los físicos comenzaron a crear herramientas para investigar los diminutos campos de la materia, descubrieron algo que les dejó atónitos: ¡la física de Newton no funcionaba! A lo largo de los siguientes cien años se fue creando una descripción científica completamente nueva para explicar el mundo de lo diminuto. Ese nuevo saber, conocido como mecánica cuántica o física cuántica (o simplemente teoría cuántica), *no viene a reemplazar* la física de Newton, que aún funciona muy bien para explicar los objetos grandes, macroscópicos. La nueva física, en cambio, se inventó para llegar, valientemente, donde la física de Newton no pudo llegar: al mundo subatómico.

«El universo es muy extraño —dice Stuart Hameroff—. Al parecer existen dos grupos de leyes que rigen el universo. En nuestro mundo clásico de cada día, entendiéndolo más o menos a nuestro tamaño y escala de tiempo, las cosas se explican según las leyes del movimiento de Newton, elaboradas cientos de años atrás... Sin embargo, cuando llegamos a una escala más reducida, al nivel de los átomos, aparece un conjunto de leyes diferente. Son las leyes cuánticas».

En 1900, el físico alemán Max Planck utilizó por primera vez el término quantum aplicado a la ciencia. Se trata de una palabra latina que significa simplemente suma o cantidad, pero se utiliza para designar la unidad más pequeña de cualquier propiedad física, tal como la energía o la materia.

¿Hecho o ficción?

Lo que la teoría cuántica ha revelado nos deja tan pasmados que suena a ciencia ficción: las partículas pueden estar en dos o más lugares a la vez. (Un experimento muy reciente demostró que una partícula podía estar ¡hasta en 3.000 lugares distintos!). El mismo «objeto» puede parecer una partícula localizable en un lugar, o una onda extendida en el espacio y el tiempo.

Einstein dijo que nada puede viajar más rápido que la velocidad de la luz, pero la física cuántica ha demostrado que las partículas subatómicas se comunican al parecer instantáneamente, sea cual sea la extensión del espacio.

La física clásica era *determinista:* dado un conjunto cualquiera de condiciones de un objeto (tales como la posición y la velocidad), se puede determinar con seguridad adónde va. La física cuántica es *probabilista: nunca* se puede saber con seguridad absoluta en qué se convertirá una cosa en concreto.

La física clásica era *reduccionista.* Se basaba en la premisa de que sólo si se conocen las distintas partes, se podrá finalmente entender el todo. La nueva física es más orgánica y *holística;* pinta una imagen del universo como un todo unificado, cuyas partes están interconectadas e influyen unas sobre otras.

Lo que quizá sea más importante es que la física cuántica ha borrado la tajante división cartesiana entre sujeto y objeto, entre observador y observado, que ha dominado la ciencia durante cuatrocientos años.

En física cuántica, el observador *influye* en el objeto observado. No existen los observadores aislados del universo mecánico, sino que todo *participa* en el universo.

Si quieres reconocer exactamente uno de los profundos cambios filosóficos que se han producido con el paso de la física clásica a la física cuántica, es éste: la física clásica gira en torno a lo que hoy sabemos que es una fantasía, a saber: la posibilidad de observar cosas pasivamente... La física cuántica terminó con ella de manera concluyente.

David Albert, filósofo

Perplejidad 1: espacio vacío

Una de las primeras grietas en la estructura de la física newtoniana fue el descubrimiento de que los átomos, los pilares del universo físico, supuestamente sólidos, estaban formados en su mayor parte por un espacio vacío. ¿Cómo de vacío? Si utilizamos una pelota de baloncesto para representar el núcleo de un átomo de hidrógeno, el electrón que lo circunda estaría a unos 32 kilómetros de distancia y el espacio intermedio entre ambos estaría vacío. Así pues, cuando mires a tu alrededor recuerda que lo que hay realmente son puntitos diminutos de materia rodeados de nada.

Bueno, en realidad no es así. Ese supuesto «vacío» no está vacío del todo; contiene cantidades enormes de energía, poderosa y compleja. Sabemos que la energía se incrementa a medida que nos adentramos en niveles de materia más sutiles (la energía nuclear es un millón de veces más poderosa que la energía química, por ejemplo). Los científicos dicen ahora que hay más energía en un centímetro cúbico de espacio vacío (el tamaño de una canica, más o menos) que en toda la materia del universo conocido. Aunque los científicos no han conseguido medirla directamente, sí han visto los efectos de ese mar inmenso de energía.

---

* Para obtener más información sobre este punto, consultar las «Fuerzas Van der Waals» y el «Efecto Casimir».

Perplejidad 2: ¿partícula, onda u ondícula?

No sólo hay «espacio» entre las partículas, sino que, cuando los científicos han investigado el átomo más detenidamente, han descubierto que las partículas subatómicas (los componentes del átomo) tampoco son sólidas. Al parecer, tienen una naturaleza dual. Dependiendo de cómo las miremos, pueden comportarse como partículas o como ondas. Las partículas se pueden describir como objetos sólidos e independientes, que ocupan un lugar específico en el espacio. Las ondas, por el contrario, ni están localizadas ni son sólidas, sino que están extendidas, como las ondas sonoras o las olas en el agua.

En cuanto ondas, los electrones o los fotones (partículas lumínicas) no ocupan una posición precisa, sino que existen como «campos de probabilidades». Y en cuanto partículas, el campo de probabilidades se «desintegra» y da paso a un objeto sólido localizable en un tiempo y un lugar específicos.

Sorprendentemente, lo que parece marcar la diferencia es la observación o la medición. Sin ser medidos ni observados, los electrones se comportan como ondas, pero en cuanto se someten a observación en un experimento, «dan paso» a una partícula que puede ser localizada.

¿Cómo es posible que algo pueda ser a la vez una partícula sólida y una onda blanda y fluida? Quizá podamos resolver la paradoja si recordamos lo que dijimos antes: las partículas se *comportan* como una onda o como una partícula. La «onda» es sólo una analogía y la «partícula» es otra analogía tomada de nuestro mundo cotidiano. Erwin Schrödinger dio consistencia al concepto de onda en la teoría cuántica, con su famosa «ecuación de ondas», que calcula matemáticamente las probabilidades de onda que tiene la partícula antes de ser observada.

Los científicos no saben realmente con qué RAYOS están tratando, pero, sea lo que sea, nunca han visto algo parecido. Algunos físicos han decidido llamar a este fenómeno «ondícula».

CAER POR LA MADRIGUERA DE LAS PARTÍCULAS

Cuando Schrödinger estaba formulando la ecuación de ondas, Werner Heisenberg resolvió el mismo problema utilizando matemáticas matriciales avanzadas. Pero las «mates» eran complicadas, no se podían relacionar con nuestra experiencia y el término no era tan fácil de pronunciar como «onda», así que abandonó las «transformaciones matriciales» en favor de la «ecuación de ondas». Todo es una simple analogía.

Para mí, la física cuántica es sorprendente en cuanto a sus efectos. En primer lugar, se comporta como si fuera magia; del mismo modo en que yo creía de niño que las cosas se comportaban. ¿Se estaba engañando aquel niño? Quizá. Pero, sospechosamente, la física cuántica parece ser igual de mágica. La cuestión es ¿dónde está la línea divisoria entre el extraño mundo cuántico y el mundo a gran escala, aparentemente sólido? Desde que era un adolescente me decía que si yo estoy hecho de partículas subatómicas que hacen cosas realmente raras... ¿Sería posible que yo hiciera cosas realmente raras?

MARK

Cuando un objeto subatómico se encuentra en estado ondular, no se sabe con seguridad en qué se convertirá ni dónde estará localizado cuando sea observado. Existe en un estado de múltiples posibilidades. Ese estado se llama superposición. Es como lanzar una moneda al aire en una habitación a oscuras. Matemáticamente no podemos decir si ha salido cara o cruz, ni siquiera después de que la moneda haya caído sobre la mesa. En cuanto encendemos la luz, «destruimos» la superposición y la moneda se convierte en cara o cruz. Al igual que el hecho de encender la luz, la medición de la onda destruye la superposición de la física cuántica y la partícula se muestra en un estado «clásico» y medible.

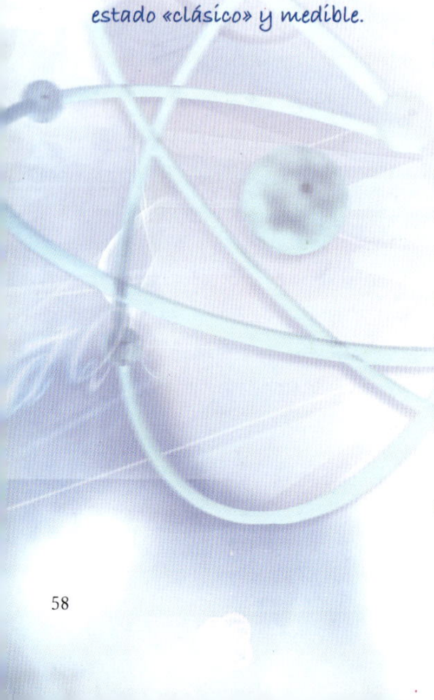

Perplejidad 3: saltos cuánticos y probabilidad

Al estudiar el átomo, los científicos descubrieron que cuando los electrones se mueven de órbita en órbita alrededor del núcleo, no se mueven por el espacio como lo hacen los objetos ordinarios, sino que se mueven *instantáneamente.* Es decir, desaparecen de un lugar, de una órbita, y aparecen en otra, lo cual se conoce como salto cuántico.

Por si esto no rompiera ya suficientes reglas de la realidad lógica y razonable, los científicos descubrieron también que no podían determinar con exactitud dónde aparecerían los electrones, ni cuándo saltarían. Lo mejor que pudieron hacer fue formular las probabilidades de la nueva situación del electrón (ecuación de ondas de Schrödinger). «Dentro de ese mar de posibilidades, la realidad, tal y como la experimentamos, se crea constantemente de nuevo en cada momento», dice el doctor Satinover, y añade: «Pero el verdadero misterio consiste en que, en ese mar de posibilidades, lo que determina qué posibilidad es la que va a ocurrir no es *nada que sea parte del universo físico.* No hay un proceso que haga que suceda».

O como se dice muchas veces: los eventos cuánticos son los únicos eventos verdaderamente aleatorios en el universo.

Perplejidad 4: el Principio de Incertidumbre

En la física clásica, todos los atributos de un objeto, incluyendo su posición y su velocidad, se pueden medir con precisión con el único límite que imponga la tecnología. Ahora bien, en el nivel cuántico, cuando se mide una propiedad, como la velocidad, no se puede obtener una medición precisa de otras propiedades, como la posición. Si se sabe dónde está algo, no se puede saber a qué velocidad se mueve. Y si se sabe a qué velocidad se mueve, no se sabe dónde está.

El Principio de Incertidumbre (conocido también como Principio de Indeterminación) fue formulado por Werner Heisenberg, uno de los pioneros de la física cuántica. Sostiene que no se puede conseguir una medición precisa de la velocidad y la posición, por mucho que se intente. Cuanto más se concentra uno en una de ambas magnitudes, más incierta se hace la medición de la otra.

Perplejidad 5: la no-localidad, EPR, el teorema de Bell y la interconexión cuántica

A Albert Einstein no le gustaba la física cuántica, por decirlo suavemente. Entre otras cosas, se refirió al carácter aleatorio que acabamos de describir con la infausta afirmación: «Dios no juega a los dados con el Universo». Y Niels Bohr le contestó: «¡Deje de decirle a Dios lo que tiene que hacer!».

En 1935, en un intento de frustrar la mecánica cuántica, Einstein, Pedolsky y Rosen (EPR) idearon y pusieron por escrito un experimento tratando de demostrar lo ridícula que era. Dedujeron hábilmente una de las consecuencias de la teoría cuántica que no fue apreciada en la época: te las arreglas para tener dos partículas creadas a la vez, lo que significa que estarán interconectadas o superpuestas. Entonces, las lanzas a lugares opuestos del universo; luego, haces algo a una de ellas para que cambie de estado y la otra partícula cambia al instante para adoptar el estado correspondiente. ¡Instantáneamente!

La idea era tan absurda que Einstein se refería a ella como «una acción fantasmagórica a distancia». Según la teoría de la relatividad, nada puede moverse a una velocidad mayor que la de la luz. ¡Pues eso era infinitamente más rápido! Además, la idea de que un electrón pudiera seguir la pista a otro que estaba en la otra punta del universo sencillamente transgredía cualquier juicio sensato sobre la realidad.

Después, en 1964, John Bell formuló una teoría que decía que sí, que, en efecto, la afirmación de EPR era correcta. Que eso es exactamente lo que ocurre; que la idea de que algo sea local, o exista en un lugar concreto, es incorrecta. Todo es no-local. Las

Para mí, la pregunta interesante no es ¿por qué es tan interesante la teoría cuántica?, sino más bien ¿por qué hay TANTA GENTE interesada en la teoría cuántica? Contradice por completo la idea que tenemos de cómo es el mundo; nos dice que las cosas más evidentes que SABEMOS que son ciertas, sencillamente no lo son. Y, sin embargo, cautiva a millones de personas que «supuestamente» no tienen ni un pelo de científicos.

WILL

partículas están íntimamente conectadas en un nivel que *trasciende el tiempo y el espacio.*

Esta idea se ha verificado una y otra vez en el laboratorio durante años, desde que Bell publicó su teorema. Intenta concentrarte en ella durante un minuto. En el mundo cuántico, el tiempo y el espacio (los rasgos básicos del mundo en que vivimos) se reemplazan por la idea de que todo se está en contacto con todo, todo el tiempo. No es de extrañar que Einstein pensara que semejante idea supondría un golpe mortal para la mecánica cuántica: no tiene sentido.

Sin embargo, parece ser que ese fenómeno es una ley factible del universo. De hecho, cuentan que Schrödinger afirmaba que la interconexión no era *uno* de los aspectos interesantes de la teoría cuántica: era *el* aspecto. En 1975, el físico teórico Henry Stapp definió el Teorema de Bell como «el descubrimiento más profundo de la ciencia». Observa que dice *ciencia* y no meramente *física.*

Debo de haber vuelto locos a Mark y a Will. Solía preguntarles un millón de veces al día: ¿qué demonios tiene esto que ver conmigo?, ¿por qué tengo que preocuparme por ese mundo tan raro de la teoría cuántica? ¡Mi mundo ya es lo bastante extraño! No estoy segura de haberlo entendido todo, pero como dijo Fred Alan Wolf: «Si crees que lo entiendes, no te has enterado de nada». Lo que sí he aprendido de toda esta tontería cuántica es a disfrutar del caos, a abrazar lo desconocido, porque así ¡pueden surgir experiencias interesantes!

BETSY

La física cuántica y el misticismo

Probablemente ahora resulte más fácil ver por qué los terrenos de la física y del misticismo se rozan uno con otro. Las cosas están separadas pero están siempre en contacto (no-locales); los electrones se mueven de A a B pero nunca en medio de las dos; la materia parece ser (matemáticamente hablando) una función de onda distribuida y sólo se desintegra, o existe espacialmente, cuando se mide.

¿Cuál es el sonido de un electrón desintegrándose?

Muchos de los fundadores de la teoría cuántica tenían un interés enorme en temas espirituales. Niels Bohr utilizaba el símbolo ying/yang en su escudo de armas; David Bohm tenía largas discusiones con el sabio indio Krishnamurti; Erwin Schrödinger daba conferencias sobre los *upanishads.**

---

* Los *upanishads* son textos sagrados del hinduismo relacionados con los vedas. (N. del T.)

Las preguntas sobre qué causa la desintegración de la función ondular, o sobre si los eventos cuánticos son realmente aleatorios, permanecen aún sin respuesta en su mayoría. No obstante, aun cuando sea imperiosa la necesidad de elaborar un concepto verdaderamente unificado de la realidad que nos incluya forzosamente y que dé respuesta a los misterios cuánticos, el filósofo contemporáneo Ken Wilber, también nos insta a ser cautos:

> El trabajo de estos científicos (Bohm, Pribram, Wheeler y todos los otros) es demasiado importante como para lastrarlo con especulaciones insensatas sobre el misticismo. Y el propio misticismo es demasiado profundo como para vincularlo con fases de la especulación científica. Dejemos que se valoren el uno al otro y dejemos que nunca cese el diálogo entre ellos y el intercambio mutuo de ideas...
>
> Lo que yo pretendo al criticar ciertos aspectos del nuevo paradigma no es en absoluto impedir que haya interés en realizar más intentos, sino más bien hacer una llamada a la precisión y a la claridad en la presentación de estos temas, que son extraordinariamente complejos, al fin y al cabo.*

Nos alzamos sobre los hombros de miles de millones de vidas genéticas que nos han dado este cuerpo genéticamente perfecto y este cerebro genéticamente perfecto, que tardaron miles de años en evolucionar para que pudiéramos mantener esta conversación teórica. Si estamos aquí para ser incorporados a la mejor máquina evolucionaria que ha habido nunca (nuestro cuerpo y nuestro cerebro), entonces hemos merecido el derecho a preguntarnos «¿qué pasa si...?».

Ramtha

Conclusiones

¿Conclusiones?

¡Estás de broma! Por favor, si tienes conclusiones, huye con ellas. En caso contrario, bienvenido al mundo del pensamiento abstracto, un mundo polémico, excitante, desconcertante y revelador. Ciencia, misticismo, paradigmas, realidad. Mira lo que la humanidad ha investigado, descubierto y debatido.

Mira cómo la mente humana ha explorado este extraño mundo en el que parece que nos hemos descubierto a nosotros mismos.

Ésta es nuestra auténtica grandeza.

---

* Ken Wilber, *El paradigma holográfico*, Kairós, Barcelona, 1987.

Reflexiona un rato sobre esto...

- Piensa en un ejemplo de una experiencia de la física newtoniana en tu vida.
- La física newtoniana, ¿ha definido tu paradigma?
- Los nuevos conocimientos sobre el mundo extraño y estrambótico de la teoría cuántica, ¿cambian tu paradigma?, ¿cómo?
- ¿Estás dispuesto a tener experiencias que trasciendan lo conocido?
- Piensa en un ejemplo de efecto cuántico en tu vida.
- ¿Quién o qué es el «observador» que determina la naturaleza y la localización de la «partícula»?

EL OBSERVADOR

Espejito, espejito, ¿quién destruye lo diminuto?

VERSIÓN CUÁNTICA DEL CLÁSICO CUENTO INFANTIL

Mi decisión consciente de cómo observar un electrón determinará hasta cierto punto las propiedades del electrón. Si le hago una pregunta sobre partículas, me dará una contestación sobre partículas. Si le hago una pregunta sobre ondas, me dará una respuesta sobre ondas.

Fritjof Capra

Cuando la ciencia se enfrentó a las pruebas fehacientes que demuestran que el proceso de observación influye aparentemente en lo observado, se vio forzada a dejar a un lado cuatro siglos de suposiciones y a lidiar con la idea revolucionaria de que *estamos implicados* en la realidad. Aunque la naturaleza y el alcance de esa influencia aún es objeto de amplio debate, está claro que, tal y como Fritjof Capra señala, «la característica crucial de la teoría cuántica es que el observador es necesario no sólo para observar las propiedades de un fenómeno atómico, sino incluso para causarlas».

El cambio profundo en la concepción que tenían los físicos de la naturaleza básica de su empeño y del significado de sus fórmulas no se debió a un impulso súbito: era el último recurso que les quedaba. La idea misma de que para comprender los fenómenos atómicos hay que interpretar las fórmulas matemáticas para que traten directamente sobre los observadores humanos, en vez de sobre los acontecimientos reales externos, es aparentemente tan ridícula que jamás la sostendría ningún grupo de científicos eminentes y renombrados, a no ser que fuese la última medida posible a tomar.

Henry Stapp

El observador influye en lo observado

Antes de hacer una observación o una medición, el objeto ya existe como probabilidad de onda (técnicamente, *función de onda*). No tiene una ubicación ni una velocidad específicas. El objeto, en ese estado de función de onda, contiene la posibilidad de poder estar *aquí o allá* cuando sea observado en una medición. El objeto tiene posiciones y velocidades potenciales, pero no sabremos cuáles son hasta que sea observado.

«Desde ese punto de vista —escribe Brian Greene en *El Tejido del Cosmos*—, cuando medimos la posición de los electrones no estamos midiendo un rasgo objetivo y preexistente de la realidad; el acto de la medición, por el contrario, está profundamente envuelto en la creación de la realidad misma que estamos midiendo». Fritjof Capra concluye: «El electrón no posee propiedades objetivas independientes de la mente».

Todo esto sirve para desdibujar lo que antaño fue una distinción tajante entre el «mundo de ahí fuera» y el observador subjetivo, pues parece que se funden o juegan juntos en el proceso de descubrir el mundo, o ¿sería de crearlo?

Creo que una de las cosas fantásticas que la gente no entiende cuando se habla del observador es quién es realmente ese observador. Quizá estamos tan acostumbrados a la palabra que realmente no acabamos de entenderla. El observador es todo ser humano, con independencia del sexo, la raza, la posición social o el credo. Esto quiere decir que TODO ser humano tiene capacidad para observar y cambiar la realidad subatómica. Cualquier persona que pase por la calle, sea alto ejecutivo, conserje, prostituta, violinista, o policía puede hacerlo y no sólo los científicos en sus sacrosantas salas. La ciencia nos pertenece a todos porque la ciencia en sí misma es una metáfora que nos explica a NOSOTROS, al ser humano.

MARK

El problema de la medición

Hoy en día, nos referimos normalmente a ese efecto de la observación como el problema de la medición. Si bien las primeras descripciones del fenómeno incluían al observador consciente, ha habido muchas tentativas de eliminar la fastidiosa palabra «consciente» del problema. Enseguida surgieron preguntas sobre qué es consciente: si un perro mira los resultados de un experimento con electrones, ¿se destruirá la función de onda?

Al eliminar la *consciencia* del problema, los físicos pudieron darse cuenta del hecho mencionado anteriormente: se descartó para siempre la fantasía de que es posible hacer una medición sin afectar a lo que se mide.

Durante estos años se han lanzado numerosas teorías para llegar a un acuerdo sobre los problemas planteados por el observador, las mediciones, la mente y la destrucción. La primera teoría fue la Interpretación de Copenhague, que aún se discute.

La Interpretación de Copenhague

La idea radical de que el observador tiene una influencia inevitable en cualquier proceso físico observado, de que no somos

Para entender completamente la mecánica cuántica, para descubrir plenamente lo que dice acerca de la realidad... debemos afrontar el problema de la medición cuántica.

Brian Green,
El Tejido del Cosmos

La pregunta puede ser: ¿podemos crear un modelo matemático de lo que hace un observador cuando está observando y cambiando la realidad? Hasta ahora se nos ha escapado. Cualquier modelo matemático que usemos que incluya la observación parece que introduce discontinuidades en las matemáticas. Al observador se le ha dejado fuera de la ecuación de la física por una simple razón: así es más fácil hacer las cosas.

Fred Alan Wolf, físico

testigos objetivos y neutrales de las cosas y los acontecimientos, fue defendida por primera vez por Niels Bohr y sus colegas en Copenhague, donde éste vivía, por lo cual se denomina muchas veces la Interpretación de Copenhague. Bohr defendía que el Principio de Incertidumbre de Heisenberg implicaba algo más que el mero hecho de no poder determinar exactamente tanto la velocidad a la que se mueve una partícula subatómica, como su localización. Bohr sostenía, como explica Fred Alan Wolf, que «No se trata sólo de que no se pueda medir, es que no existe hasta que se *observa.* Heisenberg pensaba que había partículas ahí fuera». Se negaba a aceptar que no existían en tanto no participase un observador. Bohr creía que las partículas mismas no llegan siquiera a existir hasta que las observamos, y que la realidad a nivel cuántico no existe hasta que es observada o medida.

Efectivamente, muchos científicos rechazaron y debatieron esta noción difícil e incomprensible que va en contra del sentido común y en contra de nuestra experiencia diaria y normal. *Existe* una falta de acuerdo, muchos dirían incluso que hay un debate encarnizado sobre si esto significa que la consciencia humana, que el observador humano (por oposición al no humano) es el que destruye la función de onda y lleva al objeto desde un estado de probabilidad a su valor puntual.

Heisenberg sostenía que la mente era un factor inherente al problema. Se refería al acto de la medición como al «acto de registrar el resultado *en la mente del observador.* El cambio discontinuo en la función de la probabilidad... se produce con el acto de registro, porque el cambio discontinuo *en nuestro conocimiento* en el instante del registro es lo que se refleja en el cambio discontinuo de la función de la probabilidad».

O como dice Lynne McTaggart en términos no tan científicos: «La realidad es una gelatina inestable. Ahí fuera hay una gran masa viscosa indeterminada que es nuestra vida en potencia. Y nosotros, por el hecho de implicarnos, por el hecho de darnos cuenta, por observar, hacemos que se estabilice. Es decir, somos esenciales en el proceso total de la realidad. Nuestra implicación crea la realidad».

Los fundamentos de la física cuántica

Es un área de investigación que surgió en los años setenta en un intento de eliminar la parte «consciente» de las teorías de la física cuántica. Suponía una forma mucho más mecanicista de contemplar el problema de la medición. Consideraba que el agente activo era el mecanismo de la medición física.

El doctor Albert lo describe con estas palabras:

> Hubo una serie de conversaciones, que cada vez se hacían más embarazosas, del tipo: «Está bien, ¿puede un gato causar esos efectos con su consciencia?». Al final estaba claro que los términos que se manejaban eran tan imprecisos y tan resbaladizos que era imposible construir con ellos una teoría científica útil, y la idea se olvidó.
>
> Este trabajo (fundamentos de la mecánica cuántica) tiene que ver con el intento de entender la forma de alterar las ecuaciones para producir los cambios, o la forma de añadir cosas, cosas físicas a nuestra imagen del mundo para mostrar cómo surgen los cambios.

En resumidas cuentas, se intentó contemplar la física cuántica desde un punto de vista puramente físico, un punto de vista que no incluyera el obstáculo de un observador consciente.

En el universo de Einstein los objetos poseían valores definidos de todos los atributos físicos posibles. Los atributos no estaban en el limbo a la espera de que la medición de un experimentador los hiciera existir. La mayoría de los físicos diría que Einstein estaba equivocado en este punto también. Las propiedades de las partículas, según el punto de vista mayoritario, empiezan a existir cuando las mediciones las fuerzan a ello... Cuando no son observadas... las propiedades de las partículas tienen una existencia nebulosa y confusa que se caracteriza solamente por la probabilidad de que una u otra potencialidad podría materializarse.

Brian Green,
El Tejido del Cosmos

La teoría de los mundos innumerables

El físico Hugh Everett proponía que cuando se lleva a cabo una medición cuántica, en vez de que la función de onda se destruya dando paso a un solo resultado, se actualizan todos los resultados posibles. En el proceso de actualización, el universo se divide en tantas versiones de sí mismo como sean necesarias para cuadrar con todos los resultados de medición posibles. Esto suscita la idea de que hay innumerables universos paralelos en los que entran en juego todas las potencialidades cuánticas.

Sí preguntamos... si la posición de un electrón permanece igual, debemos contestar «no»; si preguntamos si la posición de un electrón cambia con el tiempo, debemos contestar «no»; si preguntamos si el electrón está en posición de descanso, debemos contestar «no»; si preguntamos si está en movimiento, debemos contestar «no».

J. Robert Oppenheimer, presidente del proyecto Los Álamos, que creó la bomba atómica

Tómate un momento para asimilar esta idea: cada vez que haces una elección, se producen innumerables posibilidades o resultados paralelos, todos *¡a la vez!*

Lógica cuántica

El matemático John von Neumann desarrolló una base matemática rigurosa para la teoría cuántica. Al contemplar al observador y lo observado, dividió el problema en tres procesos:

Proceso 1. Consistía en la decisión del observador de hacer una pregunta al mundo cuántico: «*Espejito, espejito*». La elección limita ya los modos de libertad disponibles que le quedan al sistema cuántico para responder. (Efectivamente, hacer cualquier pregunta limita la respuesta: a la pregunta de qué fruta tomaste en la cena, responder que un filete no constituye una contestación válida).

Proceso 2. Consistía en el estado evolutivo de la ecuación de onda, el proceso por el cual se despliega la nube de probabilidades o evoluciona de la manera descrita por la ecuación de onda de Schrödinger.

Proceso 3. Consistía en la respuesta del estado cuántico a la pregunta planteada en el proceso 1, la cual «*destruye lo diminuto*».

Uno de los puntos interesantes en relación con esa formulación matemática era la decisión de qué preguntar al mundo cuántico. Cada observación implicaba una elección sobre qué observar. De repente, se consideraba que palabras tales como «elección» y «libre albedrío» formaban parte del hecho cuántico en su totalidad. Aunque la pregunta de si un perro es un observador consciente o no es discutible, la pregunta de si un perro ha decidido (proceso 1) alguna vez realizar una medición cuántica relativa a la naturaleza de onda de los electrones parece tener una respuesta evidente.

Según esta teoría de la lógica cuántica, no hay distinción en lo que se incluye en el sistema físico del proceso 2. *Esto significa que* *el cerebro del observador podría ser considerado parte de la evolución de la función de onda; no se trata únicamente de observar los electrones.* Esto ha suscitado numerosas teorías sobre la consciencia, la mente y el cerebro.*

Se planteó una cuestión primordial del problema de la medición: la decisión del observador establece la medición. Esa decisión limita el grado de libertad con el que puede responder el sistema físico (los electrones, por ejemplo) y, por consiguiente, afecta al resultado (la realidad).

Neorrealismo

Los neorrealistas defienden que la realidad está compuesta por los objetos conocidos de la física clásica y que las paradojas de la mecánica cuántica revelan que la teoría es incompleta e imperfecta. Este punto de vista se conoce también como la interpretación de «la variable oculta» de la mecánica cuántica, que presupone que, una vez que se descubran todos los factores que faltan, las paradojas desaparecerán.

A mí me parece que la teoría neorrealista dice: «Sabemos que la física cuántica está equivocada porque no la entendemos (paradojas), y tenemos razón porque pensamos así (es de sentido común), y estamos seguros de que, una vez que sepamos más (cuando encontremos las variables ocultas), se demostrará que tenemos razón». Es como si dijésemos: «Sabemos que Elvis está todavía vivo; lo que pasa es que aún no lo hemos encontrado».

WILL

La consciencia crea la realidad

Esta interpretación lleva al extremo la idea de que el acto de observación consciente es el factor clave en la formación de la realidad. Confiere al acto de observación un rol especialmente privilegiado en la destrucción de lo posible y su conversión en lo real. La mayoría de los físicos institucionales considera que esta interpretación es poco menos que una ilusión propia del New Age y un malentendido difuso del problema de la medición.

Las tradiciones metafísicas y espirituales más antiguas han sostenido siempre que, en palabras de Amit Goswami, «la cons-

* Henry Stapp, *The Mindful Universe.* Se cita en el capítulo «El cerebro cuántico».

ciencia es el fundamento de todo ser». Los protones y los neutrones se han incorporado al debate hace relativamente poco tiempo. Su aparición en el banco de los testigos ha sido un acontecimiento verdaderamente notable.

Cuando entendamos al observador, tendremos que inclinar la cabeza ante la mente superior que está formando modalidades de realidad con esa energía, modalidades de realidad con las que aún tenemos que soñar en esta vida. Todavía sólo lo percibimos como un caos, pero tiene un orden definido. Está por encima de nosotros. Es más profundo.

Ramtha

Totalidad

Según David Bohm, un protegido de Einstein, la mecánica cuántica revela que la realidad es un todo indiviso en el que todo está conectado en un nivel profundo que trasciende los límites ordinarios de espacio y tiempo. Bohm lanzó la idea de que existe un «orden implicado» del que emana el «orden explicado» (el universo físico oculto, no detectable). El plegarse y desplegarse de dichos órdenes origina las variedades del mundo cuántico. La visión de Bohm de la naturaleza de la realidad dio origen a la teoría holográfica del universo, que ha sido utilizada por Karl Pribram y otros para explicar el cerebro y la percepción. Edgar Mitchell, en una conversación reciente, opinaba que la Interpretación de Copenhague es inexacta y que la holografía cuántica es un modelo mucho mejor de la realidad.

Y luego estoy yo...

Hasta ahora hemos hablado principalmente del concepto de observador desde el punto de vista de la física. El otro lado del observador es probablemente el sentido más íntimo que cada uno de nosotros tenemos de nosotros mismos. Aunque a veces se denomina «la vocecita persistente», muchas prácticas y tradiciones espirituales han utilizado el término «observador» para abordar el ego inefable, o para comprender nuestra naturaleza íntima y cambiar el ego exterior mediante la observación.

No es de extrañar que el impulso de vincular la visión subjetiva del observador con la visión científica sea tan irresistible, especialmente porque parece que la visión científica está hablando exactamente de lo mismo. El sujeto y el objeto están íntimamente relacionados. Mientras que, según nuestro concepto, el observador interno es pasivo, la ciencia parece decir que la observación es activa. La observación produce un efecto físico.

Y tanto si la palabra «C» (la Consciencia) es el único agente influyente como si no, el hecho de que cualquier medición cambie el sistema físico es ya de por sí una revelación. Nos dice que no se puede sacar ninguna *información* de un sistema sin cambiar la naturaleza física de dicho sistema.

¿Cuánto influye el observador en lo observado?

Ésta es la pregunta del millón. Fred Alan Wolf dice:

> Tú no cambias la realidad de ahí fuera. No cambias las sillas, ni los enormes camiones, ni las excavadoras, ni los cohetes que despegan, ¡no, no cambias nada de eso! ¡No! Pero cambias la forma en que percibes las cosas, o quizá la forma en que piensas en las cosas, cómo te sientes con respecto a ellas, cómo percibes el mundo.

Y ¿por qué no cambiamos los enormes camiones, las excavadoras o la muerte ecológica? Según el doctor Joe Dispenza, «porque hemos perdido el poder de observación». Él cree en la necesidad de mantener en toda su sencillez el mensaje de la física cuántica: la observación tiene un efecto directo en el mundo del observador. Esto motivará a la gente a centrarse en ser mejores observadores. Y continúa diciendo:

> El mundo subatómico responde a nuestra observación; ahora bien, si una persona por lo general pierde la concentración en un lapso de entre 6 y 10 segundos... ¿cómo puede lo muy grande responder a alguien que ni siquiera

Hemos comprobado que allí donde la ciencia ha progresado más, la mente ha recuperado de la naturaleza aquello que la mente ha puesto en la propia naturaleza. Hemos encontrado una huella extraña en las orillas de lo desconocido. Hemos concebido teorías inteligentes, una tras otra, para explicar su origen. Al final hemos logrado reconstruir la criatura que dejó la huella. Y ¡vaya, resulta que es nuestra propia huella!

Sir Arthur Eddington

tiene la capacidad de fijar la atención y concentrarse? Quizá sólo somos malos observadores. Quizá no tenemos la destreza de observar, pues puede que sea una destreza...

Tendríamos que estar dispuestos a sentarnos cada día y dedicar un rato a empezar a observar, a diseñarnos un futuro nuevo y posible. Si lo hacemos adecuadamente y lo observamos adecuadamente, empezarán a aparecer oportunidades en nuestras vidas.

Siempre tuve la sensación de que era una persona tranquila y sosegada. Que tenía completo control de mis emociones y de mis reacciones ante la gente, los lugares, las cosas, el tiempo y los acontecimientos. Luego, cuando escuchaba a Fred Alan Wolf y a John Hagelin y a otras personas que entrevistamos, me di cuenta de que no era nada más que una canica que rebotaba contra las paredes de la vida. ¡Me sorprende incluso haber tenido tiempo para respirar y no haber sufrido una herida fea en la cabeza! El volverme más observadora de lo que ocurre «dentro» y utilizarlo para cambiar mi percepción de lo de «fuera» ha creado nuevas posibilidades en mi vida. Puedo hacer cosas que nunca supe que podía hacer o ver y el tiempo pasa mucho más despacio, a un ritmo que me permite poder observar y elegir en lugar de reaccionar y lamentarme.

BETSY

Alterar la realidad cotidiana

Si subimos de la escala subatómica a la escala humana, ¿qué es la observación? Para los humanos, el umbral de la observación es la percepción. Tu percepción. Y según vimos en capítulos anteriores, recuerda lo sospechosa que puede llegar a ser («espejito, espejito... ¿quién es la más bella?»). Amit Goswami:

> Cada observación se puede considerar como una medición cuántica, porque la medición cuántica produce memoria cerebral. Los recuerdos cerebrales se activan cada vez que encontramos y experimentamos de nuevo un estímulo repetido. Un estímulo repetido evocará siempre, no sólo la impresión original, sino también la repetición de las impresiones de la memoria...
>
> Siempre percibimos algo tras ser reflejado en el espejo de la memoria. Ese reflejo en el espejo de la memoria es lo que nos da el sentido de «ser yo», de quién soy yo, un modelo de hábitos, un modelo de recuerdos, un modelo de pasado.

En otras palabras:

Recuerdo (pasado) → Percepción → Observación → (influencia en la) Realidad.

El subtítulo de este libro es *Descubre las infinitas posibilidades de alterar tu realidad cotidiana*.

Bueno, pues si la realidad es precisamente la respuesta a las preguntas o actitudes que tenemos en la mente y esa respuesta está al final de una larga cadena de recuerdos, percepciones y observaciones, no se tratará tanto de cómo alterar la realidad, sino de preguntarnos *por qué* mantenemos siempre la misma realidad. En la respuesta a esta pregunta está la clave del cambio.

El problema de la medición es sólo un «problema» porque debilita radicalmente la idea de que estamos fuera de lo observado. Incluso un simple mecanismo de medición interactúa con el sistema medido y lo cambia. En la realidad observada hay una fluidez que parece contraria al mundo de las tazas de café y de los cohetes que despegan. Y, sin embargo, constituye una característica fundamental del enganche que existe entre todos los aspectos de la realidad.

Y la palabra utilizable es «enganche». Aunque también podríamos decir conexión, o enredo, o que forman parte de la misma ecuación de onda. El concepto de la inseparabilidad esencial de todas las cosas sigue apareciendo desde el banco de los testigos cuánticos.

¿Quiénes somos nosotros, simples humanos, para discutir con un montón de millones de electrones?

¿Quién destruye lo diminuto? Más que quién, *qué*. Cualquier cosa. La pregunta sigue siendo: ¿son sólo *cosas* o también *no-cosas*, como la mente, el espíritu o la consciencia? En caso afirmativo, ¿son tan reales como las cosas que destruyen? En el mundo de las ilusiones, la separación entre cosas y no-cosas tal vez sea la ilusión de la que depende el resto de las ilusiones.

El escritor científico Dan Winters, en un artículo publicado en *Discover*, bajo el provocativo título de «¿Existe el universo cuando no lo miramos?», comenta: «Desde la perspectiva cuántica, el universo es un lugar extremadamente interactivo». El artículo resume la idea de John Wheeler, físico de Princeton, de «la génesis debida a la destreza del observador». Según Wheeler (colega de Albert Einstein y Niels Bohr, y quien acuñó el término «agujero negro»): «No somos meros espectadores en un teatro cósmico; somos creadores y conformadores que vivimos en un universo participativo».

Reflexiona un rato sobre esto...

- ¿Te es posible identificarte como el observador si eres el observador?
- ¿Qué o quién es el yo?
- ¿Qué o quién es el observador?
- ¿Son distintas personas?
- ¿Puedes observar algo dentro de ti distinto del yo?
- Si puedes convertirte en un observador para tu «yo», ¿cómo cambiará tu percepción de la realidad?
- Si se necesita al observador para crear la realidad, ¿cuánto te concentras como observador? En tu actual estado de observación, ¿qué realidad estás creando?
- ¿Cuánto tiempo puedes mantener un pensamiento?
- ¿Continúa la realidad existiendo cuando no la observas?
- Si se requiere que el observador destruya la realidad, entonces ¿qué es lo que mantiene tu cuerpo unido cuando estás dormido?
- ¿Quién o qué es entonces el observador?

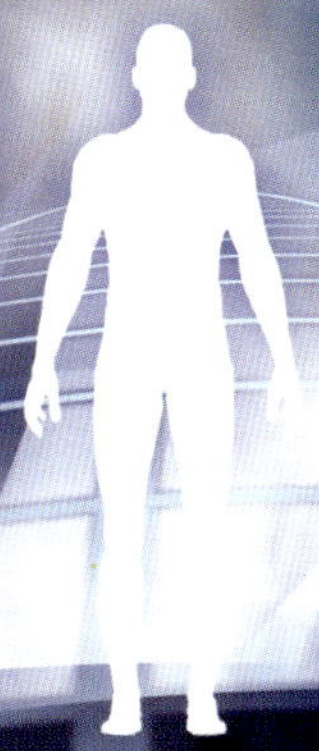

LA CONSCIENCIA

La consciencia es algo muy difícil de definir. La gente ha estado intentando explicar y tratando de entender qué es exactamente la consciencia, qué significa para nosotros como seres humanos e incluso por qué la tenemos.

ANDREW NEWBERG

¿Cuál sería una definición sencilla de consciencia? Bueno, la consciencia es lo más difícil de definir.

Fred Alan Wolf

Nick Herbert obtuvo el doctorado en Física experimental en la Universidad de Stanford. Durante años trabajó como científico en la Memorex Corportation de Silicon Valley, en los campos de física magnética, electrostática, óptica y termal. Ha escrito *Quantum Reality: Beyond the New Physics,* y ha sido profesor de ciencia en todos los niveles, desde el jardín de infancia hasta la universidad. ¿Recuerdas el Teorema de Bell (que demuestra la existencia de la no-localidad) que vimos en capítulos anteriores? Nick Herbert ha creado la demostración matemática más concisa de esa característica revolucionaria del universo, que demuestra la interconexión más allá del tiempo y del espacio. ¿En qué está interesado ahora? En la *consciencia.*

«Mi opinión real es que la *consciencia es el problema más espinoso* —dice—, y la física ha tenido éxito básicamente con problemas fáciles... Puede que encontremos todas las fuerzas y todas las partículas de la naturaleza —es lo que busca la física—, y luego ¿qué? Luego tendremos que abordar realmente algunos de los problemas más difíciles, como la naturaleza de la mente o la naturaleza de Dios, y problemas mayores que ni siquiera sabemos aún cómo enunciar».

¿Por qué estamos nosotros aquí? Bueno, ésta es la cuestión definitiva, ¿no? Por nosotros, supongo que quieres decir seres conscientes; eso es lo que somos.

Stuart Hameroff, médico

¿Crees que la ciencia lo entenderá mejor que tener que manejar una patata caliente llamada consciencia que tiene tantos cultos religiosos y tanto vudú tercermundista asociados a ella?

Ramtha

¿Qué es la consciencia?

Todos la tenemos, ¿no? Todos somos seres conscientes y con conocimiento (en un buen día). Hemos visto que la física cuántica ha tocado la consciencia en su búsqueda de respuestas sobre la realidad y la percepción. La consciencia va con nosotros todo el tiempo; toda experiencia sensorial, pensamiento, acción e interacción juegan en el campo de la consciencia.

La consciencia es fundamental en todo lo que hacemos: arte, ciencia, relaciones, vida. Es una constante en nuestras vidas y, sin embargo, la ciencia ha hecho muy poco para examinarla en profundidad. En sus casi 400 años de vida, «la ciencia ha hecho progresos inmensos en la comprensión del universo físico a todos los niveles, desde el quark hasta el quasar», dice Herbert. Pero la consciencia sigue siendo «un agujero negro intelectual».

En el terreno de la física y en el de la psicología hay muchos científicos que, aferrados todavía al paradigma materialista/newtoniano, descartan que la consciencia sea un producto del funcionamiento del cerebro (la palabra que utilizan con más frecuencia es *epifenómeno,* que significa básicamente efecto lateral o subproducto). Significa básicamente que nuestro sentido del «yo» es, ¡ay!, un accidente de la evolución. Y que cuando el cerebro muere, el «ay» desaparece y el embalaje se junta en el basurero con los demás envases utilizados.

La mayoría de nosotros da por sentado el término y la idea de la consciencia. Cuando miro mi cuerpo, tengo la sensación de que algo lo impulsa. Algo lo anima. En general, nunca nos preguntamos qué es ese algo, porque somos nosotros. En las ocasiones en que he estado fuera de mi cuerpo y me he vuelto a mirarlo, es cuando ese algo se vuelve extremadamente perceptible. En ese momento, veo la forma de un cuerpo humano y me cuesta un rato reconocer que soy yo. En ese momento soy algo que todavía existe, que todavía «piensa» y que todavía tiene un sentido del yo. Es una experiencia que trasciende el lenguaje y quizá por eso nadie ha descrito acertadamente con palabras qué es la consciencia.

MARK

Una línea de actuación equivocada

Si la consciencia es tan importante y fundamental, ¿por qué se conoce tan poco? Una explicación es que es como buscar las gafas cuando las tienes puestas; siempre ha estado ahí, así que se da por descontado. Otra razón es que vivimos en una era extremadamente materialista que ha estado dominada por una ciencia materialista; en otras palabras, nosotros, en cuanto cultura, estamos interesados en lo que hay «ahí fuera» y no nos interesa tanto lo que sucede «aquí dentro».

Incluso cuando dirigimos la atención hacia el interior, nos interesa más el *contenido* de la consciencia, las cosas que ocupan las neuronas (pensamientos, sueños, planes, especulaciones) que la consciencia en sí. Nos interesan las imágenes de la película, pero olvidamos que, sin la pantalla en la que se proyectan, no habría nada.

Un gran reproche a nuestra sociedad materialista: ¿quiénes son los héroes en el colegio? Los colegios tienen que ver con la educación, el conocimiento, el aprendizaje, es decir, con la vida mental. Pues bien, los héroes son los atletas: la vida física.

WILL

No obstante, probablemente la razón más importante es que *la consciencia no cuadra con el paradigma newtoniano.* No está hecha de materia medible, ni se puede medir con un metro. Y la mayor parte de los científicos siguen inmersos en la visión del mundo dividido creada por Descartes centenares de años atrás, un mundo en el que lo intangible, o no físico, o espiritual está separado de lo físico para siempre. Por lo tanto, para explicar la consciencia, los científicos sólo cuentan con un fenómeno químico de circuitos neuronales basado en el cerebro. De acuerdo con ese paradigma, los científicos han llegado tan lejos como para llamar *anomalía* a la consciencia.

¿Qué has dicho? ¿Que mi consciencia, tu consciencia, el hecho básico de la existencia, es *una anomalía, una «desviación de lo normal»*?

El hecho es que, en la actualidad, la ciencia carece del marco apropiado para entender la consciencia. Es una «cuestión difícil», por lo cual los científicos, en su mayoría, le han dado la espalda y se han vuelto hacia otras cosas. Es el procedimiento habitual cuando se ponen en tela de juicio los paradigmas (y está en juego el sustento de la gente). «Cuando las anomalías paradigmáticas surgen por primera vez —apunta el físico y filósofo Peter Russell— lo habitual es que no se les haga caso o que se rechacen».

El estudio del cerebro ha ayudado a esclarecer estados superiores de consciencia, aparte de estar despierto, soñar y dormir. Hay hasta siete estados de consciencia. Además de los tres que experimentamos normalmente, está la consciencia pura. Es el estado más simple de la consciencia humana, un estado de consciencia ilimitada en el que la mente, en sosiego y en un silencio profundo, experimenta el campo unificado de todas las leyes de la naturaleza y se identifica con él.

John Hagelin, físico

Descifrar el rebote de las bolas

A finales del siglo XIX, la doctrina normal era el modelo newtoniano del mundo, concebido como un mecanismo gigante lleno de cosas sólidas que rebotaban unas contra otras como bolas de billar. Como ha señalado David Albert, físico de la Universidad de Columbia, «era una doctrina más que suficiente hasta mediados del siglo XIX, aproximadamente, cuando las investigaciones en el campo del electromagnetismo de gente como Faraday (que culminaron en el trabajo de Maxwell a finales de siglo) empezaron a hacer que pareciera que las partículas ya no constituían el catálogo completo del mobiliario del universo». Los fenómenos electromagnéticos no podían ser explicados con arreglo a los principios físicos aceptados; pero tampoco podían ser descartados. Así pues, fue necesario tomar en consideración los campos, en contra de los vientos ortodoxos predominantes. Como dice el doctor Albert, «de los campos se hablaba ya desde principios del siglo XIX por lo menos, pero durante mucho tiempo no se tomaron en serio». Hoy en día, se aceptan como aspectos intrínsecos y fundamentales del cosmos.

Puede que haya llegado el momento de hacer lo mismo con la consciencia; tal vez suponga un desafío similar. Así como la carga electromagnética y los campos eléctricos y magnéticos tenían un carácter o una naturaleza distinta a la de los objetos sólidos que constituían el núcleo del modelo newtoniano, la consciencia se encuentra en un nivel de realidad aún más sutil que las fuerzas o los campos de fuerzas. Ahora bien, si constituye un nivel de la realidad, y si la física va a proponer una «teoría genuina de todas las cosas», tendrá que incluir la consciencia en ella.

Este tema tan de moda de lo cuántico ofrece un punto de vista interesante. Por ejemplo: la consciencia ¿es sólo algo cuántico? ¿Se explica sólo con la física cuántica? Eso es lo que solía creer yo antes, cuando reflexionaba en los setenta. Ya no lo creo. Ahora estoy convencido de que tal vez la mecánica cuántica no sea suficiente. ¡Quién sabe!

Fred Alan Wolf, físico

¿EL HUEVO O LA GALLINA?

«Todos hemos estado operando —observa Ed Mitchell— dentro de un modelo científico que afirmaba que todo podía reducirse a simple materia o simple energía. En realidad, todo es energía, pues la materia es una forma de energía. Además, según ese modelo, la consciencia, tal y como la experimentamos, es simplemente un epifenómeno; es decir, un subproducto de la actividad cerebral; no es algo verdaderamente fundamental.

»Sin embargo, todas las tradiciones religiosas del mundo entero han dicho de una manera u otra: "No, no es así. Lo que es fundamental es la propia consciencia y la energía-materia es un producto de la consciencia". Ésta es la cuestión básica de la que nos hemos estado ocupando durante muchísimo tiempo, sin haber sido capaces realmente de resolverla con claridad de un modo u otro».

Las anomalías

«El cambio profundo en la concepción que tenían los físicos de la naturaleza básica de su empeño y del significado de sus fórmulas no se debió a un impulso súbito: era el último recurso que les quedaba» (Henry Stapp).

¿Recuerdas esta cita? Estaba en el capítulo «El observador» y se refería a cómo la conducta del mundo subatómico *había obligado* a los científicos a cambiar. O, como también se ha dicho: «Fue una bella teoría destruida por un hecho feo». ¿Hay «hechos feos» que obliguen al mundo científico a adoptar «últimos recursos»?

Según voy siendo más consciente de mí misma y de mi conexión con todas las cosas, me doy cuenta de que soy consciencia o una expresión de la misma. Tengo la sensación de que estoy conectada con algo que es más grande que yo misma o que mi personalidad. Esto me sirve de estímulo para indagar y ver lo que puedo manifestar de ese algo. Me encanta la sensación que me invade cuando, tras haber estado callada aunque sólo sea por un momento, recibo una señal de no sé dónde y la sigo. Entonces es cuando ocurre la magia.

BETSY

- La mayoría de la gente ha tenido al menos una experiencia que no puede ser explicada por medios normales ni con la expresión para salir del paso «sólo es una coincidencia».
- Se han estudiado veintenas de experiencias en la antesala de la muerte y en todas se narran vivencias muy similares *mientras se estaba fuera del cuerpo.*
- Regresiones a vidas pasadas han revelado episodios oscuros acaecidos en tiempos a los que el sujeto no tenía acceso y que han resultado ser ciertos.
- La visión remota (la capacidad de trascender el espacio y el tiempo para obtener información) tuvo tanto éxito que Estados Unidos y la Unión Soviética tenían equipos de gente que la practicaba trabajando de espías.
- Los experimentos muestran estadísticamente que el intento del hombre cambia procesos cuánticos aleatorios (y no sólo destruye la función de onda).
- Curaciones milagrosas.
- Sueños proféticos.

La lista continúa. Empieza a parecer un poco tonto (algunos dirían que está feo) insistir en que todos estos datos no son sino meras ilusiones, coincidencias o luces de gas, así como negar que la consciencia pueda ser una realidad en sí misma.

Descifrar la consciencia

Muchos pensadores científicos, como Amit Goswami, Peter Russell y David Chalmers (director del Centro de Estudios sobre la Consciencia de la Universidad de Arizona), argumentan de manera convincente que la consciencia debe ser incluida en el nuevo marco de la ciencia. «Si la existencia de la consciencia no puede derivarse de leyes físicas —dice Chalmers—, la física teórica no cubre todas las cosas. Por consiguiente, una teoría final debe contener un componente adicional fundamental. Para lograr ese fin, propongo que la experiencia consciente sea considerada un rasgo fundamental, irreducible a ninguna otra cosa más básica».

Nick Herbert ha llegado a una conclusión similar: «Creo que la mente es un proceso fundamental por derecho propio, tan ampliamente extendido y tan profundamente enraizado en la naturaleza como la luz o la electricidad».

La ciencia, en su búsqueda continua e inexorable, se mueve en esa dirección. Stuart Hameroff y Roger Penrose han presentado una teoría de la consciencia basada en los microtúbulos del cerebro (la analizaremos en el capítulo «Cerebro cuántico», junto con otras teorías basadas en la teoría cuántica). En las universidades están apareciendo programas de estudio de la consciencia. Las conferencias atraen a una masa diversa e interesada de científicos, estudiantes y místicos, que lidian todos ellos con la misma cuestión, aparentemente simple de «¿qué es la consciencia?». Esto, sin embargo, ocurre también en las disciplinas científicas tradicionales, que lidian con la cuestión aparentemente simple de «¿qué es la realidad?», como con tantas cosas. Son dos caras de la misma moneda.

Peter Russell piensa que puede haber llegado el momento de lanzar la moneda a cara o cruz: «Más que dar por hecho, como hacen la mayoría de los científicos, que la consciencia surge de algún modo del mundo material, es preciso considerar la visión alternativa del mundo que plantean muchas tradiciones espirituales y metafísicas, según la cual, la consciencia es un compo-

Creo que la consciencia es el discernimiento que tenemos, esa forma de vivir interiormente la experiencia que nos separa de los robots y de los zombies, que podrían tener un comportamiento complejo, ocuparse de sus asuntos y hacer cosas sin tener una experiencia o vida interior. Yo diría que la consciencia es una secuencia de acontecimientos diferenciados, que tienen lugar unas cuarenta veces por segundo y que constituyen de hecho una forma particular de reducción al estado cuántico, debida al umbral de la experiencia en el nivel fundamental (de la geometría del tiempo y del espacio).

Stuart Hameroff, médico

nente fundamental de la realidad, tan fundamental como el espacio, el tiempo y la materia, o tal vez más».

Para introducir la consciencia en la ciencia, al menos en la ciencia tal y como se entiende en la actualidad, tenemos que medir la consciencia de un modo u otro. Así como hay formas de medir o de cuantificar fuerzas, también los asuntos de la consciencia tienen que ser medidos o cuantificados. Es parte del proceso analítico.

Hay muchos textos, antiguos (hebreos y cabalísticos) y modernos (el *Libro de Urantia*) que contienen clasificaciones detalladas de los seres celestiales (ángeles, arcángeles, serafines, querubines y demás). Mi idea extraña *du jour** es que son sistemas de clasificación de los distintos niveles y grados del alcance de la consciencia. La psicología, que indudablemente se considera una ciencia, utiliza categorías como instrumento para entender los tipos de personalidad y luego las usa para analizar toda clase de cosas. ¿Es distinto el campo de la consciencia?

WILL

La consciencia, ¿es el rey?

De hecho, la mayoría de las tradiciones espirituales sostienen que la consciencia es no ya «un» componente fundamental, sino «el» componente fundamental. *Todo* procede del pozo subyacente de la consciencia.

El doctor Hagelin está convencido de que es así:

> La experiencia primera, el comienzo del universo podríamos decir, ocurre cuando la consciencia pura, esto es, el campo unificado contemplándose a sí mismo, crea la estructura triple de observador, observado y proceso de observación, dentro de su naturaleza esencialmente unificada. A partir de ahí, la consciencia crea la creación en el nivel más profundo de la realidad, de modo que, sí, hay una relación muy íntima entre el observador y lo observado. Están unidos a la larga, como una totalidad inseparable en la base de la creación, que es el campo unificado y es también nuestra consciencia más íntima, el yo.

Con tantas definiciones y tantas preguntas sin respuesta sobre la consciencia, ¿cómo llegaron a ver con claridad este asunto el doctor Hagelin, Teresa de Ávila, Jesucristo, Lao Tse, Eckhart Tolle, o los sabios del vedismo? *Utilizando la consciencia para investigar la consciencia.* Así como los físicos utilizan artilugios físicos para medir, los exploradores de la consciencia utilizan la consciencia misma como vehículo para descubrir esa realidad. ¿Recuerdas lo que contaba Ed Mitchell de su momento de consciencia cósmica? Al parecer es una experiencia común a todos los que la viven, el que las fronteras del yo desaparezcan para re-

* En francés en el original: del momento, del día. (N. del T.)

velar que el yo lo es todo, todo el tiempo y en todas partes. Sugiere que el cerebro no sólo no crea la consciencia, sino que la limita. (Lo cual es probablemente una buena idea cuando estás conduciendo).

Y ¿qué sienten los exploradores de la consciencia cuando regresan? El doctor Andrew Newberg lo explica:

> Cuando la gente tiene esa experiencia (mística), percibe que representa un nivel de realidad más fundamental que la realidad material cotidiana en la que vivimos normalmente. De hecho, cuando ya no tienen esa experiencia mística, siguen percibiendo que esa realidad es la más real, que representa la forma más verdadera y más fundamental de la realidad. Y que el mundo material en que vivimos es una especie de realidad secundaria para ellos.

Si eso es así, entonces ¿por qué esperar a que una tremenda experiencia mística, que supera todo lo imaginable, te despierte de tu realidad material? ¿Qué pasa cuando empiezas a *crear* experiencias místicas en tu consciencia? La repuesta es que cambias tu realidad, por supuesto.

Pero ¿cambias la realidad de «ahí fuera»? Ciertamente, a medida que el mundo físico se vuelve secundario, tus experiencias cambian de manera fundamental. Por ejemplo: el arañazo en el coche nuevo no es un problema importante, *pero* ¿se puede cambiar? La buena y la mala noticia es que... sólo tú puedes determinarlo por ti mismo. Es «mala» porque nadie puede hacer ese descubrimiento por ti y es «buena» porque una vez que lo haces, nadie puede decirte que *no.*

Si cambiamos de opinión con respecto a quiénes somos y logramos vernos como seres eternos y creativos que crean experiencia física, unidos en ese nivel de existencia que llamamos consciencia, entonces empezaremos a ver y a crear el mundo en que vivimos de una manera muy diferente.

Ed Mitchell

Reflexiona un rato sobre esto...

- ¿Es la consciencia el campo unificado? ¿En qué basas tu respuesta?
- La mayoría de la gente que tiene una experiencia en la antesala de la muerte cuenta lo mismo: están «fuera del cuerpo», van por un túnel, ven una luz al final del túnel y sienten una gran felicidad. ¿Pueden convertirse en ciencia esos testimonios? En caso de que así sea, ¿cómo?
- ¿Cuánta gente tiene que estar de acuerdo en algo antes de que sea considerado un «hecho»? ¿Y qué me dices de la Edad Media, cuando todos estaban de acuerdo en que la tierra era plana?
- ¿Qué otras anomalías conoces? ¿Cuáles has experimentado?
- Si la consciencia es «la razón de todo ser» y la primera causa, ¿cómo se puede llegar a ser «consciente de la consciencia»?
- ¿Cómo definirías la relación entre la realidad y la consciencia? ¿Es una relación jerárquica (una crea la otra) o es una jerarquía complicada (el huevo y la gallina)?
- ¿Por qué cruzó la gallina (la consciencia) la carretera (la realidad)?
- Aunque suene raro, es una pregunta real: si la consciencia es la causa primera, ¿por qué está obligada a experimentar la realidad? ¿Por qué lo estás tú?

LA MENTE ESTÁ POR ENCIMA DE LA MATERIA

Todo lo que somos es el resultado de lo que hemos pensado.

La mente lo es todo. Nos convertimos en lo que pensamos.

BUDA

¿Y bien? ¿Es verdad? ¿Está la mente por encima de la materia o es una experiencia engañosa propia de gente insatisfecha y esquizofrénica que considera la vida tan aburrida que tiene que inventarse que el mundo sólido tiene propiedades fantásticas?

¿No quieres saber si hay alguna prueba de que eso es así? ¿No es ésta acaso una pregunta de la que todos, todos queremos saber la respuesta?[*]

Sabemos que la materia influye en la mente, que la materia está por encima de la mente. Veamos un experimento sencillo que puede probarlo:

- Fíjate en tu estado mental.
- Levanta un gran piano, de cola o vertical, un metro por encima de ti.
- Déjalo caer.
- Fíjate en tu estado mental.

Verás que tu estado mental al principio del experimento difiere completamente del que tienes al final, a no ser que seas Roger Rabbit, el Pato Lucas o el Coyote. No es sorprendente porque la materia es algo sólido y sustancial, mientras que la mente es efímera, vacía. ¿De acuerdo?

---

[*] Lo siento, Partícula Higgs. Has perdido.

El método científico

El ejercicio anterior no era tan sólo un experimento mental, sino la piedra angular de la ciencia: el método científico. Tal y como explica el doctor Jeffrey Satinover:

> El método científico es el método humano de investigación más objetivo que ha existido nunca. Es absoluto, no es propio de ninguna cultura, ni de ningún sexo; es una herramienta de trabajo poderosísima para investigar la realidad, y está al alcance de cualquiera que desee utilizarla.

Creo que lo interesante en cuanto a la física es que ofrece una manera nueva y original de abordar el mundo. Creo que el método experimental, que es importante en física, no tiene nada que ver con la revelación ni con la meditación.

David Albert, filósofo

Expuesto de una manera sencilla, el método científico es el siguiente: se toma una teoría, se idea un experimento que demuestre la teoría de manera que se eliminen todas las influencias externas, se lleva a cabo el experimento y, si contradice la teoría, se busca una nueva teoría.

Afrontémoslo: hoy en día, nos dirigimos en primer lugar a la ciencia para que nos responda sobre la realidad. El que la mente esté por encima de la materia es un punto controvertido en la ciencia moderna. Otro experimento: pregunta a diez personas si quieren saber si existe alguna garantía científica que avale el concepto de que la mente está por encima de la materia. (Ni que decir tiene que si fuera una realidad que la mente está por encima de la materia, entonces su aceptación por parte de la gente haría que le fuese mucho más fácil llevarla a cabo).

Hay científicos que tienen tantos prejuicios como cualquier otra persona. Existe el método científico, que es un método específicamente creado para minimizar la influencia de los prejuicios. Es la ciencia misma.

Jeffrey Satinover, médico

Arrojar el guante

Hemos estado hablando de paradigmas y de la resistencia natural al cambio, pero la ciencia, al fin y al cabo, está gobernada por los científicos, y los científicos son personas. En una conferencia reciente, John Hagelin comentaba a los asistentes: «Se equivocan si piensan que los científicos son objetivos y exactos».

Hay todo un campo de la física llamado el sector oculto, y nos lo presenta la teoría de las supercuerdas. Es un mundo en sí mismo que impregna el espacio; caminamos a través de él y, en principio, podemos incluso vislumbrarlo. Eso es probablemente lo que llamamos mente. Es probable que existan cuerpos de pensamiento y pensamientos que habitan allí como las criaturas físicas habitan aquí.

John Hagelin, físico

Hablemos con franqueza. Los prejuicios han invadido la comunidad científica en lo que se refiere a la investigación psíquica, a las actividades paranormales y al ámbito de «la mente por encima de la materia», lo cual supone una afrenta a la metodología misma que exponen.

¿Por qué nos preocupa? Porque mucho de lo que acontece en nuestro mundo se basa en el entendimiento científico actual. Y la historia de la ciencia nos dice algo grande: una vez que la ciencia realmente aborda algo, avanza de forma imparable y descarta teorías y conjeturas hasta que encuentra las que casan con la evidencia probada en los experimentos.

El doctor Dean Radin lleva muchos años realizando experimentos en el Instituto de Ciencias Noéticas y luchando en primera línea para que la ciencia reconozca la evidencia sobre el fenómeno psíquico y místico, básicamente que la mente está por encima de la materia.

Prefiero presentar pruebas. Son mucho más evidentes de lo que crees, y hay más de las que piensas. Así pues, adopto una postura agresiva y a la vez emprendo una acción para corroborarla y digo que hay algo que contemplar, así que ve y contémplalo... Una vez que has empezado realmente a prestar atención, a la evidencia en este caso, te das cuenta de que la teoría filtra todo lo que contemplas en un sentido probatorio. De modo que si tu teoría es que no puede existir, es que no estás contemplando las pruebas de la manera adecuada.

Los experimentos

Como dice Radin, hay muchas pruebas de que la mente está por encima de la materia. Por ejemplo, los experimentos de los Generadores de Acontecimientos Aleatorios (REG) centrados en la intención. Esos aparatos (a veces llamados Generadores de Números al Azar) son básicamente un cara o cruz electrónico. Se basan, bien en un simple acontecimiento cuántico, como pueda ser la descomposición radioactiva, o bien en un compuesto de muchos acontecimientos cuánticos en cascada, el clásico «ruido» que generan los circuitos electrónicos.

Radin nos cuenta su experiencia con estos experimentos:

> Cuando Francis Bacon desarrollaba la ciencia empírica, allá por el siglo XVII, mencionó como posibilidad [...] los dados. Cada vez que un dado rueda, se puede seguir la pista hasta los acontecimientos cuánticos que hicieron que cayera sobre una cara y no sobre la otra. Si rueda unas cuantas veces, se convierte básicamente en una incertidumbre mecánica cuántica.
>
> Cuando apareció la electrónica, alguien tuvo la idea de hacer una simulación de los dados en circuitos electrónicos. Fue un hallazgo útil porque hizo que fuera muy fácil medir lo que estaba sucediendo y que se pudiera grabar automáticamente.

En otras palabras, una vez que la electrónica entró en juego, se pudo confiar en la máquina para grabar las observaciones, con lo cual se eliminó el error humano. Como resultado, no sólo se lograron observaciones y grabaciones precisas, además se produjo una explosión de experimentos REG.

> En las últimas cuatro décadas aproximadamente, se ha repetido cientos de veces un tipo de experimento con números al azar utilizando un generador aleatorio que sólo produce secuencias de ceros y unos, como echar algo a cara o cruz. Simplemente se pide a alguien que apriete el botón que produce doscientos bits, pero que intente que se produzcan más bits unos que bits ceros.
>
> Al repasar toda la documentación obtenida en los cientos de experimentos efectuados, se puede hacer una única pregunta: ¿importaba que la gente intentara inclinar el generador hacia los unos o hacia los ceros? Y la respuesta general es que sí, que importa. De un modo u otro la intención está relacionada con la operación o con el producto

Me despierto cada día y me recuerdo a mí misma mi cita favorita de Ramtha: «La única manera de hacerme bien a mí misma no es lo que haga a mi cuerpo, sino lo que haga a mi mente». Últimamente todo lo que hago con mi mente afecta a mi cuerpo, porque son la misma cosa. Me recuerda que tengo que salir de mi consciencia cuerpo/mente y entrar en mi consciencia mente = cuerpo = realidad.

BETSY

Siempre he pensado en eso de que «sólo puedes cambiar tu percepción, no el mundo físico». Justo antes de llegar a la pubertad, recuerdo haber gritado tras mirarme al espejo. Me imagino que tuvo algo que ver con mi pelo. Segundos después de terminar de chillarme a mí mismo, cuando miraba mi reflejo con odio, el espejo se hizo añicos. Me recuerdo ahí de pie en estado de shock. Vi muy claro que mi cólera había hecho aquello. A partir de ese día, he descartado que coincidieran con mi estallido de cólera vibraciones de sonido, anomalías climáticas o la posibilidad de que hubiera un defecto en la estructura del espejo. Y me he quedado con la rotunda certeza de que fue mi mente o mis emociones las que provocaron la rotura. Hemos oído muchas historias de niños que son capaces de hacer cosas como ésa hasta la pubertad y, a partir de entonces, pierden la capacidad de hacerlo. ¿Qué ocurre para que no puedan hacerlo más? ¿Está esa capacidad más relacionada con un estado especial que con alguna ley sobre la realidad física? Quizá el motivo de que haya tan pocos adultos que puedan hacerlo es que no saben cómo alcanzar ese estado especial. ¿Y qué pasaría si lo alcanzasen?

MARK

del generador de números al azar. Si quieres más unos, de alguna manera el generador produce más unos.

... El análisis final da cincuenta mil contra uno. En contra de la probabilidad (porque los generadores tomaron la dirección que tomaron, la de la intención) el resultado es de cincuenta mil contra uno.

Los hallazgos del doctor Radin han sido calificados de «simples estadísticas». Ahora bien, la función de onda cuántica consiste precisamente en la probabilidad de encontrar estadísticamente una partícula en un lugar dado en un tiempo dado. Así que si esto supone un problema, está en buena compañía, en todo caso.

Los generadores de acontecimientos aleatorios y la mente colectiva

¿Recuerdas el juicio de O. J. Simpson? Cómo olvidarlo, con cientos de miles de personas esperando el veredicto. Para Dean Radin, Roger Nelson y Dick Showpe, fue la oportunidad de comprobar si, además de la intención, la *coherencia de las mentes* podía sacar de la aleatoriedad al generador REG.

¿Qué pasaría si cientos de miles de personas centraran repentinamente toda la atención en algo? Y resultó que un mes después de hacerme esta pregunta, tuvo lugar la lectura del veredicto de O. J. Simpson. No es frecuente en la historia de la humanidad que se sepa con mucha antelación que, en una fracción de segundo, se va a emitir en directo el veredicto culpable o no culpable. Iba a suceder algo muy interesante que iba a atraer la atención de cientos de millones de personas.

Decidieron grabar el acontecimiento con generadores de números al azar. Los científicos esperaron para ver qué pasaba.

> Pusimos en marcha los generadores y después evaluamos los resultados; indudablemente vimos un pico de una ventaja de mil a uno, en dos momentos: el primero, cuando la cámara se dirigió desde el exterior del palacio de Justicia al interior de la sala; el otro fue cuando se leyó el veredicto. Se produjo un gran pico de coherencia en los cinco generadores a la vez.
>
> El pico de coherencia se refiere a la representación gráfica de la aleatoriedad. El REG normalmente recoge un 50 por ciento de unos y un 50 por ciento de ceros, de modo que la gráfica de 1 contra 0 es una línea recta. Pero, por alguna razón desconocida, cuando millones de personas se concentraron en el mismo hecho, esa línea uniforme se desvió del 50/50 justo en el momento dramático en que se fijó la atención. Esto contradice la premisa básica de la teoría cuántica, según la cual los acontecimientos cuánticos son puramente aleatorios.

Desde entonces, Radin y su colegas lanzaron el Proyecto de Consciencia Global. Es un experimento en el cual los REG de los laboratorios del resto del mundo funcionan veinticuatro horas diarias y, cada cinco minutos, envían los resultados a un servidor situado en Princeton. Se han registrado picos significativos durante acontecimientos tales como el efecto del año 2000, el 11 de septiembre y el funeral de la princesa Diana.

Aparatos electrónicos que graban la intención (IIED)

Bill Tiller fue jefe del departamento de Ciencias Materiales de la Universidad de Stanford. Años atrás decidió abandonar la dirección del departamento para centrarse en «esos otros temas». Se dispuso a verificar experimentalmente si la intención humana afecta o no a los sistemas físicos: si afecta realmente a un atributo macroscópico de la materia y no se limita «sólo» a destruir una función de onda o dos, o «sólo» a alterar algún que otro acontecimiento cuántico aleatorio.

Para ello construyó un IIED. Consiste en una sencilla caja, con unos cuantos diodos, un oscilador, un E-prom[*], resistencias y condensadores eléctricos. Después:

Fotografías de agua de M. Emoto

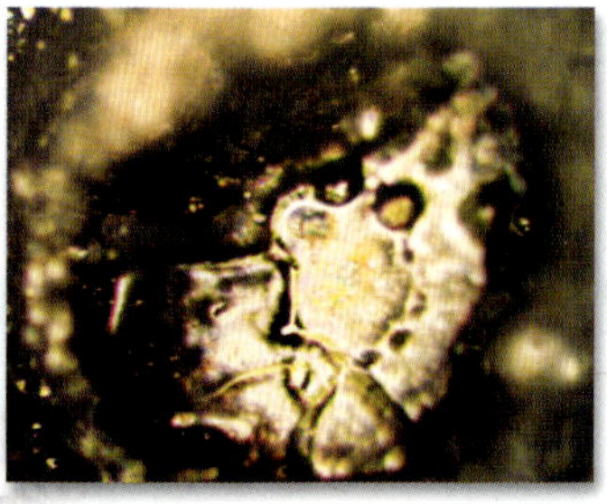

Agua contaminada de la presa Fuiwara.

Manantial Sanbu-Ichi Yasui.

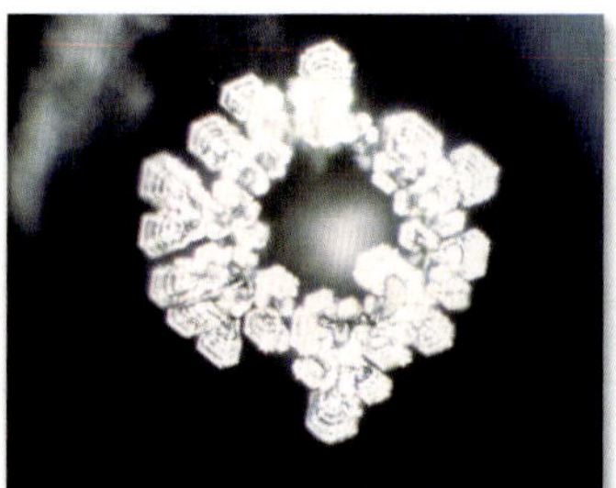

Agua bendita de una fuente de Lourdes.

> Se coloca encima de una mesa, alrededor de la cual se sientan cuatro individuos con un completo dominio de su yo interno, que se sumen en una honda meditación. Utilizando la mente y la intención, limpian el entorno y lo convierten en un espacio esencialmente sagrado. Entonces, uno de los cuatro expresa en voz alta la intención específica del experimento.
>
> La intención tiene que influir en el objetivo concreto del experimento: aumentar o disminuir en un punto el pH de agua purificada; o aumentar la actividad termodinámica de una enzima hepática específica, la fosfatasa alcalina; o influir en un experimento con larvas de mosca de la fruta para aumentar la proporción de energía en las moléculas de su cuerpo. Hemos utilizado estos aparatos en los cuatro experimentos y hemos tenido un éxito enorme.[*]

Además de las cajas con la intención ya grabada, se preparan otros mecanismos de «control» que no graban. Se envuelven por separado en papel de aluminio y se envían a un laboratorio situado a miles de kilómetros de distancia. Luego ambos tipos de cajas, las de control y las grabadas, se colocan a unos quince centímetros del objetivo y se encienden. Las cajas tardan entre tres y cuatro meses en «poner el espacio en condiciones, en un estado más simétrico». Es decir, en un estado en el que puedan funcionar. El hecho fundamental es que «se producen contras-

[*] E-prom es un chip de memoria programable y borrable de sólo lectura. Se borra con la luz ultravioleta. (N. del T.)

[**] Para una descripción más detallada, *Conscious Acts of Creation*, de William Tiller.

tes marcados en cada pareja de cajas y en todas ellas (colectivamente). Se producen grandes resultados con probabilidades estadísticas que superan una entre mil».

¿Qué importancia tiene un punto en el pH? El doctor Tiller dice que «si el pH de tu cuerpo cambia en un punto entero, te mueres».

En cuanto se refiere a la aceptación del experimento, nos comenta lo siguiente: «Los científicos normales tienen dificultad en contestar... se sobresaltan de repente. Se les nublan los ojos y preferirían no continuar la conversación».

Reacciones del agua a la consciencia

Me pones enfermo, te mataré.

Gracias.

El chi del amor.

Mensajes del agua

El doctor Masaru Emoto ha causado gran sensación con su libro *Mensajes del Agua.* El libro muestra fotografías impresionantes de cristales de agua congelados tras haber sido sometidos a estímulos no físicos. Comenzó sometiendo los cristales de agua a la música. Como la música afectó claramente al tamaño y a la forma de los cristales de agua, comenzó a considerar la consciencia.

El doctor Emoto marcó botellas llenas de agua con letreros que expresaban emociones humanas e ideas. Algunas eran positivas, y otras eran negativas. Y, contrariamente a lo que dice el saber científico preponderante, el agua respondió a esas manifestaciones de la consciencia, aun cuando *las palabras no creaban acciones físicas medibles.* El agua con mensajes positivos formó bellos cristales, el agua con mensajes negativos formó cristales feos y deformados.

El agua es lo que une a toda la humanidad, y de hecho a toda la vida. Nuestro cuerpo es agua. La superficie del planeta es agua en una gran proporción. En su brillante disertación, Emoto llega hasta el núcleo del elemento físico que *la vida* tiene en común. Si la vida (nosotros) puede afectar a lo físico, parece de lo más natural que esto se manifieste en el agua.

Como queda claro de todo lo anterior, la comunidad científica tiene un gran trabajo por delante. Se han llevado a cabo

Sabes que todos hablan de que la mente está por encima de la materia. Pero eso sigue siendo una manera dual de ver la realidad. Lo que hemos aprendido es que para juntar el tiempo y el espacio y viajar a otras galaxias, debemos considerar que Mente y Materia son LO MISMO.

Ramtha

muchos experimentos y otros muchos están teniendo lugar. Se publican los resultados y, mientras tanto, la mayoría de la gente todavía quiere saber: ¿es real que la mente está por encima de la materia? Si los pensamientos pueden hacer eso al agua, ¡imagínate lo que pueden hacernos a nosotros!

¿Está la mente *por encima de* la materia?

Suponiendo que el hecho de que la mente esté por encima de la materia sea una característica de la realidad, y que, como ya hemos probado o al menos hemos intentado convencerte con el experimento mental del piano, que la materia esté por encima de la mente sea también una característica de la realidad, ¿qué significa?

Como señala Ramtha, es una perspectiva esencialmente dualista. El dualismo impregna estos conceptos: sujeto/objeto, interior/exterior, ciencia/espíritu, consciencia/realidad. ¿Y si la mente es lo mismo que la materia y, por lo tanto, la materia es lo mismo que la mente?

Hay veces, como en este caso, en que la sugestiva fuerza de la física cuántica es realmente arrolladora. El hecho de que la materia acabe pareciendo información ¿*demuestra* la teoría de que la mente es lo mismo que la materia? Bueno, lo cierto es que no la refuta y, de hecho, parece *sugerir* que va en la dirección adecuada.

Lo sugiere del mismo modo en que un piano que te cae sobre el pie te sugiere dolor. Sugiere que el mundo no es dual, como lo sugieren también el observador (consciente o no) influyendo en lo observado y las partículas conectadas a través del universo. Más que sugerirlo, lo demuestra. Se acabó el sueño de Newton del universo dividido. Con este espíritu de acción afirmativa positiva, todos pensamos: ¿¡qué vamos a hacer con *esto*!?

Reflexiona un rato sobre esto...

- ¿Qué prejuicios tienes que te impiden cambiar a un paradigma nuevo?
- ¿Cómo se reflejan esos prejuicios en lo que constituye tu realidad (en tus cosas)?
- ¿Cuáles son tus cosas?
- Sabiendo que esas cosas son una manifestación de tus pensamientos, ¿podrías manifestar con facilidad cosas nuevas basadas en tu nuevo paradigma?
- Haz una lista de cinco cosas que sean diferentes de la mente y la materia.
- ¿Podrías mirar esas cosas de forma distinta y, sin embargo, considerarlas iguales?
- Si los pensamientos pueden afectar a la estructura molecular del agua, ¿qué hacen tus pensamientos a tu realidad?
- ¿Qué fue primero, la silla en la que estás sentado o la idea de sentarte en la silla a leer este libro?

LA CONSCIENCIA CREA LA REALIDAD

Los héroes eligen lo que quieren. Estar en muchos sitios a la vez. Experimentar muchas posibilidades todas a la vez. Luego, caer en una sola.

REGGIE

Todos los caminos conducen a Roma.
Todo está interconectado
La Ciudad Eterna

La eterna pregunta: ¿hago yo la realidad o la realidad me hace a mí?

Todos los caminos que hemos recorrido en los capítulos anteriores conducían realmente hasta aquí. Y de esta pregunta eterna saldrán todos los capítulos. Ninguno de nosotros puede librarse de contestar de alguna manera a estas preguntas: ¿creo yo mi realidad o soy una hoja en el viento? ¿Soy yo la fuente que determina las cosas de mi vida o mi vida es el final de una cadena determinada en un instante en el Big Bang?

En el capítulo «¿Qué es la realidad?» vimos cómo respondemos la pregunta de la realidad cada vez que nos levantamos de la cama, cada vez que interactuamos con lo de «ahí fuera». Bien, ¿contestamos la pregunta «¿creo yo mi realidad?» en todos nuestros momentos internos? Si es verdad que creamos nuestra realidad, entonces esos momentos internos son los precursores de los momentos externos. Ésta es la razón de que éste sea el momento central interno de este libro.

Esta idea ha sido, y todavía lo es, un concepto esencial de tradiciones espirituales, metafísicas, ocultistas y alquímicas. Consideran que la máxima «Abajo como arriba, fuera como dentro» es la manera verdadera y fundamental de contemplar el mundo. No obstante, mientras que el sentido común nos dice que creamos algunos acontecimientos de nuestra vida (qué tomamos para desayunar, con quién nos casamos, qué coche conducimos), parece que decir que tenemos algo que ver con que un árbol caiga encima de un coche es una cosa increíble.

De hecho, la idea de que creamos la realidad (que, al fin y al cabo, se crea de alguna manera, ¡ahí está!) tiene un sinfín de matices. Suscita cuestiones como éstas:

- Si yo creo y tú creas y ellos son diferentes, entonces ¿qué?
- «¡Yo nunca crearía este__________(rellena el espacio en blanco) en mi vida!»
- ¿Existen las coincidencias?
- ¿Crea un niño hambriento su situación?
- ¿Y los desastres naturales?
- ¿Quién es el «Yo» que crea?

Todo discurso, acción y comportamiento es una fluctuacion de la consciencia. Toda vida emerge de la consciencia y en ella se sostiene. El universo entero es expresión de la consciencia. La realidad del universo es un océano ilimitado de consciencia en movimiento.

Maharishi Mahesh Yogi

Todas estas cuestiones a su vez entroncan con los conceptos del karma, el yo trascendente, la resonancia en frecuencia específica, las actitudes, la responsabilidad personal, la victimización y el poder.

De vuelta al laboratorio (¡otra vez!)

En el capítulo anterior vimos que la intención parece alterar lo que ocurre a nivel microscópico. Vimos cómo se podía modificar la supuesta aleatoriedad de los acontecimientos cuánticos y cómo la concentración mental podía producir un estado físico diferente. En el capítulo «El observador», todo se refería a la desintegración de una nube de posibilidades confusas que se transforma en un solo estado definido. En «Física cuántica» vimos que la realidad fija y sólida no es tan sólida, ni tan fija, ni tan estable, y que todo está interconectado en el universo. Las semejanzas entre «Física cuántica» y «La consciencia crea la realidad» son convincentes una vez más.

De acuerdo con John Wheeler, físico de Princeton y ganador del Premio Nobel, «ya no se puede sostener la opinión de que el mundo existe "ahí fuera" con independencia de nosotros, por muy útil que sea en circunstancias cotidianas». No somos simplemente, como dice Wheeler, «espectadores en una etapa cósmica, [sino] hacedores y creadores en un universo participante».

Tenemos que reconocer realmente que hasta el mundo material que nos rodea, las sillas, las mesas, las habitaciones, la alfombra, no son más que posibles pasos de la consciencia.

Amit Goswami, físico

Según el físico y escritor Amit Goswami, «todos tenemos la costumbre de pensar que todo a nuestro alrededor existe ya, al margen de mi aportación, sin mi elección». Lo que exponen estos físicos y la nueva física en general es el fin del dualismo. No es que la mente esté por encima de la materia, sino que la mente es lo mismo que la materia. No es que la consciencia cree la realidad, sino que la consciencia es lo mismo que la realidad.

Piensa en los dos lados de la valla:

consciencia	**realidad física**
mente	**materia**
espíritu	**ciencia**
yo trascendente	**naturaleza**
dios	**cosas**

Capítulo tras capítulo, hemos estado observando la relación que existe entre ambos lados. Hemos estado buscando relaciones causales. ¿Qué causa qué? ¿Hay una conexión? ¿Hay una separación? ¿Quién creó la separación y quién se sienta sobre la valla con un pie a cada lado? Nosotros lo hacemos y lo hicimos.

Ahora bien, con el fin del dualismo ya no hay conexión, ni causa (ni valla). Todo es lo mismo. Todo es interdependiente, que es lo que los exploradores de la consciencia han mantenido siempre. Goswami admite libremente lo difícil que es adaptarse a esta nueva forma de pensar que parece contradecir nuestra experiencia diaria: «Ésta es la única forma de pensar radical que necesitas, pero es muy radical. Es muy difícil, porque tenemos tendencia a pensar que el mundo ya está ahí fuera, al margen de mi experiencia. No es así. La física cuántica es muy clara al respecto».

Todo esto llevó a Fred Alan Wolf, en los setenta, a acuñar la frase «yo creo mi realidad». Entonces, el movimiento emergente New Age se aprovechó inmediatamente de la frase y la convirtió en parte de *su* paradigma. Pero, como muchos físicos siguieron diciendo, no se trata de un concepto simple que se pueda comprender del todo realmente. Según la cita del doctor Wolf mencionada anteriormente: «Tú no cambias la realidad de ahí fuera. No cambias las sillas, ni los enormes camiones, ni las excavadoras, ni los cohetes que despegan, ¡no, no cambias nada de eso!».

¿Quién crea qué?

Wolf continúa diciendo: «Una de las preguntas que surgen en relación con la creación de la realidad es "¿Qué pasa cuando hay dos personas creando cada una de ellas una realidad diferente? ¿Qué pasa entonces?". Bueno, lo primero que tenemos que saber es que la idea de que tú creas tu propia realidad puede ser una idea equivocada, si por tú entiendes esa persona egoísta que crees que lo controla todo y que crea tu realidad. Seguramente no es ese tú en absoluto el que crea la realidad».

En este estado de cosas, la afirmación «la consciencia crea la realidad» plantea las preguntas siguientes: ¿qué consciencia? ¿Qué nivel de consciencia? ¿Qué «Yo» es el que crea?

La película *Planeta prohibido* representa una descripción maravillosa de esta cuestión. En ella la gente del planeta construye una máquina que convierte inmediatamente sus pensamientos en realidad física. Llega el gran día y la ponen en marcha. ¡Vaya día! Crean mansiones maravillosas, un Ferrari en cada garaje, parques preciosos, banquetes suculentos y, después, se marchan a sus magníficas casas y se duermen. Y sueñan.

A la mañana siguiente, se despiertan en un planeta devastado.

Según el doctor Dean Radin, hay una razón muy buena que explica por qué no manifestamos cosas enseguida: «Todo lo que haces, todo lo que piensas, todos tus planes se extienden y afectan al universo. No obstante, luego resulta que a la mayor par-

Mi hijo Evan, el físico, dice que el que yo sostenga una realidad y otra persona sostenga otra, es un proceso aditivo... Esta tarde es la Súper Copa, y la realidad que defiende un equipo es diferente a la que defiende el otro; y sólo una de esas realidades va a ser la realidad real.

Candace Pert, psicóloga

te del universo no le importa y, por eso, nuestros pequeños pensamientos individuales no cambian inmediatamente el universo tal y como lo vemos. Me imagino que si fuera así, si cada uno de nosotros fuera tan poderoso que pudiera afectar al mundo con caprichos pasajeros, nos destruiríamos casi instantáneamente».

Piensa en todas las veces en que alguien te cierra el paso en la autopista y tú piensas… (bueno, ya sabes lo que piensas) e imagina que eso se convirtiera en realidad inmediatamente. O cuando tu pareja hizo ______________ y tú dijiste ¡________________!

Podría ser que la falta de gratificación inmediata en la creación de nuestra propia realidad fuera para protegernos de nosotros mismos.

La actitud lo es todo

Dos de las ideas fundamentales que Ramtha enseña en el Ramtha School of Enlightment (Instituto Ramtha de Iluminación) son que la consciencia y la energía crean la naturaleza de la realidad y que la actitud lo es todo. La primera idea formula la ley de *cómo* las cosas fueron como fueron, y la segunda idea explica el *porqué.*

Un estudio reciente realizado en Harvard por Ellen Langer y Rebecca Levy compara la pérdida de memoria en la gente mayor de diferentes culturas. Los americanos corrientes, que viven en una cultura que teme la vejez y «sabe» que nuestras facultades se debilitan a medida que envejecemos, presentaron una pérdida de memoria sustancial. Por el contrario, los ancianos chinos, cuya cultura mantiene en gran estima a los ancianos, no solamente mostraron muy poca pérdida de memoria, sino que los más viejos lo hicieron casi tan bien como los más jóvenes. Cada cultura produce ancianos según la actitud preponderante sobre el envejecimiento.

Y luego están los franceses, en cuya cultura está bien visto beber vino, fumar, comer pasteles (¡azúcar refinado!) y las salsas

Durante la realización de *¿¡Y TÚ QUÉ SABES!?*, sólo me decía a mí misma: «Va a ser estupendo, lo sé», así que cuando surgía algún problema, no me preocupaba mucho. Porque sabía que estaba creando el éxito. Pero la gran prueba tuvo lugar al final. Tuvimos un final muy complicado porque utilizábamos una película de vídeo de alta definición de 35 mm y toneladas de gráficos de ordenador, y había que juntarlo todo y después volver otra vez a los 35 mm. Teníamos una fecha tope. Yo había hablado con un cine para que nos diera una semana, pero teníamos que tener la copia lista para el lunes 3 de febrero. Si no, no se podría estrenar hasta mayo, y Will seguía hablando y hablando de oportunidades y de que íbamos a perder el tren.

Cuando se acercaba la fecha tope, todo el mundo decía que era imposible, pero mantuvimos nuestro objetivo. Nuestro supervisor de posproducción llevó la primera copia a Washington en avión y la entregó ¡con dos horas de sobra! Después, afirmó rotundamente que si alguien le hubiera dicho que lo conseguiría (sabiendo entonces lo que implicaba), le habría contestado que era cien por cien imposible.

BETSY

que favorecen el aumento de colesterol, pero viven saludables, delgados y felices durante muchos años. Se han hecho muchos estudios para intentar averiguar el secreto, ya que según las teorías actuales debería haber un *bypass* coronario por cada pastelería. No es un secreto; es la actitud. Les encanta lo que comen y no se sienten culpables por ello.

Si es personal, se llama actitud; si es cultural, se llama paradigma, y si es universal, se llama ley. «Fuera como dentro».

Abajo como arriba

¿Te acuerdas de que dijimos que el capítulo «¿Qué es la realidad?» podía ir en cualquier parte? Bien, pues este capítulo *está* en todas partes. «Visión y percepción» habla de cómo el cerebro crea las imágenes que creemos que constituyen el mundo real de ahí fuera. «Cambio de paradigma» contempla cómo ideas y descubrimientos fermentaron y crearon una visión del mundo muy difundida. «Física cuántica» y «El observador» ofrecen paralelos seductores entre el mundo subatómico y la forma en que la consciencia interactúa con la creación. «La mente está por encima de la materia» derriba la valla entre lo visto y lo no visto y apunta a una conexión entre ambos terrenos distintos en apariencia. En otras palabras, todos tratan de la consciencia, de la realidad y de la relación entre ambas.

Yendo hacia el futuro, el capítulo «Cerebro 101» analiza cómo nuestras actitudes están codificadas en las estructuras neuronales y lo que se crea a partir de ellas. «Emociones» y «Adicciones» dan respuesta a cuestiones relacionadas con la pregunta «¿por qué creo la realidad en la que me encuentro?». «¿Por qué no somos magos?» contempla por qué no creamos lo que (pensamos que) queremos. «Deseo/Intención» trata de cómo manejar conscientemente el hacha de la creación, mientras que en «Elecciones/Cambios» (en el mismo capítulo) contemplamos el recorrido del hachazo para ver lo que pasa en nuestra vida.

Se hizo un experimento en el que la gente tenía que comer algo que empezara a pudrirse. Los que lo hicieron con mala conciencia y sensación de culpa experimentaron una disminución real transitoria de la función inmune, mientras que aquellos que fueron capaces de disfrutar de la experiencia simplemente y de saborear la maravilla de lo que quiera que fuera que se metieran en la boca, tuvieron realmente una subida en el nivel de inmunidad.

Daniel Monti, médico

Yo no puedo demostrar que tú estás ahí fuera en la realidad y que tienes tu propia consciencia, y tú no puedes probar que yo soy consciente.

Stuart Hameroff, médico

Ahora bien, en el tribunal cósmico de la experiencia ¿demuestra alguna de estas cosas, o todas ellas, que la consciencia crea la realidad? La idea parece reflejarse en todos los diferentes niveles de la experiencia («abajo como arriba»); pero ¿es una prueba definitiva o circunstancial? Hemos oído de todo, desde electrones y positrones hasta a físicos y cineastas distinguidos. Según Dean Radin, «*prueba* no es una palabra que se utilice en ciencia. Podemos presentar datos fehacientes y podemos asegurar con un cierto grado de confianza que un efecto es lo que parece que es. ¿Ha demostrado alguien la gravedad? Newton dijo que la gravedad es la fuerza de atracción entre las masas. Einstein afirmó que la masa curva la geometría espacio/tiempo, lo cual causa entonces que las masas se acerquen. Pero no se puede probar que eso es así. Como mucho, puede verse que no hay prueba en contra de la descripción matemática».

En este punto, nosotros, los cineastas, nos escandalizamos y saltamos al otro lado de la valla.

Hubo buenos ejemplos en los que se aplicó que «la consciencia crea la realidad», como por ejemplo, cuando todos los profesionales del mundo del espectáculo decían que ninguno iba a distribuir la película porque nadie la vería; pero también hicimos cientos de «pequeñas» cosas. En realidad contábamos con ello para que nos sacara de apuros, como cuando tuvimos que cambiar una canción. Teníamos la canción de Aerosmith, «Sweet Emotion», para dar paso a la escena de la fiesta. De hecho, la escena se había escrito pensando en esa canción. Pero no pudimos conseguirla. Así que buscamos y rebuscamos, pero no había ninguna ni parecida siquiera.

Un día me sentí frustrado pensando en ello y exclamé con determinación: «Voy a oír la canción en la radio ¡AHORA MISMO!». Salió «Hooked on a Feeling», de Boston. No sólo era fantástica, sino que cuando la grabé en la película ¡cuadraba mucho mejor con la escena! ¿Es una prueba? Para mí lo fue.

WILL

La creación de *¿¡Y tú qué sabes!?*

Hicimos una promesa. No íbamos a ser hipócritas. No íbamos a ser filósofos de salón. Intentando hacerlo lo mejor que podíamos, no sólo íbamos a soltar la charla, sino también a andar el camino, lo que significaba que íbamos a vivir las ideas de la película. De todas las ideas, las dos más importantes eran: las dependencias emocionales y la creación de la propia realidad. Durante la realización de *¿¡Y tú qué sabes!?*, las personas involucradas intentaron realmente trabajar para crear la realidad y abordar las dependencias emocionales.

En otras palabras, decidimos ser «científicos de nuestras propias vidas» y utilizar el método científico y ensayarlo para ver si funcionaba. Y el resultado fue que salió bien y que descubrimos una forma mejor de vivir la vida.

Pero esto les ocurrió sólo a tres de los creadores. La película se titulaba *¿Qué coño sabemos?*, así que no estaba claro si tú debías escucharnos o no. ¿A quién deberías escuchar? A la persona a la que siempre escuchas en realidad: a ti mismo.

MASA A MASA

Estaba dirigiendo la escena del teatro de Bagdad. Teníamos que filmar desde media noche hasta el amanecer y teníamos que dejar libre el teatro para entonces. Íbamos muy retrasados. Me di cuenta de que nunca lo conseguiríamos, lo que era un desastre porque entonces no funcionaría la escena entera. Ramtha está siempre criticando nuestra forma de trabajar «masa a masa». En otras palabras, toda nuestra creación la hacemos empujando físicamente cosas físicas, en vez de crear en un nivel más sutil y dejar que funcione.

Me di cuenta de que la habíamos fastidiado y de que trabajar de ese modo no era la solución. Me acuerdo de que pensé: «Ha llegado el momento de crear como un Dios» y subí corriendo las rampas del teatro y grité: «¡Basta!». Eso es prácticamente todo lo que recuerdo, excepto que al amanecer habíamos conseguido hacerlo todo.

MARK

Reflexiona un rato sobre esto...

Toma los dos supuestos lados de la valla:

consciencia	realidad física
mente	materia
espíritu	ciencia
yo trascendental	naturaleza
dios	cosas

Une todas las palabras mediante líneas especificando cuál es la relación entre ellas. Luego traza líneas en función de la relación simple «es» (la mente es materia, la realidad es consciencia). ¿Qué perspectiva tiene más sentido?

- ¿Son mutuamente excluyentes?
- ¿Constituyen ambas perspectivas una influencia progresiva más del dualismo? ¿Es el sexo un intento para acabar con el dualismo?
- ¿Se inventó el tiempo para mantener a raya el instante karma?
- ¿Se inventó para darnos *tiempo* para percatarnos de nuestro poder y sus ramificaciones?

¿CREO MI REALIDAD?

Vivo la vida que me gusta y me gusta la vida que vivo.

WILLIE DIXON

En el capítulo anterior considerábamos si la idea de que «la consciencia crea la realidad» es una ley del universo o una fantasía, si existen o no pruebas que atestigüen que es un hecho cierto y si esas pruebas pueden aparecer en nuestras vidas.

Ahora ya has decidido más o menos tu posición ante la idea de que «tú creas tu realidad». Todos admitimos que es verdad hasta cierto punto. La pregunta es: ¿hasta dónde lo crees tú? ¿Hasta preguntarte si vas o no a la heladería o hasta creer que la hoja que te cae en la cabeza es una creación tuya?

¿Qué hay para desayunar, qué hay para la vida?

Seguramente estarás de acuerdo en que tú creas tu propia vida cada día de mil maneras distintas. Decides si vas a levantarte o no cuando suena el despertador. Decides qué te vas a poner y qué vas a desayunar o si vas a pasar de desayunar. Y cuando te encuentras con gente a lo largo del día, en casa, en el trabajo o en la autopista, decides también de qué manera vas a tratarles. Tus decisiones para ese día, o tu decisión de no tomar ninguna y flotar por la vida, afectan a lo que vas a hacer y a lo que vas a sentir.

En un plano más elevado, tu elección genera la trayectoria total de tu vida. ¿Te quieres casar?, ¿tener hijos?, ¿ir a la universidad? ¿Qué carrera quieres estudiar? ¿Qué oferta de trabajo elegir? Tu vida no «sucede» únicamente, se basa en tu elección diaria o en tu falta de elección.

Pero la pregunta sigue siendo: ¿hasta dónde llega este hacer-la-vida? ¿Hasta el hecho de encontrar casualmente a la chica de tus sueños? ¿Hasta el jefe tirano? ¿Que te toque la lotería?* ¿Y la vida de quién estás creando TÚ? Parece una pregunta tonta, pero el «yo» de «yo creo mi realidad» es un interrogante importante. Y responderlo aclara todo el gran embrollo de la creación.

Somos máquinas productoras de realidad. Estamos creando los efectos de la realidad todo el tiempo. Si tomamos información de una base de conocimientos pequeña, tendremos una realidad pequeña. Si la tomamos de una base de conocimientos grande, tendremos una realidad grande.

Joe Dispenza

¿Quién soy yo?

Volvemos a las grandes preguntas. El sabio indio Ramana Maharshi creó su doctrina en torno a esta pregunta precisamente. Según él, profundizar en ella lleva directamente a la ilustración. Pero vamos a posponer la ilustración de momento y a limitar la cuestión al hecho de la creación...

Según Fred Alan Wolf, «lo primero que tenemos que saber es que la idea de que tú creas tu propia realidad puede ser una idea equivocada, si por tú entiendes esa persona egoísta que crees que dirige el cotarro y que crea tu realidad. Seguramente no es ese tú en absoluto el que crea la realidad». Esto nos lleva a preguntarnos «¿quién es entonces?». Cuando pides la primera taza de café por la mañana, está claro que quien decide tomar un capuccino doble es «esa persona egoísta» o esa personalidad y no el yo inmortal, trascendente. Y si un árbol aterriza sobre tu reluciente coche nuevo, la personalidad no tiene absolutamente nada que ver con ello.

La mayoría de la gente rechaza la idea de «yo creo mi realidad» cuando algo acontece en su vida que rotunda y positivamente nunca jamás hubiera creado. «¡*Esto* yo nunca lo hubiera creado!». Y es verdad; ellos (su personalidad) nunca lo hubieran hecho. Ahora bien, como todas las tradiciones espirituales sostienen, existe más de un «yo».

A esa esquizofrenia divina se le cuelgan muchos carteles: ego / yo verdadero, personalidad / divinidad, hijo del hombre /

* En el caso de la lotería, lo cierto es que todo el mundo se atribuye el mérito: «Después de lo que he pasado, me lo merecía».

hijo de dios, cuerpo mortal / alma inmortal; pero, en definitiva, viene a decir que existen distintos niveles desde los que creamos. El objetivo de la ilustración es borrar esa fragmentación del yo y crear desde una única fuente. (Creo que por eso funciona el «¿quién soy yo?»). Expandir la consciencia hasta que seamos conscientes de todas nuestras creaciones.

Controlamos el simulador de la realidad virtual. Tiene tal flexibilidad que creará para ti todo lo que imagines. Una vez que seas lo suficientemente consciente y que aprendas a usar tu intencionalidad, tu intención hará que se materialicen las cosas.

William Tiller, físico

Y aceptar que «yo creo...» es una herramienta impresionante para lograr esa expansión. Si es verdad, entonces, cada vez que rechazamos nuestra participación en la creación de la realidad, estamos rechazando o negando una parte de nuestro ser. Y así la fragmentación continúa. De hecho, según los ilustrados, nuestra mitad espiritual crea la realidad con el único propósito de llegar a ser un todo. Para crecer tenemos que experimentar cosas que tal vez no sean la primera opción de nuestro ego / personalidad.

Lo llaman el karma: en algún momento del pasado, ya sea reciente o remoto, creamos todas las condiciones con las que nos enfrentamos en esta vida. Y ¿cómo interactúan todos los karmas de todas las personas del mundo? ¿Cómo encaja todo? ¿Cómo suceden esas felices (e infelices) «coincidencias» que a menudo son los heraldos de un mundo nuevo? ¿Quién maneja el ordenador capaz de mantener todo en orden para 6.000 millones de personas?

¿Cómo funciona?

El universo ES el ordenador. No hay dualidad. Y no tiene que ponerse en marcha; está conectado, es una red en la que todo está en comunicación y todo crea el ordenador. No nos responde a nosotros, *es* nosotros.

El modelo dualista del karma dice que si pego a Bob, alguien me pegará a mí. Es un modo muy «causa → efecto» de contemplar el fenómeno (también llamado newtoniano). Es distinto del modelo de red, no-dualista, que postula que toda acción o pensamiento (que son la misma «cosa») surge en una parte de mi consciencia. Hay una determinada frecuencia o vibración asociada a ello. Cuando realizo una acción, apoyo una realidad, de modo que me conecto con el universo en ese momento, a través de esa frecuencia o vibración, y todo lo de «ahí fuera» que esté en esa misma frecuencia responderá* y se reflejará en mi realidad.

De acuerdo con esta idea, todo lo que hay en tu vida (gente, lugares, cosas, tiempo y acontecimientos) no son sino reflejos de las vibraciones de tu sintonía. Según Ramtha, «en tu vida, todo es una *frecuencia específica* para quien tú eres». Así pues, si quieres saber quién eres, mira a tu alrededor; el universo está siempre dándote la respuesta.

El problema son nuestros aspectos ocultos y reprimidos que también se reflejan. Los reprimimos porque no nos gustan. Constituyen los reflejos que nos hacen decir: «Yo nunca crearía *esto*». Y *eso* es lo que sigue reflejándose una y otra vez hasta que lo entendemos. Ésa es la rueda del karma, lo desagradable vuelve y vuelve. O como dijo una vez un profesor universitario: «La vida es un sándwich de mierda y cada día le damos un mordisco».

Lo dijo como una verdadera víctima.

«La gravedad no existe, la tierra te chupa». Ídem.

«La vida es una putada y luego vas y te mueres».

Victimización, la cura para la realidad actual

El hecho de verse a uno mismo como una víctima es probablemente el mayor rechazo de «yo creo mi realidad». Sucede siempre. La víctima dice: «*Me pasó a mí.* Es injusto e injustificado». El corolario sería: «Pobre de mí. El universo es injusto. El karma es una operación caprichosa y parcial».

La parte positiva de esa actitud sería: logras compasión, llegas a sentirte bien contigo mismo porque no has sido tú y puedes descartar la experiencia y no enfrentarte a la parte de responsabilidad que has tenido en ella.

* Toda transmisión / recepción funciona con arreglo a este principio: el que transmite y el que recibe están sintonizados en la misma frecuencia.

Para los puros todas las cosas son puras; pero para aquellos que no son honrados y no son creyentes, nada es puro; es más: incluso su mente y su consciencia son deshonrosas.

Tito 1,15

Me he dado cuenta recientemente de que el acto mismo de negar nuestra participación en nuestra propia vida como agente causal supone un intento voluntario de desviar la atención para no tener que enfrentarnos a ningún aspecto de la realidad que nos contempla expectante. Pienso que he estado perfeccionando este «engaño» la mayor parte de mi vida. Siempre tenemos que preguntarnos qué criterio nos guía cuando decimos que hemos creado o que no hemos creado algún aspecto de la realidad. Mi criterio era siempre: yo creo lo que es agradable y cómodo e intento negar mi responsabilidad en lo incómodo... Lo hice así durante una temporada, pero luego la realidad me atrapó. Ahora pienso que soy la fuerza que causa y/o participa en todos los aspectos de lo que contemplo en mi vida.

MARK

Creamos constantemente nuestra propia realidad y, aunque nos cueste mucho aceptarlo, nada nos resulta tan sumamente agradable como poder culpar a otro de nuestra forma de ser. Es culpa de ella, o culpa de él, es culpa del sistema, de Dios, de mis padres... Miremos como miremos el mundo que nos rodea, eso es lo que nos volverá a nosotros. Si mi vida está tan vacía, tan falta de alegría y felicidad, por ejemplo, es porque mi centro de interés carece precisamente de esas mismas cosas.

Miceal Ledwith

La parte negativa sería: has aceptado la idea de que no creas tu realidad (y por lo tanto has perdido el poder hacerlo) y te volverá a ocurrir una vez más y otra y otra... También es una ruptura con la realidad. Separa al Creador de la Creación.

Al echar un vistazo al reflejo de esa actitud en la sociedad en general nos damos cuenta de lo frecuente que es la victimización. Casi todas las noticias de la noche se centran en las víctimas. En Estados Unidos, la mentalidad de víctima ha alcanzado proporciones épicas. Si le pasa algo a alguien, lo primero que se hace es buscar a quién culpar.

Como dijo Carlos Castaneda en *Viaje a Ixtlan*: «Te has pasado la vida compadeciéndote porque no asumes la responsabilidad de tus decisiones... Mírame a mí. No tengo dudas ni remordimientos. Todo lo que hago es decisión mía y responsabilidad mía».

El gran giro en redondo

Al igual que la victimización supone el mayor rechazo a la premisa de este capítulo, «acepto mi responsabilidad» implica la aceptación mayor. Supone un enorme giro en redondo en la forma de abordar el mundo y las experiencias. La victimización y la pérdida de poder que le sigue se acaban para siempre. En cada situación, se hacen estas preguntas: «¿En esta situación, dónde estoy o qué soy yo? ¿Qué se me devuelve reflejado? ¿De qué nivel de mi yo procede?

El giro en redondo supone que, en vez de pedir al universo que pruebe que tú creas la realidad para poder así sentarte sobre la valla y aceptar o rechazar lo que acontece, das por supuesto que eres tú quien crea tu vida y los acontecimientos y, por lo tanto, buscas su significado. Y entendemos significado no en un sentido cósmico o filosófico, sino como lo que nos dice acerca de quiénes somos o qué creamos o qué estamos negando en nuestra vida. ¿Estás buscando un cambio en tu vida? Haz éste y observa la transformación ante tus muchos «yoes».

«La gente se pasa la vida culpando a las circunstancias por lo que son ellos», decía el gran dramaturgo británico George Bernard Shaw. «No creo en las circunstancias. Las personas que llegan a alguna parte son las que se levantan y buscan las circunstancias que quieren y, si no las encuentran, las crean».

¿Cómo *creamos* las circunstancias? ¿Cómo creamos las coincidencias que causan un efecto enorme en la dirección que toma nuestra vida? Parece de locos que alguien pueda ocasionar una coincidencia como la siguiente: «Verás, se me olvidó el documento, de modo que tuve que volver corriendo a casa y en el camino pinché una rueda. Me paré a arreglarla, me agaché y en ese momento noté que se me rasgaban los pantalones, así que me enrollé una manta alrededor de la cintura y de repente vi a una chica que pasaba conduciendo, y fíjate que ella había diseñado la manta; se paró y a consecuencia de ello nos casamos». Fue sólo una coincidencia. Lo que queremos decir realmente es que fue un co-incidente.

Entonces, ¿fue nuestro feliz marido el que creó la rueda pinchada o creó el que nos casáramos y el universo tejió los detalles? (Éste es el tipo de preguntas que surge una vez que te subes al carro del «yo creo»). Como comenta William Tiller acerca de sus experimentos sobre el cambio del pH del agua, «en la cuestión de si hacemos una declaración detallada de intención, o la hacemos de tal manera que dejamos la puerta abierta para que el universo encuentre el modo de hacerlo, la respuesta normalmente es la segunda posibilidad».

En otras palabras, en lugar de dictar todos los pasos que el agua tiene que dar para cambiar el pH, lo que hacen los meditadores de los experimentos del doctor Tiller es concentrarse en el resultado y dejar que el universo proporcione los detalles, pantalones rasgados y demás.

¿MENÚ DEL DÍA O A LA CARTA?

Mientras trabajaba en las numerosas consecuencias de «creo mi realidad», una de las conclusiones más importantes fue: ¿se parece mi creación a un menú del día o es un plato a la carta? ¿Elijo cada uno de los acontecimientos o forman un «paquete»? He pensado en Jesús y en la Pasión. ¿Creó Él el sufrimiento y los malos tratos o su intención era traer una nueva conciencia al mundo y los malos tratos eran parte del compromiso?

WILL

Cuando la sílaba «co» se encuentra al principio de una palabra, significa que hay cierto tipo de interrelación. Cooperar quiere decir operar conjuntamente. Del mismo modo, coincidente significa que existe una interrelacion entre los elementos del incidente. ¡Qué raro que ahora la palabra signifique lo contrario!

Posibilidades y tiempo

Pero la pregunta sigue estando ahí: ¿cómo puede funcionar todo esto? Y ¿cómo puede alguien llegar a ser más consciente de las posibilidades que existen para que la creación misma sea más consciente? Según Amit Goswami:

Sigue con confianza la dirección de tus sueños. Vive la vida que has imaginado.

Henry David Thoreau

> Que la consciencia sea la base del ser es una hipótesis. Todo son posibilidades de la consciencia. De todas las posibilidades de sí misma, la consciencia elige la experiencia real que manifiesta, que observa... La teoría cuántica habla de posibilidades, pero cuando te miras a ti mismo, ¿cuántas veces te has preguntado por las «posibilidades?». Podría ser que el preguntarte a ti mismo sobre las posibilidades... se redujera a cosas sin importancia como qué helado vas a elegir esta vez, si de vainilla o de chocolate, cosa que depende completamente de tus experiencias anteriores. Así te pierdes la física cuántica de tu vida.

Goswami ve que, en nuestra vida, las posibilidades se extienden como las ondas de probabilidad de un electrón. Lo que quiere decir que las opciones en nuestra vida son tan «reales» como las ondas que predice la ecuación de Schrödinger. Stuart Hameroff lleva este concepto un paso más allá:

> Podemos pensar que cada pensamiento consciente es una elección, una superposición cuántica que se ha desintegrado dando paso a una sola elección. Digamos que estás leyendo un menú e intentando decidir si tomarás gambas, pasta o atún. Imagínate que tienes una superposición cuántica de todas esas posibilidades coexistiendo simultáneamente. Puede que incluso te traslades un poco al futuro y pruebes las diferentes comidas. Y luego decides: «¡Ajá! Tomaré espaguetis».

Trasladarse al futuro no es tanta ciencia ficción como parece. Como apunta el doctor Hameroff, «en la teoría cuántica, también se puede retroceder en el tiempo e incluso se insinúa que algunos procesos cerebrales relacionados con la consciencia se proyectan hacia atrás en el tiempo».

Si se demostrase que todas esas teorías son correctas, significaría que la consciencia individual examina constantemente todas las posibilidades futuras, quizá incluso va al futuro a «probar» si nos casamos con alguien o no, y luego se centra en la posibilidad elegida y la transforma en una realidad. Del «cómo» se encarga el universo superinteligente e inmensamente interactivo que responde automáticamente a la consciencia, porque eso es lo que es. El universo ES el ordenador que lleva la cuenta, para eso está aquí. Y si puede crear formas de vida conscientes de sí mismas y que se reproducen a sí mismas, también puede preparar una rueda pinchada.

¿Es posible hacer que la creación sea más consciente desde este punto de vista? Bien, para la mayoría de la gente, el futuro está al otro lado de un gran muro, adonde no se puede ir. Por tanto, tampoco se pueden ver las posibilidades latentes en ese otro lado, así que cuando aparecen aquí suponen una sorpresa o un shock. Pero darnos cuenta de que esas potencialidades son reales y pueden ser desarrolladas, manipuladas y transformadas, nos lleva por encima del muro al futuro, donde nos espera la novedad.

Crear tu día

Tu reserva de realidad creada se extiende frente a ti. Embadurnando el paisaje del tiempo, las posibilidades esperan «el movimiento de la consciencia» para traer el acontecimiento real a la experiencia. Pero digamos que eres un poco más activo, y no estás dispuesto a quedarte sentado y dejar que las malas hierbas del universo crezcan en ti, sino que quieres plantar el paisaje de posibilidades con tus creaciones conscientes.

La información más popular, cautivadora y solicitada acerca de *¿¡Y tú qué sabes!?* fue el concepto de crear tu propio día. Ramtha enseñó esta técnica a sus estudiantes por primera vez en 1992 y es una de las piedras angulares de la escuela de Yelm, en Washington: «Todo maestro que se precie crea su día, nunca deja que el día suceda para él».

UNA PEQUEÑA ENSEÑANZA SE HA PUESTO DE MODA

Lo que sigue es del DVD *Ramtha. Crea tu día, una invitación a abrir la mente*: «En el momento de despertarte, ¿has notado alguna vez... bueno, que no sabes quién eres? Te despiertas y no sabes quién eres. ¿Te has dado cuenta de que miras alrededor de la habitación para orientarte... y lo que es realmente sorprendente es cuando ves a la persona que está a tu lado y por un instante no sabes quién es? Creo que deberías considerarlo seriamente. Pasamos un rato reorientándonos antes de salir de la cama, buscando un vínculo con una identidad que por un momento ni siquiera teníamos, y la identidad es lo que empezamos a formar cuando miramos a la persona que está junto a nosotros. Y después nos incorporamos y empezamos a rascarnos... y luego nos levantamos y vamos al baño y por el camino nos miramos en el espejo. ¿Por qué lo hacemos? ¿Por qué nos miramos? Porque estamos intentando recordar quiénes somos. Todavía es un misterio.

»Pero si tienes que recordar quién eres y recordar los parámetros de tu aceptación y la valla de tu duda, si tienes que hacer todo el ritual cada día para recordar quién eres, ¿qué posibilidades hay de que tu día se convierta en un día especial? Muy pocas realmente. Pero si... antes de intentar recordar quién eres, recordases lo que quieres ser, y quizá esto sucediese en primer lugar, antes de ver a tu pareja, antes de clavarte las uñas para rascarte, antes de salir tambaleándote de la cama, antes de asustar al gato y de mirarte al espejo... Antes de hacer todo esto, recuerda: "Antes de adherirme al ritual de mis circuitos neuronales, voy a crear un día alucinante, que se añadirá a mis redes neuronales y enriquecerá la experiencia de mi vida", y luego crea tu día. Crea tu día. Ese momento en el que aún no eres tú realmente es un momento sublime en el que contemplas lo extraordinario, en ese momento

Todo esto parece guay en teoría, pero hacerlo es duro. Recuerdo las primeras veces que empecé a crear mi día. Cuando aún no sabía quién era «yo» me era imposible. Mi cuerpo entero entraba en estado de shock. Me asustaba y tenía que hacer algo para volver a la «realidad». Era como si no pudiera soportar separarme de mi identidad normal el tiempo suficiente para crear algo diferente. El miedo y el pánico se apoderaban de mí. Me costó mucho tiempo permitirme simplemente estar asustada pero continuar adentrándome en lo desconocido; en cuanto comencé a ver los efectos y los resultados, el miedo se convirtió en anticipación.

BETSY

puedes esperar y aceptar lo no ordinario. Hoy puedes aceptar una subida de sueldo. Si llegas a ser tú mismo, tus expectativas de un aumento de sueldo disminuyen en gran manera, ambos lo sabemos. Pero en ese estado único de indeterminación de tu identidad, en ese momento puedes crear.

»Por eso digo a mis alumnos: antes de levantaros y de recordar quiénes sois, cread vuestro día. Y después de haberlo creado, vuestra rutina cambiará. Seréis unas personas ligeramente diferentes mirando el retrete y mirándoos al espejo. Habrá algo distinto en vosotros y ese algo será maravilloso».

La vida no consiste en
encontrarte a tí mismo.
La vida es crearte a tí mismo.

George Bernard Shaw

Esta preciosa enseñanza trata del «yo», que ha sido en última instancia el tema de este capítulo. ¿Quién es el «yo» que está creando? Si es la personalidad, las creaciones provienen de estructuras, hábitos, propensiones y circuitos neuronales ya existentes; y todo lo que se creará desde de esa antigua estructura de la personalidad será lo de siempre, lo mismo de siempre. Crear lo que ya ha sido, difícilmente es crear.

O crear proviene del yo superior, del ser de Dios, en cuyo caso es un acto inconsciente casi siempre, obra de un karma sepultado hondamente. Mientras que las creaciones son maravillosas para el espíritu, a la personalidad desconectada se le antojan arbitrarias, injustas y dan lugar a sentimientos de impotencia y victimización.

Esta técnica, en cambio, se aprovecha del momento del no-yo, o del nuevo-yo. Desde ese «yo» se puede manifestar algo realmente nuevo. Algo que tú creas *conscientemente*. Y crear de esta forma deshace la trampa de la victimización y de la impotencia para siempre.

Y afirma cada día y de manera muy real que tú creas tu realidad. Si *eso* es verdad, la afirmación es como una bomba incendiaria.

Reflexiona un rato sobre esto...

- ¿Cuáles son los límites, si es que hay alguno, de nuestra creatividad y poder?
- ¿Podemos cambiar las leyes de la física? Si así fuera, ¿serían leyes? ¿Qué es una ley?
- Al aprender a crear de una manera más efectiva, ¿qué tipo de responsabilidad tenemos?
- ¿Cuál es el uso más constructivo de nuestra creatividad?
- ¿Cómo podemos saber que nuestros objetivos individuales están en sintonía con los objetivos cósmicos?
- ¿Qué impacto te produce saber que estamos creando todo el tiempo, ya sea consciente o inconscientemente?
- ¿Cuál es la diferencia entre la personalidad y el nivel superior de consciencia?
- ¿Cómo sé yo la diferencia?
- ¿Cuándo sé que mi personalidad está creando o cuando sé que es mi consciencia superior?
- ¿Es mala mi personalidad?

¿POR QUÉ NO SOMOS MAGOS?

LUKE SKYWALKER, AL VER CÓMO YODA LEVANTÓ EL CAZA X-WING POR ENCIMA DEL PANTANO UTILIZANDO SÓLO LA MENTE, EXCLAMÓ: *¡No me lo creo!*

Y YODA RESPONDIÓ: *¡Pues por eso fallas!*

Salen de un brinco de la página escrita y de la pantalla... El Maestro Yoda, el director Dumbledore, Gandalf el Blanco. ¡Brujos que empuñan el fuego de la creación! ¡Magia!

¿A quién no le gustaría ser mago? ¿Quién no querría pasar de la Escuela de Enseñanza Media a Hogwarts? ¿Quién preferiría ser un muggle?* ¿Quién? ¡Los muggles, evidentemente!

Porque SI nosotros creamos nuestra realidad y no hay magia en ella, somos nosotros quienes la hemos creado, ¿no? Resulta extraño que a casi todos nos guste la idea de la magia y nos encantaría ser magos consumados y, sin embargo, lo más cercano a la magia que tenemos es el mando a distancia de la televisión.

Esto trae a colación un punto interesante: ¿qué es la magia en comparación con la ciencia? Hace doscientos años, el mando de la televisión (¡y la televisión!) habrían sido mágicos, sin duda. Los antiguos sumerios escribieron sobre dioses que podían comunicarse instantáneamente con la voz, por arte de magia, por todo el planeta. Hoy en día eso es algo tan simple como decidir qué plan de ahorro telefónico contratar. Así que, ¿cuál es la diferencia? Se dice que la ciencia se basa en muchos procesos, pero lo mismo ocurre con la magia; los libros sobre magia describen

* En los libros de Harry Potter, un muggle es una persona sin magia. Hogwarts es la escuela donde se aprende magia, y Dumbledore es su director.

paso a paso los procedimientos que hay que seguir hasta obtener el resultado deseado, como en un libro de cocina. Luego, según parece la magia es simplemente ciencia al otro lado del paradigma. El doctor Tiller está derribando con sus cajas negras el límite entre ambas.

El *Manual del no brujo*

En vez de preocuparnos por el motivo de que no seamos magos (ya que sólo tú puedes saberlo), vamos a ver unas cuantas páginas del capítulo «Cómo convertir a un mago en un sapo», del *Manual del no brujo*. Y si algo de esto empieza a sonarte familiar, también te dará una pista sobre quién más ha estado leyéndolo y usándolo.

1. Convence a todos de que NO son magos.
2. Enseña las delicias de convertirse en víctima.
3. Crea confusión en los sistemas de creencias y mezcla unos con otros.
4. Haz que los conocimientos nuevos sean temibles e inaccesibles.
5. Haz que los magos resulten desagradables y que ser un mago sea peligroso.
6. Haz que mientan.
7. Y jamás mires en tu interior.

Y si por casualidad fueras un mago convertido en sapo, el *Manual del no brujo* contiene también antídotos para todos los casos mencionados arriba.

1. Convence a todos de que NO son magos.

Como todos somos magos, si convences a alguien de que no lo es, lo será. En ese caso, no sigas leyendo.

«Era una era mágica y el aire estaba cargado de magia. Los árboles susurraban una canción a los pájaros que contaba historias de poderes sobrenaturales. Las cañadas encantadas guardaban el secreto de que el oro resplandecería de la nada pronunciando la palabra adecuada. Había magia por todas partes. Y yo estaba allí. Inmerso en las centelleantes esquirlas de la creación que yo consideraba real».

Lo anterior está sacado de un libro que nunca escribiré. Pero ¿cuántos de nosotros hemos leído libros como ése deseando que un *telemensajero* nos llevara allí? En una era mágica estaría por todas partes. Porque todos SABEMOS que el mundo es así. En el Tíbet, antes de que aparecieran los occidentales, las historias de magia eran el pan nuestro de cada día. Los lamas eran capaces de dar saltos de diez metros, de modo que podían recorrer cientos de kilómetros en una hora. Ayer, lugar común, y hoy ausente. Lo cual suscita la pregunta: «¿Qué queremos para mañana?».

Puede que escriba ese libro después de todo...

WILL

Antídoto: recuerda tu grandeza. Tú ya eres un mago.

«... ése hará también las obras que yo hago, y las hará mayores que éstas».

Juan 14,12

Si te dicen que eres una mutación casual de la materia y que tu sentido del yo es un *epifenómeno* propio de partículas muertas, ¿te sientes mágico? Si la explicación de tus momentos mágicos es que son meras coincidencias, ¿dónde está la magia en tu vida? Si tu visión del mundo es muerte, enfermedad, guerra y sufrimiento (véase las noticias de la noche) y te sientes incapaz de hacer algo al respecto, ¿qué tienes de mago?

¿Y qué opinas de que digan que eres un pecador despreciable, que has nacido en pecado y que eres un miserable a los ojos de Dios?

Hace unos cuarenta años, un grupo de pensadores pioneros, encabezados por el profesor Abraham Maslow, de la Brandeis University, se dieron cuenta de que la psicología parecía preocuparse casi enteramente por *problemas y enfermedades:* neurosis, psicosis, disfunciones. ¿Por qué no estudiar individuos sanos o incluso sumamente saludables? ¿Por qué no apuntar a las posibilidades más elevadas que tiene el ser humano y crear medios que ayuden a cada cual a desarrollar sus poderes?

No puedes creer a la gente que dice que nada de esto es así. Que nada de esto es así es relativo para ellos. ¿Qué elegirías tú en cambio? ¿Que no es así o que es así? ¿Quién está en posesión de la verdad? ¿Hay alguien ahí fuera que diga que es imposible o que diga que sí lo es categóricamente? ¿Quién está en posesión de la verdad? Nosotros.

JZ Knight

El gran escritor americano Henry David Thoreau había escrito cien años antes: «Nunca se ha medido la capacidad del hombre; y se ha investigado tan poco sobre el tema que no contamos con precedentes para juzgar lo que el hombre puede hacer».

Norman Cousins, autor y editor de la *Saturday Review*, expresaba la misma idea: «El cerebro humano es un espejo colocado hacia el infinito. Su alcance, posibilidades y crecimiento creativo son ilimitados. Nadie sabe qué logros inmensos podrá alcanzar la especie humana, una vez que se desarrolle plenamente la capacidad potencial de la mente». Eso fue lo que se propusieron descubrir los psicólogos del Potencial Humano.

Quizá el legado más importante de Maslow y sus colegas es que contribuyeron a que todo el mundo sepa que todos tenemos un tremendo potencial latente y que hay poderes y aptitudes en nuestro interior que nunca han salido a la superficie, ¡hasta ahora!

2. Enseña los beneficios de convertirse en víctima.

Una vez que los magos aceptan ser víctimas, renuncian a su pretensión de crear realidad. Para las víctimas, la realidad es algo que les sucede: es injusta y jamás es culpa suya, de modo que nunca tienen que mirar en su interior, donde verían su propia creación.

Antídoto: acepta la responsabilidad de tu vida.

Los beneficios de convertirse en víctima son muchos. Nunca te pillan en falta, así que no tienes que sentirte culpable. Le das pena a la gente y te hacen caso y te ayudan. El juego se llama «echar la culpa»: echas la culpa de las circunstancias de tu vida con las que no estás contento: a tus padres, a la sociedad, al trabajo, a tus socios, a la salud, etc. etc. etc. Pero si aceptamos que la *consciencia crea la realidad* (CCR) la red de excusas se desmantela. Es el aspecto más práctico del CCR. Significa que *tú* has creado *tu* vida y *tu* mundo. Puedes quejarte y protestar porque, según parece, no puedes tener lo que quieres, cuando, de hecho, sí tienes lo que quieres. Vives la vida que has escogido vivir, *la vida que creías que podías vivir*.

Para saber dónde está realmente tu consciencia, sólo tienes que observar cada cosa, cada persona, cada lugar y cada acontecimiento de tu vida.

Aceptar que «yo creo mi realidad» no fue fácil ni divertido. Miré a mi alrededor y vi la carnicería y el caos que había creado y pensé: «Mierda, ¡esto es un lío! Pero, ¡eh!, si puedo crear eso, también puedo crear algo más».

BETSY

3. Crea confusión en los sistemas de creencias y mezcla unos con otros.

La fe es el motor de la creación. Cualquier irregularidad en la fe en un acto mágico lo desbaratará. Las «autoridades» son muy útiles en esta tarea.

Antídoto: no cedas poder a las autoridades y confía en tu propia experiencia. Recuerda: la fe es el motor de la creación.

Cuando un muggle ve un dragón, por ejemplo, el ministro manda a unos operarios llamados obliviadores que utilizan hechizos de memoria para hacer que el muggle lo olvide completamente.

The Harry Potter Lexicon Web Site

¿Anduvo Jesús sobre las aguas?

¿Andan miles de personas cada año sobre un lecho de carbón en ascuas y no se queman?

Gordie, el marido de Betsy, lo hizo tres veces y ni siquiera lo sintió. Después lo consultó con su profesor de Fisiología y éste le dijo que realmente no había ocurrido y que los carbones al rojo vivo no estaban calientes en realidad. Era el efecto Leidenfrost. Mientras caminaba sobre el carbón por cuarta vez, Gordie empezó a preguntarse si sería cierto lo que le había dicho el profesor y si realmente estaba caliente el carbón. Salió con quemaduras de tercer grado.

¿Qué hizo entonces? En primer lugar, aplicó el antídoto 2 y, en vez de culpar al profesor o al lecho de carbón, se percató de que *había sido él quien creó el resultado* y entonces aplicó el antídoto 3. No se tragó lo del efecto Leidenfrost y aceptó que era su propia experiencia. Cuando anduvo por quinta vez sobre carbón en ascuas no tuvo ningún problema en absoluto.

Es un poco peliagudo esto de la fe. ¿Quién quiere ser un chiflado que imagine sucesos tan distantes de la realidad que la desconexión le vuelva loco? Pero entonces, ¿quiere alguien estar tan limitado por la realidad media, corriente y moliente, del día a día, que nunca encuentre magia por ninguna parte? Andar sobre agua es una idea de locos, y si no fuera por la famosa escena del mar de Galilea, todo el mundo diría que es imposible, sin duda. Pero si tú todavía crees que es posible, es que estás chiflado.

Es un poco peliagudo porque nuestros sistemas de creencias en general no forman un todo coherente, integrado y bien desarrollado. En otras palabras: puedes tener un momento de euforia en el que creas que puedes volar, pero sigues creyendo que lo que sube tiene que caer. Según Miceal Ledwith:

> Si creo que puedo andar sobre el agua y vocifero y me grito a mí mismo que voy a andar sobre el agua, lo que enfatizo normalmente es una forma de disfrazar la duda que tengo, de modo que si me voy a andar sobre el agua con ese enfoque dividido en la mente, me voy a hundir.

Pero si lo has aceptado absoluta y plenamente, entonces sí podría ocurrir, porque la realidad se acomoda precisamente a lo que intentamos. Del mismo modo, si consigues concentrarte y aceptar completamente que estás curado, ocurrirá, pero lo que no aceptamos de verdad es el grado de duda que se esconde tras las afirmaciones.

Y si ahondas lo bastante, verás que la duda es siempre el resultado de un sistema de creencias, que choca con la fe con la que actúas. Hasta que no se elimine el conflicto, la nave espacial permanece en el pantano. Como dice Ramtha:

> ¿Cómo es de amplio, profundo y elevado tu nivel de aceptación? Porque la fe consiste en eso. Jamás puedes manifestar en tu vida lo que no aceptas. Sólo manifiestas lo que aceptas. Así que ¿cómo es de amplia tu aceptación? ¿Es mayor que tu duda? ¿Cuáles son las limitaciones de tu aceptación? ¿Es eso lo que te hace estar enfermo/a? ¿Por eso eres viejo/a? ¿Es por eso por lo que no eres feliz, porque tu nivel de aceptación es la infelicidad? Eso es todo lo que consigues, ya lo sabes. No consigues nada más importante.

4. Haz que los conocimientos nuevos sean temibles e inaccesibles.

Los nuevos conocimientos constituyen la llave que abre el baúl de los viejos sistemas de creencias y la puerta a realidades cada vez más importantes. Además, el conocimiento fortalece nuestra fe en el funcionamiento verdadero del universo, dando así poder al Mago. Por tanto, utiliza la contramedida más drástica: el miedo.

Antídoto: «Buscad y hallaréis, llamad y se os abrirá» Mateo 7, 8.

¿Por qué es rico Donald Trump? Porque ha aceptado ganar 3 millones de dólares al día. Ha construido un modelo de posibilidad que la mayoría de los otros no tiene. La mayor parte de la gente tiene el modelo de poder ganar quizá 200 dólares al día. Él simplemente ha añadido un puñado de ceros y lo acepta. No nació con ningún don especial, necesariamente. Todo tiene que ver con la aceptación. ¿Cómo construyes tu nivel de aceptación? Los atletas lo construyen entrenando y, después, corriendo una carrera. Averiguan cuáles son sus limitaciones. Averiguan lo que se les da bien. El entrenador les ayuda y al final puede que ganen medallas olímpicas. ¿Por qué tiene que ser diferente si nos referimos a la mente? ¿No deberíamos también entrenar la mente? ¿No deberíamos dar información a la mente?

MARK

Cuando piensas en un mago, te viene a la mente la visión de alguien en su estudio, con libros apilados hasta el techo e instrumentos científicos esparcidos por todas partes. El Dr. Dispenza explica el porqué: «Tenemos que tener conocimientos que nos permitan tener grandes sueños. Tenemos que tener ganas y pasión para rebasar los límites de nuestra zona confortable y de nuestra propia necesidad de conformidad, para intentar hacer algo que la humanidad considere una locura. Con todo, si se hace sin el conocimiento adecuado es una locura, pero si se hace con el conocimiento adecuado, se considera heroísmo, brillantez. Se considera un don».

Amit Goswami coincide: «Siempre que expandimos nuestros límites, nos sentimos felices. Cuando los reducimos y nos identificamos con un capullito, nos sentimos desgraciados. La idea es, pues, ampliar nuestros límites».

¿Qué más tenían los brujos en común? Bastones. Tanto Gandalf como Yoda tenían uno.

«Y les encargó que no tomasen para el camino nada más que un bastón, ni pan, ni alforja, ni dinero en el cinturón» (Marcos 6,8).

¿Por qué un bastón? Se consideraba que era el bastón del conocimiento. Sostenía al creador de la magia y le guiaba en el viaje. Poseía además un gran poder. Esto explica que durante siglos, si querías convertir en sapos a los seres inmortales, quemabas libros. Según John Hagelin:

> El conocimiento es el estímulo más importante. Si la gente supiera simplemente cuál es el potencial de la vida, qué estados superiores de consciencia ofrece la vida además de estar despierto, soñar y dormir y cómo será el mundo cuando vivamos la unidad-consciencia, se atrevería a actuar. La única razón por la que no se atreve es porque no estamos abiertos al conocimiento.
>
> Hoy en día, ¿qué clase de conocimientos presentan al público los medios? Sólo los necesarios para hacer que la gente salga a la calle a comprar una hamburguesa. No es suficiente, realmente. No es suficiente para estimular a la gente, ni para hacer que sepa lo que se puede hacer en la vida.

Él [Gandalf] se irguió y sin apoyarse más en la vara...: «Los sabios sólo hablan de lo que saben, Grima hijo de Galmod. Te has convertido en una serpiente sin inteligencia. Calla, pues, y guarda tu lengua bífida detrás de los dientes. No me he salvado de los horrores del fuego y de la muerte para cambiar frases retorcidas con un sirviente hasta que el rayo nos fulmine». Levantó la vara. Un trueno rugió a lo lejos... Hubo un relámpago como si un rayo hubiera partido en dos el techo. Luego, todo quedó en silencio. Lengua de Serpiente cayó al suelo de bruces.

El Señor de los Anillos

5. Haz que los magos resulten desagradables y que ser un mago sea peligroso.

Los seres iluminados tienen un magnetismo resplandeciente y procuran iluminar a todo el mundo. Eliminarlos de un modo u otro, elimina el problema y hace que los demás se cansen de seguir sus pasos.

Antídoto: encuentra a aquellos de quienes puedas aprender sabiduría, y estudia.

Traer iluminación al planeta ha sido una ocupación arriesgada durante milenios. Y no sólo para los maestros espirituales, también ha sido una empresa difícil para los científicos. Pero ahora, que es más difícil matar al maestro problemático sin más, se les hace parecer raros, o temibles, o espeluznantes. Y si eso no funciona, entonces se lanza sobre ellos la palabra que comienza por «C» (cabecilla del culto). Ahí fuera hay una gran cantidad de gente de quien podemos aprender y la única forma de saberlo es verlo por ti mismo. Recuerda el antídoto 3, no creas a las autoridades, confía en tu propia experiencia.

¿Cómo convertimos un día ordinario en un día superextraordinario? Teniendo conocimiento para pensar sobre lo extraordinario, el día llega a ser extraordinario.

JZ Knight

Y en cuanto a que sea peligroso, lo es, pero no tanto como solía serlo. Los tiempos han cambiado. Desgraciadamente, el recuerdo permanece en la consciencia colectiva. El mejor ejemplo no lo constituyen los miles de profesores que fueron eliminados, sino los brujos asesinados en un periodo de 500 años (se estima que fueron asesinados entre 50.000 y 100.000). Es triste que todos los ejemplos de magos sean hombres, especialmente cuando, según muchos profesores, las mujeres son más duchas en el arte de la magia, de manera innata. De acuerdo con el brujo indio Don Juan, maestro de Carlos Castaneda, cuando a los hombres se les ofrece una idea mágica nueva, piensan y hablan y discuten sobre ella, mientras que las mujeres se limitan a hacerla.

6. Haz que mientan.

Una mentira es una desconexión con la realidad. Escinde a los mentirosos y los convierte en una casa dividida. También quebranta la integridad de sus sistemas de creencias, con lo cual convierte la magia que hagan en algo insignificante. Por tanto, haz que mentir sea aceptable.

Antídoto: cuando estés al borde de la mentira, pregúntate: ¿qué es lo peor que puede ocurrir si digo la verdad? ¿Merece la pena sacrificar por ello mi herencia mágica?

«Buscad, pues, primero el reino y su justicia, y todo eso se os dará por añadidura».

Mateo 6,33

Hoy parece que todo el mundo miente. Los jefes mienten, los reporteros mienten, los políticos mienten, los amantes mienten, los líderes religiosos mienten. Parece que es aceptable porque nadie arma una gran bronca por ello.* Pero los verdaderos magos saben las consecuencias. Uno de los votos de los monjes buditas es no mentir jamás. Se ha dicho que como Jesús jamás mintió y absolutamente nunca lo hubiera hecho, cuando decía algo, como jamás mentía, el universo *tenía* que obedecer. Así, cuando dijo: «Levántate, toma tu lecho y vete a casa», era una ley del universo. «Él se levantó, y se fue a su casa». El doctor Ledwith añade:

> Si en la vida no tuviéramos tiempo para mentir, ni para engañar, si tuviéramos la convicción absoluta del maestro espiritual, haríamos esas cosas [milagrosas] sin esfuerzo. Pero, bueno, ya sabes, eso no se consigue sentándose a escuchar una música maravillosa, ni quemando incienso, ni con todas esas simplezas. Se consigue de una forma muy práctica: confrontando las mentiras y la falta de verdad y las

* Ejemplo: los líderes estadounidenses adujeron una serie de mentiras para manipular al país y meterlo en una guerra que mató a decenas de miles de personas. Y, por lo general, los ciudadanos se limitan a encogerse de hombros.

actitudes victimistas que falsean lo que somos. Si las arrancáramos de raíz, esas otras cosas sobrevendrían inmediatamente. Pero si nunca las arrancamos de raíz y en cambio las cubrimos con una fachada de espiritualidad, entonces la ciencia y la religión se unirán cuando las ranas críen pelo y no habrá la más mínima diferencia.

«No podrá decirse: helo aquí o allá, porque el reino de Dios está dentro de vosotros».

Lucas 17,21

7. Y jamás mires en tu interior.

Aunque es la última regla, es la piedra angular de todo lo dicho anteriormente. Si la gente nunca mira en su interior, nunca descubrirá la verdad de quién y de qué es realmente. Por tanto, convénceles de que la verdadera felicidad está ahí fuera.

Antídoto: no escuches; mira en tu interior.

El bombardeo diario de los anunciantes busca acentuar la idea de que la satisfacción se obtiene si se consigue alguna cosa del mundo exterior. Pero la pura verdad es que después de más coches y más casas, de más dinero y más fama, al final te quedas contigo mismo.

Sin embargo, es importante recordar que ni los anunciantes, ni los mentirosos, ni los medios son responsables de que alguien tenga la condición de sapo. Eso es ser una víctima. Al final, siempre es cada individuo quien decide a qué prestar atención, en qué concentrarse, a qué permitir la entrada. Es elección personal nuestra todo el tiempo. Culpar a algo de fuera es disminuir lo de dentro.

Imagínate: pasear llevando *dentro* de ti el Reino de Dios, el Cielo, la Ilustración, el Nirvana. Lo que quiero decir es que lo *imagines* literalmente.

Guarda esa imagen en la mente: ir al trabajo, al colegio o a la tienda de comestibles con todo *eso* en tu interior. Vayas donde vayas, lo eterno va contigo…

Si ésa no es la imagen de un mago, no sé lo que es.

Una matriz de palabras

Hemos estado discutiendo e investigando un montón de conceptos. Es hora de empezar a intentar enlazarlos…

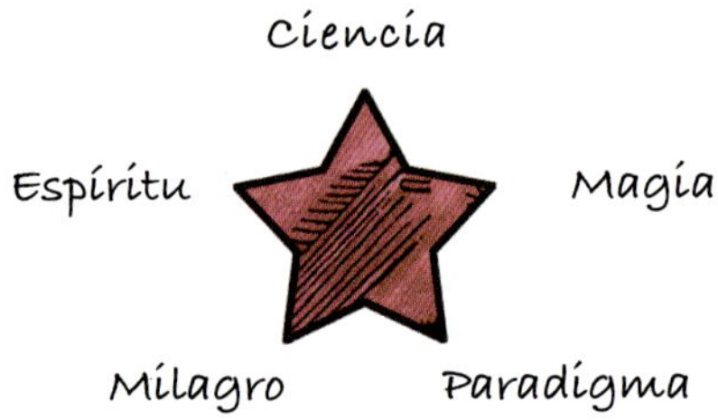

Escribe la relación que crees que existe entre estas palabras. Por ejemplo: «La magia está fuera del paradigma». Estudia todas las relaciones posibles.

Abajo como arriba

El antiguo símbolo de esta máxima es la estrella de seis puntas, formada por dos triángulos que se cruzan, conocida también como la estrella de David.

En la siguiente lista de palabras, comprueba cuántas relaciones «arriba/abajo» puedes crear. Cuando lo hayas hecho, crea las tuyas.

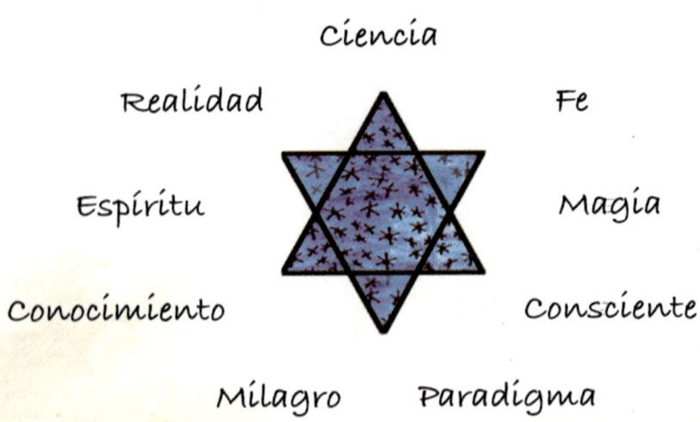

EL CEREBRO CUÁNTICO

Hay gente que dice que la consciencia es esa maravillosa cualidad existente en el universo que tiene una predilección especial por el cerebro humano. Si éste fuese el caso, entonces la consciencia pesaría unas tres libras y se parecería mucho a una coliflor gris.

ANDREW NEWBERG

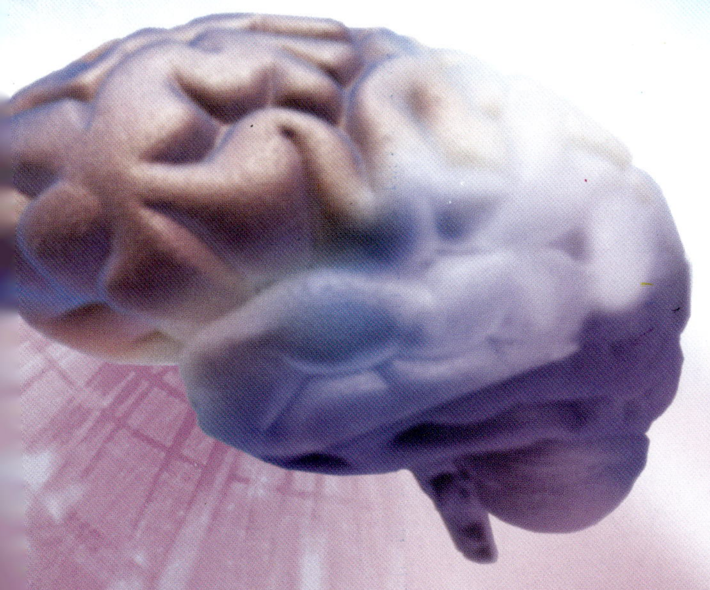

Jeff: «Hoy en día la coletilla "cuántico/a" se añade a todo. Hace unos años la etiqueta era "creativo/a": divorcio creativo, cocina creativa. Hoy es cuántico/a: divorcio cuántico, cocina cuántica, curación cuántica...».
Betsy: «¿Qué es cocina cuántica?» (risas)
Jeff: «No lo sé, pero suena bien, ¿no?».

Y ¿existe alguna duda de que cuántico se aplica a todo? Supone una forma muy distinta de contemplar el universo físico sobre el que se asienta el resto. Parece abrir la puerta a muchas posibilidades y dar respuesta a rompecabezas que han vuelto loca a la humanidad desde hace miles de años.

Una de las aplicaciones de la física cuántica más interesantes, dejando aparte la cocina, es su relación con algunos de los aspectos intangibles de nuestras vidas: la consciencia (¡otra vez!), el libre albedrío, la intención, la experiencia y, de manera especial en este capítulo, cómo la física cuántica se encuentra con el cerebro.

La consciencia, el cerebro, el cuerpo

¿Es la consciencia únicamente un producto del cerebro, un «epifenómeno» o una «propiedad emergente» de una actividad bioeléctrica que tiene lugar dentro de nuestras cabezas? ¿Es algo que surge cuando se activan a la vez las suficientes neuronas para producir un nivel suficiente de complejidad informática? Si así es, ¿es el cerebro únicamente un ordenador biológico? ¿En qué nos diferenciamos de las máquinas? ¿Puede haber una inteligencia artificial que iguale o sobrepase la inteligencia humana? ¿Serían esas máquinas «conscientes»? ¿Podrían aprender? ¿Tendrían libre albedrío?

¿O es la consciencia un componente fundamental del universo, independiente del cerebro, que se puede experimentar sin el cuerpo, como ocurre en los miles de experiencias documentadas de personas que han estado fuera del cuerpo y en el túnel de la muerte? En esos casos, el cuerpo de una persona se paraliza y deja de funcionar de manera temporal (en el quirófano, por ejemplo) y, sin embargo, su consciencia permanece atenta a la experiencia.

Desde un punto de vista histórico, las respuestas a estas preguntas se encuadran en uno de estos tres apartados:

- **Materialismo:** la materia es lo primero, la consciencia, sea lo que sea, es secundaria. La consciencia es solamente el resultado de la actividad cerebral. No existe la «consciencia» propiamente dicha; no posee realidad por sí misma sino que es un producto de nuestro organismo, de las redes neuronales y de interacciones electroquímicas.
- **Dualismo:** la consciencia y la materia son realidades existentes. Sin embargo, son tan diferentes (una sólida y tangible, la otra abstracta e intangible) que actúan en terrenos completamente distintos que no se relacionan entre sí. Descartes dividió el mundo en *res cogitans* y *res extensa* —el reino del espíritu y del pensamiento(*cogitans*) *versus* el reino de la materia y de las cosas (*res extensa*)—. El mundo material, que incluye minerales, plantas, animales y seres humanos, está formado por máquinas regidas por las leyes absolutas de la causalidad. No puede haber acción recíproca entre el reino abstracto del pensamiento puro y el reino denso de la materia.
- **Idealismo:** la consciencia es la realidad fundamental. Todo es una expresión de la consciencia. Viva, fluida y en perpetua autorenovación, se muestra a sí misma en unos niveles o estadios continuos, que van desde la consciencia pura más «fluida» y abstracta hasta la materia más sólida, pasando por

Lo que nos diferencia de una roca es que el comportamiento humano, contrariamente al comportamiento de una roca, tiene raíces muy profundas en el nivel cuántico, el nivel de cada molécula de ADN en cada una de las células del cerebro.

John Hagelin, físico

niveles más sutiles y más «sustanciales» (funciones de onda y partículas cuánticas, fotones, átomos, moléculas, células, etc.). En ese todo continuo, todo está conectado; todo es lo mismo y se manifiesta en diferentes frecuencias.

Hay un continuo debate sobre los efectos cuánticos microscópicos y sobre si aparecen o no realmente en nuestro gran mundo macroscópico. De estas consideraciones surge un montón de cuestiones acerca de la conveniencia de utilizar o no lo cuántico a la hora de tratar cosas como mente/materia. No hay más remedio que considerarlas y contemplarlas. Pero creo que si hemos de encontrar efectos cuánticos en alguna parte del gran mundo macroscópico, tendrá que ser en el trocito de estructura física más sofisticado que podamos encontrar jamás: nuestro cerebro.

WILL

Tanto en el primer caso como en el segundo, o bien se niega a la consciencia la identidad o la dignidad, o bien se considera que no puede interactuar en absoluto con el mundo material. En el tercer grupo desaparece el problema de la relación entre la consciencia y el cuerpo: están relacionados y conectados ahora y siempre; de hecho, son dos aspectos de la misma «cosa».

Pero ¿cuáles son los mecanismos por los que la consciencia pierde su carácter puramente abstracto, se convierte en pensamiento, percepción y sentimiento y aparece como actividad eléctrica o química del cerebro? A continuación mostramos un par de propuestas teóricas para explicar el mecanismo.

> **Aviso:** la mayoría de los científicos no acepta estas teorías. Leer lo que sigue puede hacer que el cerebro se reestructure. En cuanto a la validez, por favor, consulta con tu yo más elevado.

La visión de Stuart Hameroff del cerebro cuántico

«¿Cómo produce la materia viva pensamientos subjetivos, sentimientos y emociones? —pregunta Hameroff, profesor emérito de los departamentos de Anestesiología y Psicología y director del Centro de Estudios sobre la Conciencia de la Universidad de Arizona—. ¿Puede el cerebro explicar la "experiencia" de fenómenos tales como el olor de jazmín, el color rojo de una rosa o la alegría del amor?».

A pesar de que filósofos y pensadores se han ocupado de estas cuestiones durante siglos, Hameroff opina que «el estudio de la consciencia ha pasado por tiempos difíciles durante la mayor parte del siglo XX, cuando los conductistas dominaban la psicología. ¿Por qué estudiar algo que no se podía medir? La consciencia se convirtió en un vocablo molesto en los círculos científicos y fue eclipsada por los paradigmas condicionantes en curso, los reflejos de Paulov y otros parámetros cuantificables».

En los años setenta hubo un resurgimiento del interés en torno a la consciencia. Un gran número de personas estudió activamente la transformación de la consciencia a través de la meditación, de varias formas de terapia y de productos químicos alucinógenos; además, los ordenadores posibilitaron el inicio de un trabajo intensivo sobre la inteligencia artificial (AI), así como del rápido análisis de la información derivada de la lectura eléctrica del cerebro (electroencefalogramas y otras mediciones).

En los años ochenta y noventa, muchos científicos prominentes editaron libros y teorías comparando el cerebro con un ordenador maravilloso y lanzaron la teoría de que, tal y como dice Hameroff, «la consciencia tiene algo que ver con los misterios de la física cuántica».

Por entonces Hameroff entró en contacto con el trabajo de sir Roger Penrose, el renombrado matemático y físico británico.

La teoría OR de la consciencia, de Penrose-Hameroff

Penrose postula que la consciencia aparece cuando la superposición de neuronas dentro del cerebro llega a un cierto umbral y luego se reduce de manera espontánea. (Este hecho es similar a la desintegración de la función de onda producida por la observación, que provoca que un amplio abanico de posibilidades se reduzcan finalmente a un solo valor puntual localizado. La diferencia es que, en este caso, la superposición se destruye por sí misma, debido a los efectos de la gravedad cuántica). Según Penrose, las «reducciones objetivas» (OR, como él las denomina) son intrínsecas a la forma en que funciona la consciencia. Esas «OR» transforman las múltiples posibilidades del nivel preconsciente, inconsciente o subconsciente, en las percepciones o elecciones definidas del nivel consciente, como el dudar entre tomar pasta, pizza o sushi (posibilidades todas ellas

¿SE ENCUENTRA REALMENTE LA MEMORIA EN EL CEREBRO?

En la actualidad, muchos científicos están investigando la propuesta de que los recuerdos no están realmente almacenados en el cerebro. Se ha comprobado que si se elimina la parte del cerebro donde parecía estar localizado un recuerdo, ¡éste puede aún subsistir! ¿Dónde está almacenado? Quizá en algún lugar en la escala Planck, o en lo que algunos llamarían «grabaciones akásicas». Puede que el cerebro sirva únicamente como instrumento para sacar recuerdos del universo. Puede que se trate de un almacenamiento local, de un disco local del disco duro cósmico donde se almacenan todos los recuerdos.

en superposición) para después elegir una sola (desintegración o reducción). Hameroff apunta el *mecanismo* por el que tendría lugar, y ambos, él y Penrose, formulan su teoría.

Fundamentales para la forma en que sobreviene la contracción o la reducción objetiva (OR) son los diminutos *microtúbulos*, huecos, con estructura semejante a una paja, que hay dentro de cada célula, incluso de las neuronas. Antaño se creía que los microtúbulos eran meros citoesqueletos o andamiajes de la célula, luego se comprobó que manifiestan una inteligencia extraordinaria y gran capacidad de autoorganización. Componen el sistema circulatorio y nervioso de la *célula*, transportan materiales y organizan el movimiento y la forma de la célula. Interactúan con sus *vecinos* para procesar y comunicar la información y pueden organizar con éstos un todo unificado y coherente. Los microtúbulos de las neuronas también establecen y regulan las conexiones sinápticas y participan en las emisiones de los neurotransmisores. Como dice el doctor Hameroff, «están por doquier y parece que lo organizan casi todo».

Comencé a observar los microtúbulos y la forma en la que parecían procesar información. Me parecía que su estructura era como una especie de ordenador, una especie de mecanismo informático, pues las paredes de los microtúbulos forman un enrejado hexagonal muy interesante con una bella simetría rigurosa que parece muy apropiada para operaciones de ordenador.

Stuart Hameroff, médico

Los cambios estructurales, el procesamiento de información y la comunicación entre los microtúbulos de las neuronas del cerebro influyen directamente a «un nivel superior» en la creación por parte de las neuronas de las redes llamadas «circuitos neuronales». Pero los microtúbulos resultan ellos mismos afectados, desde el interior de su propia estructura, por un fenómeno cuántico: las proteínas de las que están hechos responden a señales procedentes de un ordenador cuántico interno compuesto sólo por electrones. Hameroff lo explica: «Las fuerzas mecánicas cuánticas que se encuentran en las cavidades del interior de la proteína controlan la forma que adopta la proteína. Lo cual, a su vez, controla la actividad de las neuronas, de los músculos y nuestra conducta. Así pues, el cambio de forma de las proteínas constituye un punto de amplificación entre el mundo cuántico y nuestra influencia en el mundo clásico en todo lo que hace la humanidad, ya sea bueno o malo».

Hameroff opina también que la contracción espontánea (OR) de los microtúbulos, que ocurre aproximadamente unas cuarenta veces por segundo, es lo que provoca un «momento de consciencia». Nuestra consciencia no es continua; es una secuencia de momentos «¡ajá!». Según él, «la consciencia es como una rueda dentada que recorre el espacio-tiempo; es una secuencia de momentos "ahora": ahora, ahora, ahora...».

¿Es el cerebro cuántico? No tengo ni idea. Pero no encuentro otra manera de explicar cómo sé que está a punto de pasar algo o que alguien está pensando en mí o que alguien se da cuenta de que yo estoy haciendo lo mismo. Significaría que hay algo en mi cabeza que está conectado a una superautopista de información independiente del tiempo o del espacio. Me suena sospechosamente a cuántico.

MARK

¿Dónde tiene lugar la consciencia?

¿Cuál es el punto de encuentro entre el reino intangible del pensamiento y la consciencia que constituye nuestra experiencia subjetiva interna y el cacao bioquímico con carga eléctrica del cerebro?*

Hameroff opina: «No soy un idealista, como el obispo Berkeley o como los planteamientos hindúes, para los que la consciencia lo es todo. Tampoco soy un "copenhagenista" puesto que no creo que la consciencia cause la destrucción de un gran número de posibilidades y elija la realidad entre todas ellas. Creo que me encuentro en el término medio. La consciencia existe en el límite entre el mundo clásico y el cuántico. Soy más bien un budista cuántico, ya que pienso que existe una mente universal protoconsciente a la que accedemos y que puede influir en nosotros. Se halla, no obstante en el nivel funda-mental del universo, en la escala de Planck».

No hemos hablado aún de la escala de Planck, pero constituye un aspecto importante de la teoría de Penrose-Hameroff. La escala de Planck (llamada así por el teórico de la física cuántica Max Planck) es la distancia más pequeña cuantificable. Es 10^{-33} centímetros, es decir, ¡10 billones de billones de veces (no, no es una errata) menor que un átomo de hidrógeno! Según Hameroff, ese nivel fundamental del universo...

... es un gran almacén donde se encuentran la verdad, los valores éticos y estéticos y los precursores de la experien-

* ¡Aquí está la cocina cuántica!

cia consciente listos para influir sobre todas y cada una de nuestras percepciones y elecciones conscientes. Estamos conectados al universo e interconectados con todos los demás a través de esa omnipresencia omnisciente, un mar de sentimientos y subjetividad. Si estamos atentos y no actuamos precipitada o irreflexivamente, nuestras elecciones pueden ser guiadas divinamente. El corolario espiritual es inevitable, aun cuando Penrose lo eluda. La computación cuántica que tiene lugar en nuestro cerebro conecta nuestra consciencia al universo «funda-mental».

En la dinámica clásica determinista no hay lugar para una verdadera aleatoriedad, pero sin una fuente de aleatoriedad no existen las opciones... La única fuente conocida de la completa libertad de acción está en la naturaleza cuántica de la materia.

Jeffrey Satinover, físico

El libre albedrío y las cajas chinas

Satinover, físico que al igual que Stuart Hameroff está imbuido de física cuántica, ha escrito un libro denominado *The Quantum Brain: The Search for Freedom and the Next Generation of Man (El cerebro cuántico: la búsqueda de la libertad y la próxima generación del hombre).* Y aunque es reacio a utilizar la «C» de cuántico en las artes culinarias, ha sorprendido con un argumento sólido y riguroso que muestra que «el funcionamiento del sistema nervioso, y el modo específico en que lleva a cabo los efectos del mundo cuántico (un modo muy diferente, específico, no general, ni confuso, ni impreciso), da pie innegablemente a pensar que el libre albedrío es una posibilidad que no viola los principios científicos modernos». La tesis de Satinover está directamente relacionada con la estructura de niveles descrita anteriormente. Defiende que la única posibilidad de libre albedrío que poseemos radica en el no-determinismo del nivel cuántico de la existencia, en la aleatoriedad y en el hecho de que sea *la probabilidad*, y no la absoluta certeza, lo que gobierna la realidad cuántica.

En el macronivel, en la física clásica a gran escala, todos los acontecimientos, desde la órbita de los planetas a los movimientos de las moléculas, son mecánicos y están determinados por leyes matemáticas precisas. Así, solamente serían factibles el libre albedrío y la elección, si la aleatoriedad del nivel cuántico repercutiera de un modo u otro en el macronivel.

«En el ámbito cerebral —dice Satinover— las redes neuronales producen una inteligencia global que está asociada con el cerebro como un todo. Pero si observamos las neuronas de una en una, vemos que el interior de cada una de ellas revela una implantación física distinta del mismo principio. Y, de hecho, en cualquier escala a la que descendamos, vemos que, como ocurre en las cajas chinas que encajan unas dentro de otras, cada elemento individual de procesamiento tiene innumerables elementos de procesamiento más pequeños en su interior».

Comenzando por la escala más pequeña o «más baja», el proceso por el que la proteína se pliega, proceso que según Stuart Hameroff tiene lugar dentro de los microtúbulos, «obedece en definitiva a la misma dinámica de autoorganización matemática por la cual una red neuronal procesa la información. Y aquí es donde aparece de verdad el concepto de cerebro cuántico. No es que el cerebro en cuanto entidad global sea una entidad cuántica, lo que ocurre más bien es que los resultados cuánticos producidos en el nivel más bajo no sólo pueden reproducirse amplificados en los niveles superiores, sino que tienen que hacerlo así necesariamente, dada la disposición del sistema nervioso a modo de cajas chinas que encajan unas dentro de otras...».

Según esta teoría, el cerebro está específicamente diseñado para magnificar los efectos cuánticos y proyectarlos «hacia un nivel superior», hacia elementos de procesamiento cada vez mayores, hasta alcanzar el nivel del cerebro.

En resumen, como dice Satinover, «la física cuántica permite que el fenómeno intangible de la libertad se entrelace con la naturaleza humana... La incertidumbre cuántica apuntala el funcionamiento del cerebro humano en su totalidad». Y ello sucede porque el cerebro «funciona como un procesador que tiene su paralelo en todas las escalas, desde la corteza cerebral hasta las proteínas individuales».

Lo que nos gustaría determinar en última instancia es la física de la consciencia. ¿Qué es la consciencia? ¿De dónde viene? ¿Cuál es el origen de la consciencia? ¿Cuáles son los límites del potencial humano? Creo que ahora estamos en situación de responder a estas cuestiones realmente, si bien es cierto que aún no hay consenso al respecto en la comunidad científica. Planteasteis estas preguntas en la primera película; ahora estamos a punto de poder contestarlas.

John Hagelin, físico

La intención y el efecto Zenón Cuántico

El efecto Zenón es la vieja paradoja de que si el conejo que está cazando a la tortuga recorre cada vez la mitad de la distancia que hay entre él y la tortuga, nunca la alcanzará.

Las investigaciones sobre mente/materia se centraron, al menos en cuanto a la mente se refiere, en torno al papel de la intención, el acto por el cual, con permiso del libre albedrío, se elige el efecto que va a ser observado en el mundo exterior. Y aunque hay indicios de que la intención es la clave, el *cómo* funciona esa clave está ahí para quien quiera descubrirlo.

Henry Stapp, físico teórico, ha aportado a esta área de estudio el formalismo matemático de la teoría de la mecánica cuántica de Von Neumann. Según la teoría de Von Neumann existen tres procesos de observación (véase «El observador».) El primero consiste en plantear la pregunta. Según el doctor Stapp:

> Una característica importante de las reglas dinámicas de la teoría cuántica es la siguiente: supongamos que un acontecimiento del proceso 1 que lleva a un resultado «Sí», está seguido por una secuencia rápida de acontecimientos muy similares del proceso 1. Es decir, supongamos que se lleva a cabo una secuencia de actos de intención muy similares y que transcurren en una sucesión muy rápida.
>
> En ese caso, las reglas dinámicas de la teoría cuántica implican, con un alto grado de probabilidad, que los resultados de la secuencia sean «Síes»; el estado «Sí» se mantendrá en el sitio, con un alto grado de probabilidad, debido a la rápida sucesión de actos intencionales. En virtud de las leyes cuánticas del movimiento, una intención firme manifestada mediante actos intencionales similares realizados a gran velocidad, tenderá a mantener en el sitio al modelo asociado para el movimiento.
>
> Las «elecciones libres» por parte del agente controlan el tiempo de las acciones del proceso 1. Si a las reglas del supuesto de Von Neumann le añadimos la presunción de que se puede incrementar la rapidez de acciones similares del proceso 1 mediante el esfuerzo mental, obtendremos que ¡el esfuerzo mental tiene un efecto potencialmente po-

deroso en la actividad cerebral! Al efecto de «mantener en el sitio» se le llama efecto Zenón Cuántico.

Lo que esto viene a decir es que manteniendo continuamente la misma intención una vez y otra y otra, haciendo al universo la misma pregunta una y otra vez, alteramos la probabilidad cuántica alejándola de la aleatoriedad. ¿Sería esto lo que pasó en el juicio de O. J. cuando 100 millones de personas se preguntaban si era culpable o no culpable?

Cocina cuántica después de todo

Hasta ahora tenemos que la experiencia de la consciencia en el cerebro surge de la desintegración espontánea de la función de onda en los microtúbulos. En la consciencia existe la opción del libre albedrío, o de la elección, debido a la organización de los acontecimientos cuánticos que, a modo de cajas chinas, se repiten ampliándose en los niveles superiores. Al ejercitar el libre albedrío, mantenemos en el cerebro un resultado dado y replanteamos la pregunta con una rapidez arbitraria (lo que da la sensación de ser algo continuo como sugiere «mantener», pero en realidad es una secuencia de momentos «ahora»), para así influir en las probabilidades del mundo cuántico.

Si quisiéramos contemplarlo de una manera poética, diríamos que el ser humano parece estar diseñado para desarrollar al máximo la libertad disponible en su estructura material hasta alcanzar un grado que mimetice la creación del universo mismo.

Jeffrey Satinover, físico

Esto es con toda seguridad un verdadero guiso de ideas cuánticas, hechas para producir un trozo de realidad.

O, como dice el Libro de Cocina Cuántica:

- Coja unos cuantos billones de microtúbulos; deje que se autocontraigan en una salsa reducida (objetiva).
- Cuando la incertidumbre cuántica llegue a ebullición desde el fondo de la cazuela (cerebro), separe una de las pompas del resto de las (posibles) pompas.
- Mantenga esa pompa sobre el fuego de la consciencia hasta que se vuelva una masa sólida (realidad transformada).
- Perciba el sabor. ¡Oh! Es un buen sabor para percibir...

Reflexiona un rato sobre esto....

- Dado que el concepto de preguntar (proceso 1) supone un elemento importante en la desintegración (proceso 3), ¿te explica esto la importancia de las Grandes Preguntas?
- ¿Por qué crees que te preguntamos tanto?

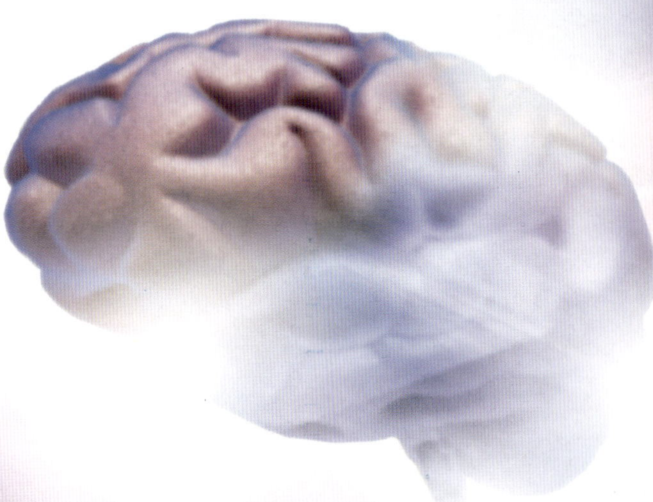

CEREBRO 101

El cerebro actúa como un laboratorio. Es un arquitecto. Diseña los modelos y encaja las piezas.

JOE DISPENZA

Es curioso que la humanidad haya explorado el fondo del océano y las lunas de los planetas y haya creado toda clase de tecnología asombrosa y, sin embargo, todo lo relativo al cerebro siga aún envuelto en el misterio. Los científicos se ven forzados a introducir en sus modelos teóricos los efectos cuánticos, la teoría de la complejidad y los modelos holográficos, con el fin de explicar cosas básicas como la percepción, la consciencia y la memoria.

No es sorprendente. Se calcula que hay más conexiones posibles en un cerebro humano que átomos en todo el universo. Su funcionamiento es increíble, incluso el de un cerebro pequeño. Se estima que el superordenador más potente tardaría días en resolver cómo puede posarse un pájaro sobre una rama en el viento, *si* es que lograra hallar la solución. Puede que sea un problema irresoluble hablando en términos de informática; no obstante, el cerebro de los pájaros lo hace constatemente y en nada de tiempo.

Los modelos tradicionales comparan el cerebro con una centralita telefónica o con un superordenador. Pero esas comparaciones evocan la imagen de un armatoste con aspecto de máquina y el cerebro no es así; es un órgano muy vivo, plástico y flexible, capaz de aprender, de comprender y de reestructurarse dinámicamente en función de nuestras exigencias.

Aunque a la ciencia le falta mucho todavía para entender el alcance total de la capacidad cerebral, ya se conocen muchas cosas. Sabemos que el cerebro es la estructura más compleja del planeta y, por tanto, del universo conocido. Dirige y regula todas las actividades corporales, desde el ritmo cardiaco, la temperatura, la digestión o el funcionamiento sexual, hasta el aprendizaje, la memoria y las emociones. Y aunque no sabemos muy bien cómo funciona, lo que sí sabemos responde a muchas preguntas relativas a por qué hacemos lo que hacemos.

En palabras del investigador del cerebro Andrew Newberg:

> El cerebro es capaz de hacer millones de cosas distintas. Las personas deberían enterarse de lo increíbles que son ellas y de lo increíbles que son sus mentes en realidad. No sólo tenemos esa cosa inaudita en la cabeza capaz de hacer muchísimas cosas por nosotros y de ayudarnos a aprender, sino que puede cambiar y adaptarse y hacernos mejores de lo que somos. Nos puede ayudar a trascender.

Lo que sigue es una versión simplificada de la estructura y del procesamiento del cerebro. Su estudio es un área sumamente fascinante. Lo que comentamos aquí es sólo lo básico que necesitamos saber para entender cómo interactúa esa estructura con nuestra experiencia diaria del mundo y de nosotros mismos.

Datos asombrosos sobre el cerebro

- El cerebro es como mínimo mil veces más rápido que el superordenador más veloz del mundo.
- El cerebro contiene tantas neuronas como estrellas hay en la Vía Láctea, unos cien mil millones.
- El número de sinapsis en la corteza cerebral es de 60 billones.
- Un trocito del cerebro del tamaño de un grano de arena contiene cien mil neuronas y mil millones de sinapsis.
- El cerebro está siempre funcionando, nunca se apaga y ni siquiera descansa en toda nuestra vida.
- El cerebro se reestructura continuamente a lo largo de la vida.

Neuronas y circuitos neuronales

El cerebro está compuesto por unos cien mil millones de células nerviosas diminutas llamadas *neuronas*. Cada neurona tiene entre mil y diez mil *sinapsis* o puntos donde se conectan con otras neuronas. Las neuronas utilizan las conexiones para formar redes entre ellas. Estas células nerviosas combinadas o conectadas forman lo que se llaman redes o *circuitos neuronales*. Para que te hagas una idea, cada circuito neuronal representa un pensamiento, un recuerdo, una habilidad, un dato, etc.

Sin embargo, los circuitos neuronales no están aislados. Están todos interconectados y la interconexión entre ellos es lo que construye ideas, recuerdos y emociones complejas. Por ejemplo: el circuito de «manzana» no es una simple red de neuronas. Es una red mucho mayor que se conecta con otras redes, como los circuitos de «rojo», «fruta», «redondo», «riquísimo», etc.

Todos tenemos nuestra propia colección de experiencias y habilidades representada en los circuitos neuronales del cerebro.

Como dice el doctor Dispenza, todas esas experiencias conforman, neurológicamente, la estructura de lo que tiene lugar en nuestra percepción y en nuestro mundo; cuando nos llegan estímulos de nuestro entorno, «determinadas partes de los circuitos neuronales se van a pulsar o a activarse y van a provocar cambios químicos en el cerebro». Esos cambios químicos, a su vez, producen reacciones emocionales, distorsionan nuestras percepciones y condicionan nuestras respuestas ante la gente y ante los acontecimientos de nuestra vida.

Cada vez que siento la necesidad de hacer un cambio en un modelo o hábito, me siento y visualizo el cerebro y luego los circuitos neuronales. Encuentro los circuitos que están conectados con el hábito en particular y veo cómo se separan y desaparecen. Observo mi cerebro reestructurándose en algo nuevo.

BETSY

Las células nerviosas que se activan a la vez se interconectan

Una regla fundamental de la neurociencia es que *las células nerviosas que se activan a la vez se interconectan*. Si se hace una cosa una vez, un conjunto de neuronas sueltas formará una red en respuesta, pero si esa conducta no se repite, no «dejará una profunda huella» en el cerebro. Cuando se practica algo una y otra vez, las células nerviosas crean una conexión cada vez más fuerte entre ellas y se hace cada vez más fácil activar esa red.

Si se sigue pulsando el botón de repetición de los circuitos neuronales, los hábitos se fijarán cada vez más sólidamente y serán difíciles de cambiar. Cuando una conexión se usa una y otra vez, se fortalece y se consolida; es como forjarse un camino a través de la hierba alta a fuerza de andar y andar sobre ella. Puede ser ventajoso (se llama aprendizaje) pero también puede dificultar la alteración de un modelo de conducta no deseado.

Afortunadamente, también se da el caso opuesto: *las células nerviosas que no se activan a la vez dejan de interconectarse*. Pierden la larga relación que tenían. Cada vez que interrumpimos un proceso mental o físico que se refleja en una red neuronal, las células nerviosas y los grupos de células que están conectadas entre sí empiezan a romper su comunicación. El Joe Dispenza lo compara con una experiencia que hemos tenido la mayoría de nosotros. Cuando nos licenciamos en la universidad y nos separamos de nuestro compañero de habitación con el que habíamos compartido tantas cosas, prometimos mandarnos postales una vez al mes o así, para mantener la amistad y contarnos el uno al otro qué tal nos iba. A medida que pasaba el tiempo, empezamos a mandar tarjetas solamente en Navidad y la relación empezó a debilitarse y a desvanecerse.

Esa conclusión refleja exactamente lo que ocurre dentro del cerebro. A medida que pensamos menos en nuestro compañero de habitación, va disminuyendo la conexión entre los circuitos neuronales hasta que desaparece por completo. Lo que pasa es que las finísimas *dendritas* o prolongaciones del cuerpo celular que se conectan con otras células, se desenganchan y quedan libres para reengancharse con otras células nerviosas, permitiendo así que desaparezcan viejas pautas y formando otras nuevas en potencia.

> Si hacemos algo una vez y otra y otra más, por el mero hecho de estar repitiéndolo, el proceso de aprendizaje de lo que quiera que estemos aprendiendo empieza a ser simple y a hacerse automático. Empieza a resultarnos familiar. Empieza a ser fácil. Empieza a ser natural y empieza a volverse subconsciente.
>
> Joe Dispenza

Aprendizaje

La tradición védica se funda en la premisa de la unidad última de la vida y en la capacidad del cerebro humano, un instrumento verdaderamente precioso del universo, para experimentar directamente y vivir esa unidad esencial. Y si miramos detalladamente la estructura del cerebro humano, veremos que está diseñado específicamente y concebido cuidadosamente para experimentar el campo unificado, para experimentar la unidad de la vida.

John Hagelin, físico

El cerebro aprende de dos maneras principalmente. La primera es a través de datos intelectuales y objetivos que llegamos a dominar y/o memorizamos. Por ejemplo: estudiamos historia y memorizamos nombres y fechas, o leemos a Platón y sacamos conclusiones sobre su concepto de gobierno ideal. Cada nombre, cada fecha y cada argumento lógico amplía las redes neuronales del cerebro. Cuanto más repasamos el material, más firmemente se fija en la memoria, porque se fortalecen las redes neuronales.

La segunda forma en que el cerebro aprende, una forma más eficaz en general, es a través de la experiencia. Podemos leer un libro sobre cómo montar en bicicleta y hacernos una idea de cómo se hace procesando intelectualmente información acerca del frenado cuesta arriba o cuesta abajo, o cómo se mantiene el equilibrio, o de lo tensos que deberían estar los radios. Pero toda esa información no se unifica hasta que no nos montamos realmente en la bici y empezamos a pedalear.

Con independencia del tipo de método utilizado, el aprendizaje consiste en combinar esencialmente circuitos neuronales para formar otros nuevos. En el ejemplo de la manzana, no había meramente un simple circuito de «manzana», sino que manzana se unía con los circuitos de redondo, rojo y demás. Aprender de verdad es construir estructuras nuevas sobre la base de estructuras previas. Observa a un bebé y verás que los conceptos básicos se forman con la experiencia, por lo general.

Recuerda el párrafo "Una matriz de palabras" del capítulo «¿Por qué no somos magos?» (¡date cuenta de que has formado una red sobre eso!). En él había un ejercicio en el que tenías que unir una serie de palabras estableciendo relaciones distintas. Cada unión dotaba de significado a los conceptos relacionados. Y cuanto más examinaban las distintas uniones relacionales, mejor se entendía el concepto. Así es como aprende y se interconecta el cerebro. Y por eso, examinar de nuevo ideas y creencias esenciales cambia la vida. Al examinarlas de nuevo, podemos repasar todas las relaciones y encontrar suposiciones sepultadas que nos provocan reacciones a través del proceso denominado «memoria asociativa».

HISTORIA DE UNA PERSONA CON MEDIO CEREBRO, POR JEFFREY SATINOVER

Hay una historia famosa sobre un residente de radiología en el Baylor College of Medicine, que tuvo lugar en los primeros tiempos de los TAC. Le hicieron un TAC de la cabeza, no porque tuviera algún problema, sino simplemente porque estaban aprendiendo todo lo relativo a los TAC. Y resultó que le faltaba la mitad del cerebro, una mitad entera. Es algo poco común, pero a veces ocurre...

Era un médico residente tan bueno como cualquier otro. Tal vez sea ésta una oportunidad para que los abogados hagan bromas sobre los médicos, pero el hecho es que él no necesitaba el cerebro completo. Eso no significa, sin embargo, que se pueda, o que se podría, funcionar con sólo la mitad del cerebro. Se explica porque las funciones se distribuyen por la parte disponible del cerebro, sea la que sea. Y las redes neuronales funcionan así por naturaleza.

Memoria asociativa

Con más conexiones neuronales posibles que átomos hay en el universo, el cerebro tiene un gran problema: cómo encontrar un recuerdo. Si el clásico tigre de la selva se cruzara en tu camino, o se te abalanzara la tía Rosie con aspecto de estar un poco bebida, ¿cómo encontraría el cerebro el recuerdo correcto *rápidamente*? Las emociones le ayudan.

Las emociones, que son en sí mismas y en parte circuitos neuronales, están conectadas con todos los demás circuitos neuronales. Esas conexiones permiten que el cerebro encuentre en primer

Una vez escribí todos los pensamientos que tuve durante una hora más o menos. Me quedé atónito y asombrado al ver cómo un pensamiento llevaba a otro formando una larga cadena de ideas que aparentemente no estaban relacionadas: *oh, tengo que llamar a Barry hoy, ya sabes, me gusta su restaurante, el chef hace una ensalada de carne maravilosa; una noche esa actriz tan atractiva y divertida apareció en el restaurante con el pelo largo y rizado al estilo de los rastafaris, me recuerda a esa otra modelo tan rara con la que trabajé en Suráfrica hace 15 años, ¡guau!, las puestas de sol eran increíbles y también aquel rinoceronte blanco al que seguimos la pista por la maleza, desde el amanecer hasta el anochecher.* Y todo esto vino de querer acordarme de llamar a Barry. Fue entonces cuando me di cuenta de por qué mis pensamientos tardan tanto tiempo en manifestarse y los resultados de mis creaciones son tan tortuosos.

MARK

¿Significa eso que las emociones son buenas o malas? No. Las emociones están diseñadas para reforzar químicamente algo en la memoria a largo plazo. Para eso las tenemos.

Joe Dispenza

lugar los recuerdos más importantes. También aseguran que no se olvide rápidamente algo importante, como no meter la mano en el horno, por ejemplo. A ello se debe que todo el mundo recuerde dónde estaban y qué estaban haciendo cuando se enteraron de que las Torres Gemelas se venían abajo el 11 de septiembre, o de que habían disparado contra el presidente Kennedy.

El capítulo «Emociones» trata de la forma en que la memoria asociativa afecta a nuestra conducta y nuestra reacción ante el mundo, pero hay una función importante relacionada con el cerebro que debemos repasar ahora. Hemos dicho que las emociones son, en parte, circuitos neuronales. Por otro lado, los circuitos neuronales de las emociones están conectados con un pequeño órgano del cerebro, el hipotálamo. El hipotálamo toma las proteínas y las sintetiza convirtiéndolas en neuropéptidos o neurohormonas. Y todos sabemos lo que hacen las hormonas, al menos todo el que ha pasado la pubertad lo sabe: ¡preparan el cuerpo para la acción!

Si nos cruzáramos con un tigre, un tigre hambriento, el hipotálamo segregaría sustancias químicas para conseguir que el cuerpo esté preparado para correr. La sangre abandonaría el cerebro y la parte central del cuerpo y se dirigiría hacia las extremidades: «Huye o pelea».

Las emociones evalúan rápidamente la situación, de hecho sin que lo pensemos siquiera, y mandan a los mensajeros químicos para pelear o huir, para sonreír o fruncir el ceño.

El inconveniente de la memoria asociativa es que, como percibimos la realidad y tratamos las experiencias nuevas basándonos en nuestra base de datos mentales/neuronales almacenados del pasado, nos resulta difícil ver qué es lo que hay ahí fuera en ese momento. La tendencia, por el contrario, es remitirnos justamente a experiencias del pasado, lo que daría la impresión de que creamos un día perpetuo como en la película *Atrapado en el tiempo*, donde un día tras otro siempre pasa lo mismo.

Y ¿a quién le pasaría siempre lo mismo? ¿Quién reaccionaría ante situaciones basadas en el pasado? El grupo de circuitos neuronales tremendamente unificado que hemos estado llamando «personalidad». Al igual que todas las células del cuerpo se unen unas con otras y se interrelacionan para producir un organismo que funciona, las redes neuronales se interrelacionan, o se asocian, para producir esa entidad que concebimos como nuestra personalidad. Todas las emociones, los recuerdos, los conceptos y las actitudes están codificados neurológicamente y se interconectan dando como resultado lo que ha recibido diversas denominaciones: el ego, el hijo del hombre, el ser inferior, lo humano, la personalidad.

Esto nos permite entender por qué un cerebro inflexible da lugar a una personalidad inflexible, invariable y rígida. La personalidad puede cambiar de preferir un capuccino a un café con leche, pero ese cambio no produce realmente un cambio de personalidad. Hay un millón de redes que permanecen igual, de modo que la suma de todas ellas sigues siendo «tú». Aunque todo esto suene bastante horrible, afortunadamente el cerebro fue creado para llevar a un espíritu encarnado en él hasta alcanzar la iluminación, y por eso viene equipado con la neuroplasticidad.

Al cerebro le gustan las sorpresas. Después de una sorpresa, la neuroplasticidad del cerebro se incrementa un montón. Es fácil ver el por qué: supón que vas andando por el corazón de la selva y la tía Rosie en leotardos salta frente a ti. ¡Sorpresa! El cerebro tiene que acelerar inmediatamente para encontrar una forma de afrontar una situación nueva. Tienen que activarse instantáneamente conexiones para reunir todas las soluciones posibles y ayudarte a escoger entre ellas. Tienes que procesar la información rápidamente para sobrevivir. La neuroplasticidad aumenta también después de la risa. Y como la neuroplasticidad es el primer ingrediente del aprendizaje, aprendes mejor tras una buena carcajada.

Neuroplasticidad

El personaje de Bill Murray en *Atrapado en el tiempo* cambia finalmente la conducta que le mantiene atrapado en el tiempo; bien, pues todo el mundo tiene esa opción. Es posible romper la interconexión de los circuitos neuronales del cerebro, cambiar de hábitos y ganar libertad. La clave está en la capacidad natural del cerebro para formar conexiones nuevas. La neuroplasticidad es el término que define la capacidad del cerebro para establecer esas conexiones nuevas; en otras palabras, para que las neuronas se conecten con otras neuronas.

Si antes se creía que en la adolescencia el cerebro ya estaba bien equipado para la vida, investigaciones más recientes han confirmado no sólo que el cerebro es muy plástico y maleable incluso en la ancianidad, sino también que *crea células nuevas*. Como explica el doctor Monti:

La buena noticia es que tenemos un potencial enorme para cambiar el tipo de conductas y de fórmulas características en las que hemos caído. Y ese potencial de cambio, en nuestro sistema nervioso y en toda nuestra fisiología, es tremendo.

De hecho, si has escuchado y recordado alguna cosa que he dicho, tu organismo funciona de manera diferente. Ese recuerdo se ha codificado y tu estructura genética ha cambiado. Mientras que antes se hablaba del sistema nervioso como algo muy rígido que no tenía mucha capacidad de cambio, ahora se sabe que no es cierto en muchos niveles. El sistema nervioso tiene una plasticidad tremenda, que significa básicamente capacidad de cambio.

Creer que nuestro crecimiento se detiene en la adolescencia es tener, en palabras de John Hagelin, «una visión primitiva del potencial humano».

La tradición védica no sólo habla del campo unificado, sino que lo describe de manera precisa y proporciona técnicas de experiencia y técnicas de meditación para experimentarlo y vivirlo. Y en la práctica, las ventajas de vivir la unidad de la vida son inmensas. Podría citar centenares de estudios sobre los enormes beneficios mentales y para la salud que se obtienen cuando se consigue que el cerebro funcione de manera ordenada y metódica.

El funcionamiento cerebral coherente se produce cuando experimentamos la unidad en el interior, y se traduce en un aumento del cociente intelectual, en un incremento de la creatividad, en una mayor capacidad de aprendizaje y en una mejora en los resultados académicos, así como en el razonamiento moral, la estabilidad psicológica, la madurez emocional, en tener reacciones más rápidas y en estar más despierto. Todo lo bueno del cerebro depende de que funcione ordenadamente.

Al investigar sobre el cerebro para la película, tropezamos con eso de que las sorpresas y la risa aumentan el aprendizaje. ¡Ajá! Por eso hicimos la escena de Marlee y el espejo (en la que Amanda, la heroína, experimenta una explosión de odio a sí misma y después una revelación) justo después de la divertida fiesta de la boda. Con la fiesta pretendíamos que la audiencia se riera a carcajadas y darle un descanso después de la información intelectual seria. Nadando en neuroplasticidad, la audiencia reestructura el cerebro para que acepte toda esa información, hace borrón y cuenta nueva para que le sea más fácil aceptar la experiencia de Marlee como si fuera suya.

WILL

En la actualidad, estudiantes de cualquier edad pueden lograr, a lo largo del tiempo y mediante un trabajo sistemático, que el cerebro funcione de manera más ordenada y metódica, incluso una vez cumplidos los dieciséis años, cuando se suponía tradicionalmente que el cociente intelectual empezaba a deteriorarse. «Desde aquí todo va cuesta abajo», solía creerse, pero hoy en día no es así. Ésa es una visión primitiva del potencial humano. *Estamos destinados, planeados y concebidos para evolucionar en creatividad e inteligencia a lo largo de la vida;* ahora bien, para lograrlo, tenemos que acceder a la capacidad innata del cerebro, y la herramienta o la llave para desarrollar realmente el cerebro en términos holísticos es la experimentación de la realidad holística, el estado meditativo, la denominada experiencia espiritual.

El lóbulo frontal y la elección libre

El factor principal que distingue a los seres humanos de todas las demás especies es nuestro gran lóbulo frontal y su proporción con respecto al resto del cerebro. El lóbulo frontal es el área del cerebro que nos capacita para centrar la atención y para concentrarnos. Es fundamental para la toma de decisiones y para mantener un propósito firme. Nos capacita para extraer información de nuestro entorno y de nuestro almacén de recuerdos, para procesarla y para tomar decisiones o hacer elecciones distintas a las que hemos tomado o hecho en el pasado.

Muchas elecciones, sin embargo, distan mucho de ser libres. Gran parte de nuestra conducta está formada por respuestas condicionadas a estímulos, respuestas que pueden ser aprendidas o automáticas. El doctor Dispenza pone el siguiente ejemplo: «Si estuvieras en un callejón oscuro y yo te amenazase, tu elección normal estaría basada en una respuesta fisiológica al miedo, lo que significa que tu mecanismo corporal te daría la señal de "corre para salvar la vida" o la de "quédate donde estás y pelea". Un proceso similar tiene lugar cuando se activan otras redes neuronales que producen respuestas automáticas, como por ejemplo tu reacción ante alguien que conoces, o encender un pitillo o dirigirte a la nevera cuando te sientes estresado. Esas respuestas habituales y automáticas a duras penas pueden calificarse de "elecciones"».

Por supuesto que tenemos libre albedrío. Reside en la corteza (lóbulo) frontal y podemos entrenarmos para hacer elecciones más inteligentes y para ser conscientes de las elecciones que hacemos.

Candace Pert, psicóloga

Una segunda manera de hacer elecciones se produce cuando nos separamos conscientemente del entorno y sus estímulos, nos apartamos de nuestra conducta habitual o biológica y nos convertimos en observadores. Desde esa silenciosa posición ventajosa, como dice el doctor Dispenza, podemos «razonar cuidadosamente sobre la base de lo que sabemos... El lóbulo frontal toma la información que hemos elaborado a lo largo de la vida a través de la experiencia y de datos intelectuales objetivos, y dice "entiendo ese circuito neuronal" y "entiendo este otro circuito neuronal", pero ¿qué pasaría si cogiera esos dos circuitos y combinara esos dos conceptos para construir un modelo nuevo, un ideal nuevo, una pauta nueva?».

Volvemos al observador. Como señala el doctor Wolf:

> Parece increíble que el observador tenga algún poder en el mundo. En un sentido, el observador no tiene ningún poder, pero en otro sentido, tiene una cantidad tremenda de poder. En el sentido de no tener poder, como si dijéramos, llevamos a cabo las observaciones de la misma manera en que lo hacíamos antes, una y otra vez, en un sentido repetitivo, hasta que llega un punto en el que ya no vemos el papel que desempeñan nuestras observaciones, porque se han vuelto algo habitual. Es como si fuéramos adictos a algo. Perdemos poder de observación. Cuando lo recuperamos, vemos que, mediante las elecciones, podemos realmente alterar, refrenar o cambiar lo que vemos «ahí fuera».

En el primer caso, la elección la hacen los circuitos neuronales biológicos. El cerebro reacciona ante el entorno y ciertas partes del cerebro activan centros automáticos que provocan que el cuerpo responda, como el clásico «reflejo rotular» que se produce cuando el médico te da un golpecito en la rodilla. En el segundo caso, como dice Dispenza, «la consciencia se mueve por todo el cerebro y lo utiliza para examinar sus opciones y posibilidades». En vez de que el cerebro tenga el piloto automático puesto y nos conduzca, nosotros empezamos a utilizar el cerebro. La consciencia empieza a tener dominio sobre el cuerpo.

La consciencia, el observador, la intención y el libre albedrío

Parece lógico que el artilugio físico más maleable, complejo y sofisticado sea el punto de contacto entre el mundo «intangible» del espíritu y el mundo material «tangible». Y que refleje los procesos de ambos mundos. «Arriba como abajo, fuera como dentro».

Ya hemos examinado antes estos conceptos. Y aquí estamos de nuevo mirándolos otra vez dentro del cerebro, la estructura más compleja del universo conocido.

Recuerda que en el mundo cuántico: (proceso 1) nos proponíamos hacer una pregunta sobre la realidad, entonces (proceso 2) surgían las posibilidades y (proceso 3) la observación las desintegraba y transformaba en una elección definida. Lo que dice el doctor Dispenza es que es posible desintegrar la elección y transformarla en una vida nueva: «Quizá sólo somos malos observadores. Quizá no dominamos el arte de la observación y tal vez sea un arte. Puede que seamos tan adictos al mundo externo y al estímulo y respuesta del mundo externo que el cerebro empieza a trabajar a partir de la respuesta en vez de a partir de la creación. Si se nos ha dado el conocimiento adecuado y el entendimiento adecuado y tuviéramos la instrucción adecuada, deberíamos empezar a ver resultados medibles en nuestras vidas».

Las herramientas para el cambio y la transformación están trabajando…

Y el cómo te SIENTES sobre ello determinará finalmente qué herramientas utilizarás y cuáles permanecerán guardadas en la caja. Pero eso es el próximo capítulo.

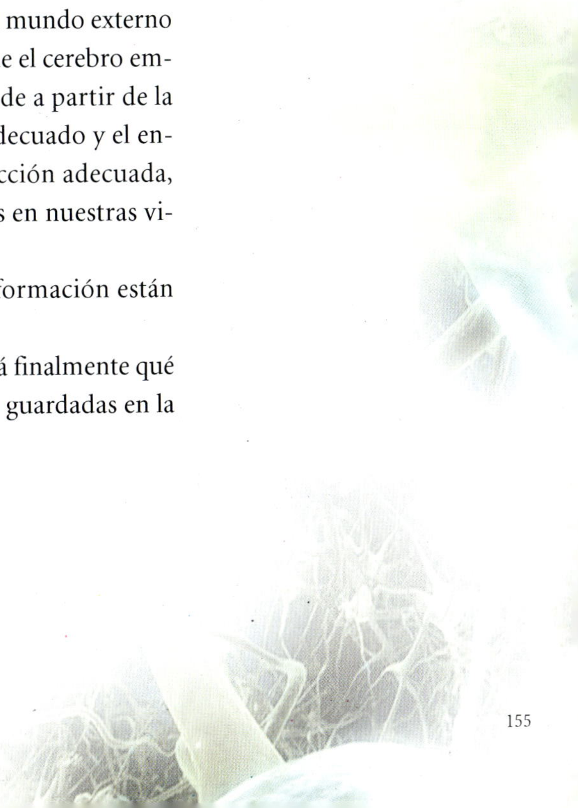

Reflexiona un rato sobre esto…

- Haz una lista de tres conceptos o circuitos neuronales que asocies con la felicidad.
- Ahora haz una lista de tres circuitos neuronales asociados con los que has escrito en la lista anterior. ¿Cuántos niveles recorres antes de volver serpenteando a la felicidad?
- ¿Puedes pensar en una manzana sin pensar en algo redondo?
- Activa el circuito neuronal de LÁPIZ. Ahora activa el circuito de tu comida favorita. ¿Te sientes diferente?
- Acabamos de pasar 20 minutos intentando dar con una imagen con la que no tuvieras asociaciones. La mejor que pudimos encontrar fue LÁPIZ. ¿Puedes pensar en algo con lo que no tengas asociaciones?

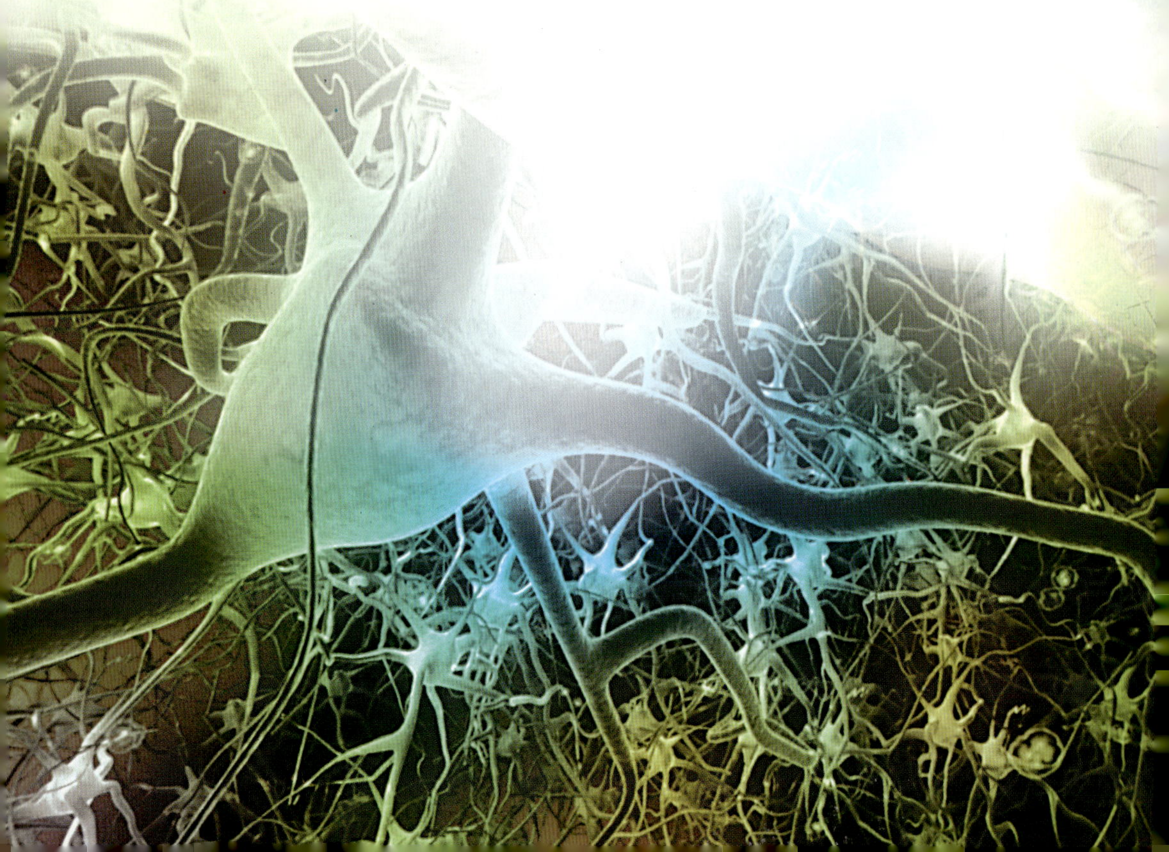

Nada es bueno o malo, sólo el pensar en ello hace que sea bueno o malo.

«¡Vayamos de juerga!».
—Casi todos estaríamos de acuerdo

Aquí están, las emociones. ¡Por fin nos vamos a divertir! Basta de cerebritos, de calentarnos el coco y de «reflexiona un rato». Salimos de la lección del cerebro y nos metemos en.... bueno, la diversión! ¡Emociones! Alegría, tristeza, esperanza, desesperación, pasión, anhelo, ganar, perder y más y más, la música continúa.

¿Existiría el rock and roll sin emociones? ¿Existirías tú? Pensemos en todo lo que no existiría si no hubiese emociones:

- Concursos de belleza
- Casinos
- Guerras
- Poesía
- Lencería íntima provocativa
- Partidos de fútbol

En definitiva, podemos seguir hasta el infinito pensando en todos los aspectos de la vida humana, buenos, malos y feos, maravillosos, sorprendentes y enriquecedores. ¿Te reirías o sonreirías alguna vez si no existiesen las emociones? Probablemente no. ¡Y ni siquiera te importaría!

Lo mejor de trabajar con Will y Mark fue verme a mí misma y a mis emociones reflejadas otra vez en mí. Siempre que me molestaba con Mark o con Will por alguna actitud o comportamiento, me quedaba pasmada porque me daba cuenta de que eran un reflejo de mi estado emocional. Cuando Will tuvo el momento «ajá» sobre la creación de situaciones en las que podía experimentar el «ya te lo dije», caí en la cuenta de que a mí me pasaba lo mismo. He descubierto que si no puedo poner el dedo en la llaga de mi estado emocional, entonces miro a mi alrededor y veo que se refleja directamente en mí.

BETSY

Las emociones: ¿misticismo o bioquímica?

¿Qué es exactamente una emoción? ¿Una propiedad mística e indefinible de la experiencia, o algo más concreto y tangible?

Siempre se había dicho, en teoría, que las células tenían «receptores» alrededor de la pared exterior de la célula, donde se «descargaban» las sustancias químicas. La teoría sostenía que la estructura química de la droga era lo que le permitía acoplarse a dichos receptores, pero nadie hasta entonces había sido capaz de encontrar los receptores propiamente dichos. Candace Pert encontró los receptores opiáceos alineados en la pared de la célula. Este descubrimiento cambió el aspecto de la biología.

«Una vez que realmente encontramos esos receptores, comenzamos a pensar: ¿por qué los pondría Dios en el cerebro si no fuera para que desempeñaran alguna otra función? Después de meditar durante unos segundos, mucha gente en todo el mundo empezó a pensar que tendría que haber una sustancia natural que se fabricase en el cerebro. Bueno, pues unos tres años después del descubrimiento de los receptores opiáceos, un equipo escocés descubrió que el cerebro fabrica neuropéptidos llamados *endorfinas*».

Las emociones son sustancias químicas que refuerzan una experiencia neurológicamente. Recordamos las cosas más destacadas y más emocionales. Así es como debe ser.

Joe Dispenza

¿Has oído hablar de las endorfinas? Se conocen también como el subidón de los corredores. Son nuestros propios opiáceos generados internamente. Siguieron más investigaciones y los péptidos comenzaron a aparecer por todas partes. La doctora Pert apunta: «En mi laboratorio en el NIH, empecé a elaborar esquemas de receptores de cualquier péptido que alguien hubiera descubierto en cualquier sistema biológico. Y en efecto, siempre que buscaba unos receptores, encontrábamos otros... Hicimos un montón de esquemas detallados de receptores y conseguimos descubrir no sólo receptores opiáceos, sino también otros péptidos, y se encontraban en aquellas partes del cerebro donde se pensaba que se transmitían las emociones».

Tras el descubrimiento, los científicos comenzaron a mirar los receptores y los péptidos con ojos completamente nuevos. Como dice la doctora Pert, «empezamos a considerar los neuropéptidos y sus receptores como *moléculas de la emoción*».

Estaba claro que todo lo que sentimos, cada emoción, produce una sustancia química o un compuesto químico específicos que se corresponde con la emoción. Esas sustancias químicas,

o neuropéptidos, o moléculas de la emoción (MOE), constituyen una cadena de aminoácidos formada por proteínas y se elaboran en el hipotálamo. «El hipotálamo —explica el Joe Dispenza— es como una pequeña fábrica donde se producen ciertas sustancias químicas que se corresponden con ciertas emociones que experimentamos». Esto significa que cada emoción lleva asociada una sustancia química (MOE), y la absorción corporal de dicha sustancia por parte de las células es lo que suscita el *sentimiento* de emoción.

Placer/dolor

Los investigadores no sólo descubrieron que las moléculas de la emoción se corresponden con las emociones, sino que las encontraron incluso en criaturas unicelulares. La Candace Pert descubrió «las mismas moléculas idénticas en la criatura unicelular más simple, lo que muestra que el placer es muy básico. Fuimos diseñados para funcionar con placer. Creo que somos adictos al placer y que nuestro cerebro está programado para grabar el placer y buscar el placer. Ése es el objetivo final: encontrar placer y evitar el dolor. Y eso es lo que dirige la evolución humana».

La conexión de las moléculas de la emoción con lo que percibimos y experimentamos es muy directa. Por ejemplo: la parte del cerebro que controla el movimiento rápido de los ojos y decide qué enfocar está recubierta de receptores opiáceos. Esto tiene sentido desde una perspectiva evolutiva. Prestamos atención a lo que es importante, y lo que es importante o muy significativo para nosotros, las moléculas de emoción lo transmiten al cuerpo por vía química y con mucha rapidez.

Con el tiempo, una multitud de ideas, actitudes y recuerdos han recubierto ese botón tan simple del placer/dolor. Y aunque hay un largo trecho en la evolución desde la ameba que busca alimento hasta los encajes franceses, las emociones *tuvieron* que ser instaladas en el cuerpo de manera apremiante para resolver la escena proverbial del «tigre en la jungla». Y resolverla rápidamente.

Como ejemplo de lo que sucede dentro de nosotros, y para seguir con el tono divertido del capítulo, veamos el siguiente «experimento teórico» que explora el funcionamiento del punto de contacto entre el recuerdo, la emoción y la respuesta.

En realidad, no podemos decir verdaderamente que estamos viendo el mundo de manera objetiva, tal cual es. No existe una valoración objetiva de nada, porque la valoración que hacemos de cualquier cosa tiene que ver con nuestras experiencias previas y nuestras emociones. Todo lleva consigo una carga emocional.

Daniel Monti, médico

ROBOTOMUS

Imagínate por un momento que eres un ser pequeño que vive en Robotomus, un «robot biogénico». Vives en la cabeza de Robotumus en un cuartito de control y ves a través de sus ojos. Le proporcionas información vital utilizando palancas y botones complejos y un ordenador.

Tu trabajo consiste en reconocer lo que ve Robotomus e interpretarlo para que él sepa qué hacer. Bueno, interpretar lo que SIGNIFICA esa cosa de «ahí fuera» no tiene nada que ver con mover piezas; es una abstracción, algo que pertenece al reino de la mente, algo que los robots son incapaces de calcular. Para eso estás tú.

Bien, por suerte, detrás de tu sillita de control, hay una pared llena de archivadores. Se abren y se cierran en función de lo que Robotomus ve «ahí fuera». Así que miras a través de las ventanas de sus ojos y ¡ves algo! De repente, se abren varios archivadores y dentro de ellos brilla un montón de carpetas. ¡Veamos! Parece un humanoide bípedo. Luego vuelves a comprobar a través de los ojos y ves que tiene una forma un tanto curva. ¡Ajá, es una mujer! Te vuelves a los archivos, y las carpetas que pertenecen a los hombres se cierran. Muy bien, has limitado la elección.

Miras entonces con más detenimiento para ver qué clase de mujer es... La mujer tiene una expresión extraña en la cara. Tras de ti se cierran de golpe todos los archivadores menos uno. Sólo brilla una carpeta. La alcanzas y la sacas. Pone «Tía Rosie». La abres y miras el historial del personaje, dice algo de que es una persona abusona, cruel y violenta.

Te vuelves hacia el ordenador y la palabra ¿SIGNIFICADO? aparece en la pantalla. El cursor se enciende y se apaga. Robotomus está horrorizado. Tú aporreas el teclado… ¡AUXILIO, ENEMIGO A LA VISTA! Inmediatamente Robotumus empieza a temblar, miras a través de la ventana y te das cuenta de que la persona de «ahí fuera» no es tía Rosie, pero muestra una expresión que se parece vagamente a la de la foto de la tía Rosie que hay en el archivador. Te vuelcas frenéticamente sobre el ordenador y escribes: ¡SIGNIFICADO ERRÓNEO... SIGNIFICADO DESCONOCIDO! Pero es demasiado tarde; por todas partes se derraman sustancias químicas y empieza a hacer muchísimo calor en el cuarto de control. A las piernas de Robotomus llegan bombeadas sangre y adrenalina; sin embargo, ahora está temblando porque ha recibido significados contradictorios y toneladas de sustancias químicas. Suspiras, te abrochas el cinturón de seguridad y decides que luego tendrás que llevar de paseo a Robotomus...

Cuando volvemos a experimentar continuamente las mismas emociones y nunca edificamos sobre ellas, estamos atrapados en el mismo patrón de respuesta a estímulos.

Joe Dispenza

¿Te suena familiar? Primero está el reconocimiento del estímulo; luego, la aplicación de un significado o interpretación del mismo; después, la orden al hipotálamo de lanzar neuropéptidos al torrente sanguíneo y ¡bombear! Es el sentimiento. ¡Qué sistema tan bonito! Así pues, las emociones son buenas, ¿verdad? Absolutamente. Seguro. Son vitales.

Estupendo, entonces, ¿cuál es el problema?

Tal y como explica el Joe Dispenza, «hacemos un análisis de cada situación para ver si nos resulta conocida; la sensación conocida se convertirá después en el medio por el que podremos predecir un acontecimiento futuro. Todo lo que no nos cause alguna sensación, lo descartamos o rechazamos automáticamente, pues no podemos relacionarlo con las sensaciones».

¿Qué problema hay con las emociones?

La misma belleza de la fórmula estímulo/respuesta es la cosa misma que parece que nos atrapa. En lugar de evaluar una experiencia realmente nueva desde una perspectiva nueva, tendemos a suponer que es una experiencia que ya tuvimos anteriormente.

Cuando los mismos acontecimientos químicos se repiten una y otra vez, el resultado es una historia emocional acumulativa. Esa historia va acompañada de pautas identificables y de respuestas predecibles que se nos insertan o «anquilosan» en el cerebro.

Eso significa que nuestras pautas y respuestas se repiten sin que tengamos que pensar en ellas: estímulo-respuesta-estímulo-respuesta-estímulo-respuesta. El mecanismo del camino más corto para sobrevivir se convierte en una trampa siempre en el mismo punto, una y otra vez.

Otra «engañifa» son las emociones ocultas, soterradas y reprimidas. Puede que la tía Rosie no fuese siempre cicatera, lo que pasó es que el día que te dio una bofetada tenía un terrible dolor de muelas. Sin embargo, ese circuito neuronal aún está ahí y aún se activa, aunque tú ya no te acuerdes.

O el jefe, olvidando que estamos en el siglo XXI, entra y te tira el informe sobre la mesa y comenta: «No es un buen informe». Te mueres de miedo y se disparan las emociones: jefe disgustado → pérdida del sustento → familia desprotegida → los bárbaros invaden el poblado → muerte al jefe. Y si bien es dudoso que vayas tras tu jefe con el ratón, tu cuerpo ya ha respondido a situaciones pasadas y las sustancias químicas se han abierto camino.

Una de las cosas que practico desde hace un tiempo es entrar y salir de una emoción. En otras palabras, si puedo controlarme antes de reaccionar ante algo y de encaminarme hacia una cascada química interminable, lo hago de manera predeterminada. Entro en el sentimiento emocional de una forma poco entusiasta y luego doy marcha atrás, casi como si estuviese fuera de mí mismo, mirando. Lo hago a menudo para practicar si soy capaz o no de moverme entre esos dos estados. Me ayuda a entrenarme a comprender que realmente puedo elegir. Dar un paso atrás es como ser un observador inmóvil. Entrar en la emoción es como caer dormido en un sueño sobre el que no tienes control.

MARK

¿Y cuál es la buena noticia?

Supervivencia para comenzar. Tus emociones te ayudan a sobrevivir proporcionándote una referencia, como un rayo que hace que encajen todas las piezas del rompecabezas, antes incluso

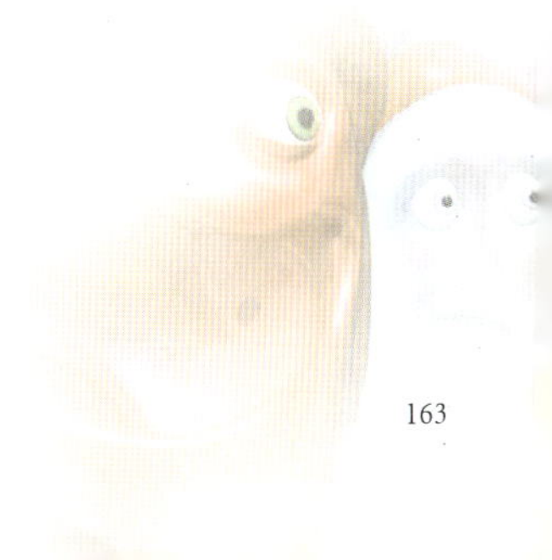

POSEER UNA EMOCIÓN

Un día hablaba por teléfono con Betsy de una película de animación. Estaba enfadado explicándole que los responsables de la película decían que yo les obligaba a hacer algo estúpido y que nunca iba a poder llevarlo a cabo. Me puse a hablar de que la gente siempre opinaba sobre lo que yo debía o no debía hacer. Desde que estaba en el colegio, siempre, siempre me había pasado lo mismo. Empecé a echar la vista a atrás y a recordar las veces que me repetían «no puedes, no puedes» una y otra vez. De repente, paré. ¿Quién dijo «emoción repetida»? ¡Me di cuenta de que yo mismo había estado creando esa situación durante décadas! ¿Por qué? Pues para poder tener la emoción de «te lo dije, soy más listo que tú, chúpate ésa». Lo utilizaba como motivación para así ser mejor que los demás. ¡Y tras eso sólo había inseguridad! Estaba proyectando (creando inconscientemente) mi propia duda.

Fue en ese momento cuando por fin comprendí lo que quería decir «poseer una emoción». Han pasado tres años y nadie me ha vuelto a decir lo que no puedo hacer.

WILL

de que las conozcas todas. Y si tienes un cuerpo, todavía mejor. Ir por la vida con emociones te hace sentir la genuina experiencia de estar vivo, de sentir, de amar, de odiar, de vivir. Sin ellas, la vida sería aburrida. Son las especias de la sopa (cuántica), el color de la puesta de sol.

Nos proporcionan mucho más que la mera supervivencia. Contribuyen a la evolución en constante desarrollo. Esto es la evolución, no en el sentido corporal, sino en el sentido espiritual, no-físico. Dice Joe Dispenza:

> Bueno, no sabría definir el alma desde un punto de vista científico, pero diré que se trata del registro de todas las experiencias que poseemos emocionalmente. Y lo que no poseemos emocionalmente, lo volvemos a experimentar continuamente en esta realidad, todas las otras realidades, en esta vida, todas las otras vidas. De esa manera no llegamos a evolucionar. Si experimentamos una y otra vez la misma emoción y nunca la jubilamos convirtiéndola en sabiduría, nunca evolucionaremos como personas dotadas de alma. No estamos inspirados. No tenemos la ambición o el deseo de ser algo más que el producto de las sustancias químicas de nuestro cuerpo físico que nos mantienen en la rueda del vivir nuestro destino genético.
>
> Una persona con alma supera su destino genético, la reacción de su cuerpo, el entorno, su propensión emocional. Piénsalo. Si quieres evolucionar como persona, escoge una limitación tuya que conozcas y actúa conscientemente para cambiar tus propensiones. Ganarás algo... sabiduría.

En otras palabras, las emociones pueden apuntar a algo más que al tigre. Puede que señalen la perla. O aún mejor: pueden ser el grano de arena del interior de la ostra del que surge la perla; la pequeña irritación que la ostra cubre, cubre y cubre hasta que se forma la perla de la sabiduría. Tiene sentido que la irritación, el dolor, nos haga cambiar. Las emociones placenteras o agradables no irritan. Son las *otras*, las que reprimimos, o sobrellevamos, o convertimos en sabiduría, las que nos llenan de conocimiento vital y nos hacen saber quiénes somos. (¿Quién soy yo?).

Y más aún. Ramtha pregunta a menudo a sus alumnos cuándo fue la última vez que estuvieron en éxtasis, o que tuvieron un orgasmo, en el séptimo sello.*

Todos estamos familiarizados con lo del éxtasis en relación con el sexo (primer sello), la supervivencia (segundo sello) y el poder (tercer sello), pero ¿qué hay de las experiencias en centros superiores? Una comprensión nueva y profunda, un ¡ajá! revelador, corresponde al éxtasis del sexto sello y también libera endorfinas. La experiencia de la consciencia cósmica, la conexión última e íntima con Dios, es un orgasmo del séptimo sello. El amor pleno e incondicional es una de las características del cuarto sello.

Según esta enseñanza, nunca llegamos a esas dimensiones, pues la mayor parte del tiempo la humanidad está atascada en los tres primeros sellos: sexo, supervivencia y poder. Y la forma de salir del «sótano de la humanidad» es tomar las emociones de los sellos inferiores y poseerlas para transformarlas en sabiduría. O como Joe Dispenza señala, «jubilarlas convirtiéndolas en sabiduría». O como hace la ostra: tratar directamente con lo irritante hasta convertirlo en perla.

Una vida sin emociones es como tomar yogur natural con copos de harina de avena blanca en el desayuno, comida y cena (y sin miel). Repetir la misma emoción una y otra vez es como tomar yogur de moras y azúcar moreno con cereales en el desayuno, comida y cena. Nuestra evolución completa conecta firmemente toda nuestra vida con las emociones, son inevitables. De modo que la verdadera pregunta es: ¿cómo las utilizamos? ¿Cómo las hacemos evolucionar? ¿En qué nos estamos convirtiendo?

La pasión, el amor divino, el sentirse uno con todo, la felicidad absoluta, las experiencias místicas, todo son emociones.

* Chacra, o centro de energía sutil. Son nexos de energía no física que tenemos en el cuerpo. Se alinean con las glándulas endocrinas o linfáticas en el cuerpo físico y se dice que son la llave que desbloquea el acceso a dimensiones superiores.

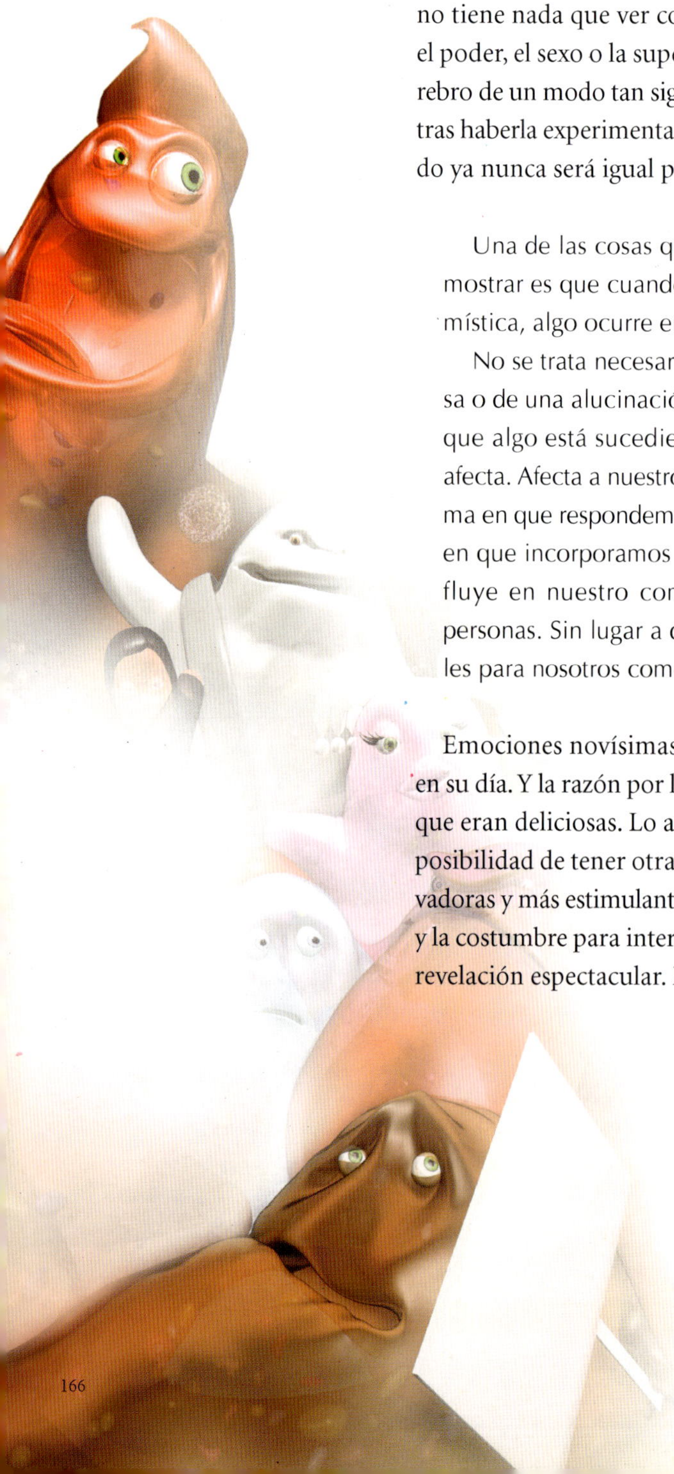

Generan los neuropéptidos que inundan el cuerpo y alteran hasta la consciencia misma. Una profunda toma de consciencia, que no tiene nada que ver con el cuerpo —o en otras palabras, con el poder, el sexo o la supervivencia—, puede reestructurar el cerebro de un modo tan significativo que, cuando la persona vuelve tras haberla experimentado, es una persona diferente y este mundo ya nunca será igual para ella. Andrew Newberg dice:

> Una de las cosas que nuestra investigación trata de demostrar es que cuando una persona tiene una experiencia mística, algo ocurre en su cerebro realmente.
>
> No se trata necesariamente de una experiencia engañosa o de una alucinación; es algo muy real, en el sentido de que algo está sucediendo en términos neurológicos. Nos afecta. Afecta a nuestros cuerpos y a nuestra mente. Y la forma en que respondemos a ello en última instancia, la forma en que incorporamos esa información a nuestras vidas influye en nuestro comportamiento y nos cambia como personas. Sin lugar a dudas, tiene consecuencias muy reales para nosotros como seres humanos.

Emociones novísimas. Todas nuestras emociones fueron así en su día. Y la razón por la que seguimos volviendo a ellas es porque eran deliciosas. Lo atractivo de la evolución es que existe la posibilidad de tener otras emociones novísimas, aún más cautivadoras y más estimulantes. Hay que apartar capas de la memoria y la costumbre para interactuar con un mundo que ahora es una revelación espectacular. Merece la pena ir a esa fiesta.

Reflexiona un rato sobre esto...

- ¿Cuándo fue la última vez que tuviste un orgasmo de un nivel superior?
- ¿Qué emociones experimentas más a menudo?
- ¿Evolucionan cada vez que las experimentas?
- ¿Evolucionas *tú* cada vez que las experimentas?
- ¿Ya va siendo hora de que las «poseas»?
- ¿Qué sería para ti una emoción nueva?

Esta página carece de emoción.

ADICCIONES

La única diferencia que existe entre un bache y una tumba es la profundidad.

CHARLES GARFIELD

La adicción es una inhibición.
¿Sabes lo que significa? Significa que te inhibe
y te impide salir del atolladero.
Ramtha

Tomemos una de las drogas más adictivas, la heroína, para ver qué efecto produce la adicción en las células del cuerpo. Tras ser inyectada, la heroína se acopla a los receptores opiáceos de las células. Son los mismos receptores diseñados biológicamente para recibir la endorfina, un neuropéptido producido por el hipotálamo. En vez de recibir endorfinas, la célula recibe heroína y se hace adicta a la heroína.

Veamos ahora lo que pasa con las emociones. Las emociones producen péptidos o moléculas de la emoción (MOE), que se acoplan a los receptores de las células. Con el uso repetido de la misma emoción ocurre lo mismo que con el uso repetido de la heroína: los receptores opiáceos del cuerpo empiezan a esperar, e incluso a anhelar, ese péptido en particular y el cuerpo se hace adicto a esa emoción.

Impresionante, ¿eh? Y «a ti te gusta pensar que eres inmune a todo ese rollo». Mira a los alcohólicos, o a los yonquis en cola frente a las clínicas de metadona, o al fumador compulsivo con los dedos amarillos y los pulmones negros y pensarás: «¿Yo?, ¡no, ni hablar!». Piénsalo otra vez. Tú, ¡sí!

Impresionante. ¡Pero explica *tantas cosas*! ¿Te resulta familiar algo de esto?:

- Estados emocionales destructivos
- Las mismas situaciones una y otra vez

• Incapacidad para cambiar
• Sentirse impotente para crear algo nuevo
• Ansia profunda de ciertas respuestas emocionales
• Voces en la cabeza que dicen: «Quiero. Dame, dame»
• Decir que nunca harás algo otra vez y hacerlo luego, tres horas después

Este capítulo te servirá de terapia de choque por todas las veces que has experimentado alguna de las situaciones anteriores. Y nos sirve a todos nosotros (y eso nos incluye a todos nosotros), que tenemos neuropéptidos corriendo por las venas.

Humanoide (Nombre): organismo con consciencia de sí mismo que se droga con su propio cuerpo

La doctora Pert descubrió que tenemos receptores específicos para la marihuana. ¿Por qué los tenemos? Porque nuestro cuerpo produce sustancias químicas que provocan el mismo tipo de subidón que la marihuana. Esto puede aplicarse a cualquier droga que causa adicción física en los seres humanos; dentro del cuerpo hay una sustancia química parecida a las drogas y un receptor para recibirla. Como explica la doctora Pert: «Tenemos receptores de marihuana y producimos marihuana natural: endocannabinoides. Cada vez que la gente fuma droga, la marihuana exógena* se une a receptores destinados a la regulación interna. Las drogas exógenas, por tanto, se acoplan a la red destinada a la autorregulación fisiológica endógena, formada por las moléculas de la emoción. Hoy hay bastantes datos que sugieren que ninguna droga psicoactiva produce efecto a menos que se conecte con un receptor utilizado normalmente por fluidos internos».

Es decir, cada droga externa que produce efecto en nuestro cuerpo tiene una contrapartida interna; por eso el cuerpo re-

Los que utilizan heroína tienen receptores para la heroína, y cuanta más toman, más se debilita su capacidad para producir sus propias endorfinas internas, su propia heroína interna. Entonces, los receptores empiezan a volverse infrasensibles allí donde hay menos realmente, de modo que sí se producen cambios reales. Por otra parte, existe información nueva que confirma que se producen menos células cerebrales, con lo cual, en cualquier adicción, la gente se queda, digamos, estancada en los viejos patrones. Se limitan a tener los mismos pensamientos una y otra vez y no son capaces de pensar en nada nuevo.

Candace Pert, psicóloga

* Las *sustancias químicas exógenas* son externas al cuerpo. Las sustancias químicas endógenas son «internas» y las produce el propio cuerpo.

conoce, responde y se hace adicto a esa droga. Las drogas externas usan los receptores internos destinados a sustancias internas.

En el capítulo «Cerebro 101», explicamos que las emociones y los recuerdos de experiencias emocionales se encuentran codificados en circuitos neuronales que están conectados con el hipotálamo. Así es como te conviertes en un organismo que se droga con su propio cuerpo. Todo lo que hay que hacer es activar el circuito neuronal exacto y las sustancias químicas empezarán a fluir internamente. Como dice Ramtha,

> ¿Adicciones? No tengo ninguna. Bueno, está bien, soy adicto a unas cuantas cosas. ¿Como a qué? Inseguridad, estrés, preocupación, insistencia en tener razón, sentimiento de superioridad moral, control, enfado, inflexibilidad, autoritarismo, miedo… ¿he dicho estrés?
>
> **MARK**

> La adicción es la sensación de un torrente químico que cae en cascada por el cuerpo, a través de toda una colección de glándulas y de glándulas endocrinas. Una sensación que algunos llamarían fantasía sexual. Para que un hombre tenga una erección, sólo necesita una fantasía sexual. En otras palabras, sólo le hace falta tener un pensamiento, aquí [en el cerebro] para tener una erección.

Para muchos, éste es el ejemplo más directo de cómo el concentrarse en un pensamiento produce los neuropéptidos adecuados. Hay muchos otros ejemplos: recordar aquel momento glorioso en la universidad cuando marcaste el gol de la victoria; la primera vez que te diste cuenta de que estabas enamorado; o el éxito; o soñar con el momento en que los medios de comunicación digan que eres un artista inspirado o de éxito alucinante. En todos esos casos, el pensamiento en concreto está en el lóbulo frontal activando la red en concreto que manda la señal a nuestra farmacia interna.

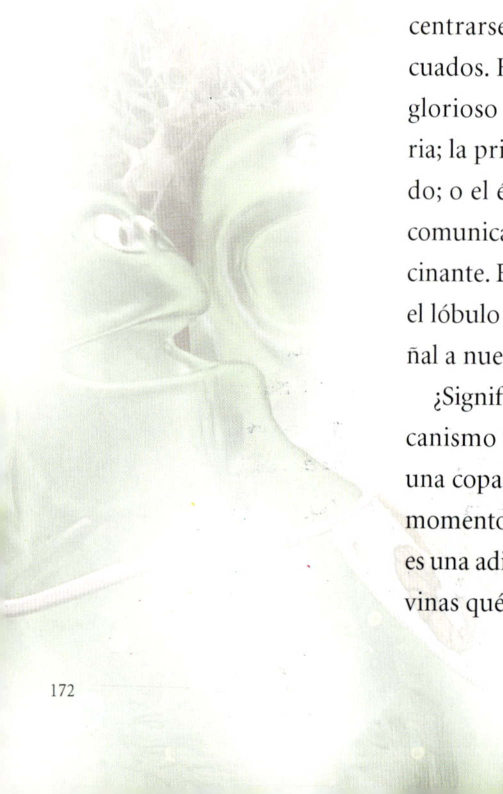

¿Significa eso que cada vez que alguien hace funcionar ese mecanismo es un adicto? ¿Eres un alcohólico cada vez que tomas una copa? Por supuesto que no. Si una vez al año recuerdas ese momento glorioso del otoño de 1972 cuando marcaste el gol, no es una adicción. Si todos los días anhelas esos días gloriosos, ¿adivinas qué? Estás desarrollando un hábito.

Efectos biológicos

Todo el mundo sabe que la adicción produce serios efectos en el cuerpo a largo plazo. Con el descubrimiento del mecanismo receptor de péptidos, se ha hecho evidente la base biológica de las consecuencias de la adicción. Como explica la doctora Pert,

> Si un receptor dado de una droga dada o de un fluido interno dado es bombardeado con gran intensidad durante mucho tiempo, se reducirá literalmente; disminuirán en número, o perderán sensibilidad, o estarán infrarregulados, de manera que la misma cantidad de droga o de fluido interno suscitará una respuesta mucho menor. El mejor ejemplo con el que la gente está familiarizada es la tolerancia. Todos sabemos que un adicto al opio tiene que tomar una dosis cada vez mayor para alcanzar el mismo efecto.

En las emociones se ve el mismo efecto tolerancia. El que busca sensaciones fuertes y se arriesga más y más lanzándose al vacío desde aviones para que le suba la adrenalina; o el adicto al sexo que persigue experiencias sexuales cada vez más pervertidas; o el político que trepa a puestos cada vez más altos, no por deseo de servir, sino en una búsqueda de más poder. Si empiezas a buscar panoramas semejantes entre la gente que conoces, o especialmente en tu propia vida, encontrarás ejemplos por todas partes.

Y mientras, nuestras pobres celulitas se mueren de hambre. La constante sobre-utilización de las sustancias químicas requeridas para producir una emoción, como la ira, tiene como resultado la creación en el cuerpo de puntos receptores insensibilizados para que se adapten a los neuropéptidos de la ira. Las células, al recibir más la emoción a la que son adictas que otras emociones, dejan de obtener un alimento «bien equilibrado» y se quedan con tener que conseguir una ración nutritiva más reducida. Cuanta más ira crea la personalidad, más satisfecha se sentirá la célula. Ésta es la historia que hay detrás del chico que sale a «buscar pelea» el viernes por la noche. No está enfadado por ningún motivo

Todo el mundo es adicto a algo. No me importa quiénes son. Y son adictos porque nunca han tenido nada mejor con qué reemplazar aquello a lo que son adictos y tener así una razón para despertarse por la mañana, por la que vivir. El hombre adicto al poder se levanta todas las mañanas y hace cosas que muestran su poder. Para sentirse valioso tiene que tener un montón de gente alrededor a la que alimentar, hacer callar y mandar. Porque no se siente valioso. Necesita las emociones para sentirse valioso.

Ramtha

en especial; sólo está alimentando a sus amigas las pequeñas células. Y esas pequeñas chicas pueden armar un gran jaleo cuando necesitan algo. ¿Has oído alguna vez una vocecita en la cabeza que te diga, «tengo hambre» o «tengo sed»?

¿Te has preguntado alguna vez de dónde viene esa voz? Bien, de acuerdo con Ramtha, las voces de la cabeza son la voz colectiva de las células. Te dicen: «Aliméntame».

Cuando estamos faltos de emociones, esas voces que surgen son las células que envían literalmente impulsos nerviosos al cerebro para que sepa que se mueren de hambre, que el cuerpo se muere por recibir aquello de lo que depende químicamente. Y esas sustancias químicas son portadoras de información muy valiosa.

Joe Dispenza

La adicción emocional explica muchas cosas, como por qué alguien destroza constantemente a otras personas o se mete en las mismas relaciones abusivas, o vive la misma situación una y otra vez. En otras palabras: la adicción emocional explica por qué la gente sigue creando una realidad particular en su vida, aun cuando dicen «bueno, yo nunca crearía *eso*». La única forma de eliminar de cuajo dependencias y conductas repetitivas es afirmar: «Está bien. Verdaderamente soy yo el que crea *esto* una y otra vez, así que debo de ser adicto a ello».

Para muchísima gente, las creaciones de su vida tienen una base emocional o adictiva. Para ver un ejemplo de creación de algo «malo» en tu vida, observemos una «mentalidad de víctima». Inicialmente te pasó algo malo, se lo dijiste a algunas personas que *se sintieron mal por ti* (ahora también están sufriendo) y así fijaron el problema. Alivio. A lo mejor piensas: «Bueno, no está mal; veamos si puedo hacer que funcione otra vez».

De repente, hay personas que cuidan de ti. Te dan dinero, te apoyan emocionalmente, y están disponibles cada vez que las necesitas. Desde luego, el inconveniente es que la relación víctima/salvador tiene una duración intrínseca. Todo salvador necesita sentirse tan especial como la víctima, de modo que tienden a seguir adelante cuando ya se ha pasado el «ataque» inicial. Si ninguno de los dos cambia, los dos siguen intentando redescubrir su adición con otra persona y con otra y con otra más.

El doctor Joe Dispenza lo explica de manera elocuente: «Mi definición de una adicción es muy simple: es algo que no puedes parar. Si no puedes controlar tu estado emocional, es que eres adicto a él».

Dependientes emocionales anónimos

Es un panorama desalentador en varios sentidos. Soy un adicto, eres un adicto, juntémonos y vivamos felizmente nuestras adicciones juntos. En realidad, no suena tan mal, es lo que hace todo el mundo todo el tiempo. Estamos en una frecuencia específica con esas emociones y por tanto traemos a nuestra esfera a personas de mentalidad parecida. Según Ramtha, «las personas que realmente queremos son las que están dispuestas a compartir nuestros sentimientos y nuestras necesidades emocionales». Joe Dispenza lo describe así: «Rompemos la adicción a todos esos pactos químicamente. Eso supone una situación incómoda para el ser humano… porque buscamos alguna prueba en la vida de que estamos haciendo lo correcto, y donde buscamos la prueba es en las personas con las que tuvimos esos pactos».

Además es un panorama desolador porque es difícil romper con las adicciones. Por eso son adicciones. Las emociones llegan a ser adicciones porque intentamos continuamente recrear la experiencia inicial. La primera experiencia sexual, o de compasión, o de poder no constituye una adicción. Lo que se convierte en adicción es perseguir ese estado una y otra vez. Como dice Ramtha,

> Ahora bien, ¿qué pasa con los adictos al sexo, a la heroína o a la marihuana? Bueno, todos fabrican sustancias químicas diferentes en el cerebro. Intentan por todos los medios tocar el centro de placer del cerebro. Pero eso *no es lo que se supone que tiene que hacer el cerebro,* de modo que la gente reinventa experiencias en el cerebro distribuyendo las mismas sustancias químicas, la misma sensación.

Y ¿qué se supone que tiene que hacer el cerebro? Soñar sueños nuevos y realidades nuevas para luego presentarlos en manifestaciones y experimentar ese primer momento emocional increíble… un momento con una emoción nueva.

Suena maravilloso: nuevas emociones, nuevos placeres… entonces, ¿por qué es tan difícil romper el hábito?

ENGANCHADOS A UN SENTIMIENTO

La ciencia sabe hoy que el hipotálamo fabrica neuropéptidos y que esos neuropéptidos son sustancias químicas fuertes. Por ejemplo: se ha trabajado con animales de laboratorio colocándoles electrodos en la parte del cerebro que produce los neuropéptidos. Luego se les entrenó para que accionaran una palanca para obtener una descarga de esa sustancia, los neuropéptidos.

El animal prefería la descarga de neuropéptidos antes que saciar el hambre, el sexo, la sed o el sueño. De hecho, llegó al punto de agotarse físicamente y sufrir un colapso, antes que cuidar de sí mismo físicamente. Eso es lo que hace el estrés a nuestro cuerpo en realidad. Llegamos a ser tan adictos al estrés en nuestra vida que no podemos dejar el trabajo, aun cuando no nos sirva. No podemos dejar una relación porque no nos sirva. No podemos hacer elecciones, porque el estímulo y la respuesta producen la sustancia química que nos ofusca. Y no nos diferenciamos de los perros que carecen de la capacidad de hacer elecciones debido al pequeño tamaño del lóbulo frontal de sus cerebros.

Joe Dispenza

No se puede curar a un adicto hasta que le das todo lo que quiere y ya no pide más. Entonces es cuando poseemos una experiencia y cuando nos hacemos sabios. Asocia eso con beneficios verdaderamente nuevos para la mente. Y el beneficio para la mente es el conocimiento. El conocimiento es como los pilares constructivos: nos sirve para construir nuevos hologramas y para crear realidades.

Ramtha

¡Y aún seguimos preguntando cómo romper con esas adicciones!

Posiblemente el programa más exitoso que ha habido nunca para el tratamiento de las adicciones sea Alcohólicos Anónimos. Millones de personas han dejado su adicción al alcohol «un día cada vez», poniendo en práctica el programa de los 12 pasos. Les perjudicaríamos si intentáramos repasarlo aquí, y cualquiera que esté interesado debería informarse.

Pero tómate un momento para examinar esta parte del programa: al alcohólico se le dice que reafirme repetidamente «Soy un alcohólico». Aunque al principio sea necesario hacerlo para afrontar la realidad de la situación, dicha afirmación encierra a la persona para siempre en esa personalidad, así que nunca la supera. La persona se identifica continuamente con lo que está intentando abandonar. En definitiva, niega a la persona la posibilidad de una transformación total y absoluta, que es para lo que estamos aquí.

¿Para qué ESTAMOS aquí?

¡Ah! Volvemos a las Grandes Preguntas. Y ¿por qué son grandes? ¿Porque no son obvias o fáciles de contestar? ¿O porque parecen muy significativas? ¿O porque suenan muy bien en una fiesta y consigues impresionar a la gente cuando las planteas? Porque son la respuesta que nos saca de una confusión enorme.

Estamos aquí para ser creadores. Estamos aquí para infiltrar el espacio con ideas y mansiones de pensamiento. Estamos aquí para hacer algo con esta vida.

Ramtha

Nuestro propósito aquí es desarrollar nuestros dones de intencionalidad. Y aprender a ser creadores efectivos.

William Tiller, físico

La cuestión es que estamos aquí para hacer algo con nosotros mismos. Estamos aquí para explorar los límites absolutos de la creación; estamos aquí para hacer que se conozca lo desconocido.

Miceal Ledwith

El propósito del juego consiste en preparar nuestro cuerpo químicamente, a través de un pensamiento, para tener una experiencia. Sin embargo, si seguimos siempre los mismos pensamientos y las mismas experiencias, nunca evolucionaremos como seres humanos.

Joe Dispenza

Si dejamos de dar a la célula emociones de las que hemos dependido durante mucho tiempo, la célula empieza a decaer. Si persistimos sin hacerlo, como persistimos ante cualquier adicción, rompemos la respuesta, porque no respondemos a la voz del interior de la cabeza. Al mismo tiempo estamos rompiendo la respuesta químicamente, porque ahora la célula ya no obtiene las sustancias químicas que necesita y, al final, se liberará de su adicción química y, cuando se reproduzca, se regulará. Suelta todos los receptores responsables de aquellos estados emocionales y entra en un estado de más armonía, y el cuerpo experimenta alegría.

Joe Dispenza

Entre un 60 y un 80 por ciento del crimen está relacionado con las drogas y la adicción. Piensa en las posibilidades que ofrece el cambio, no simplemente a nivel personal, sino también a nivel social.

Crear, evolucionar, huir de viejas pautas, ser magos; el hecho de que seamos creadores, de que creemos nuestra propia experiencia vital y nuestra realidad, el hecho de que tengamos esa capacidad, apunta a por qué estamos aquí. En resumen, para utilizarla o para perderla.

Si estuviéramos aquí, como dice el doctor Ledwith, «para hacer que se conozca lo desconocido», significaría que tenemos que experimentar por nosotros mismos lo que nunca hemos probado antes. Lo mismo de siempre y siempre lo mismo viejo se convertiría entonces en algo nuevo cada vez, siempre nuevo.

La adicción se rompe cambiando, evolucionando.

Y si estamos aquí para eso, las emociones nuevas serán tan asombrosas, satisfactorias y atractivas, que las antiguas se nos antojarán como un viejo manual universitario: una montaña al principio y luego algo abandonado en una estantería olvidada. La doctora Pert anuncia la transformación, que la biología sustenta, a través de descubrimientos muy recientes. Hoy se ha demostrado que los adictos a alguna droga (nicotina, alcohol, cocaína, heroína), sean individuos o animales de laboratorio como las ratas, muestran todos en las pruebas que tienen algo en común: el bloqueo del crecimiento de nuevas células cerebrales. Pero si no siguen tomando la droga, las nuevas células siguen creciendo. Como dice Candace Pert, «uno puede recuperarse completamente y tomar decisiones y crearse una visión nueva y un cerebro nuevo». Hay esperanza en un nuevo comienzo para mucha gente, desde las adicciones más pequeñas a las más serias.

Ramtha resume así la salida: «Debemos perseguir el conocimiento sin dejar que interfieran nuestras adicciones. Y si podemos hacerlo, lo manifestaremos en la realidad y nuestros cuerpos tendrán nuevas experiencias, experimentarán sustancias nuevas y nuevos hologramas, nuevos lugares de pensamiento, *más allá de nuestros sueños más descabellados*».

Reflexiona un rato sobre esto…

- ¿Por qué nos gusta tanto sentirnos taaaaaaaan malos?
- Haz una lista de algunas de tus adicciones emocionales.
- Está bien, ¿cuál es la adicción que no has puesto en la lista?
- Haz una lista de las adicciones de las personas más cercanas a ti.
- ¿Cómo puedes reconocer sus adicciones?
- ¿Son todas las adicciones malas?

Y ése es el objetivo final:
encontrar placer y evitar el dolor.
Eso es lo que dirige la evolución humana.

Candace Pert, psicóloga

DESEO → ELECCIÓN → INTENCIÓN → CAMBIO

Realmente es cuestión de deseo, deseo, deseo y sólo deseo. No tiene nada que ver con la capacidad, el talento, la inteligencia o con cualquier otra cosa.

FRED ALAN WOLF

El acto de la experiencia se produce cuando la consciencia elige entre varios acontecimientos posibles y tú incorporas la palabra *elección.* De este modo y por primera vez, la ciencia se encuentra con el libre albedrío.
Amit Goswami

En efecto, cuando uno quiere concentrarse en la *intención,* quiere centrar toda la atención en un solo objetivo.
William Tiller

La buena noticia es que hay un enorme potencial para *cambiar.*
Daniel Monti

El deseo tiene mala prensa en círculos espirituales. Frases tales como «mata el deseo» parecen querer decir que si un ser carece de deseos, la iluminación le llegará rápidamente. La segunda de las cuatro verdades nobles de Buda es ésta:

> El origen del sufrimiento está en estar atado a las cosas pasajeras sin saberlo. Lo pasajero incluye no sólo los objetos físicos que nos rodean, sino también las ideas y en un sentido aún más amplio, todos los objetos que percibimos. La ignorancia es desconocer que nuestra mente está atada a cosas transitorias. Las razones del sufrimiento son el de-

seo, la pasión, el ardor, la persecución de riqueza y prestigio, la lucha por la fama y la popularidad, en resumen: el *ansia* y el *aferramiento.*

De una rápida lectura a lo anterior parece deducirse que el deseo, la pasión, el ardor y demás están en la lista de delitos. Por consiguiente, los que buscan la verdad se esfuerzan por quitarse esas emociones de la cabeza y vivir una vida sin deseo y sin pasión. No obstante, el *ansia* y el *aferramiento* nos dan la clave de cuál es el verdadero delito: no es el deseo, sino la atadura al deseo. (Observa que no es malo, sólo es ignorancia o «desconocer que nuestra mente está atada»).

«Atadura al deseo» se parece mucho a «adicción a la emoción». De hecho, es lo mismo. Intenta intercambiar ambas expresiones para verificarlo por ti mismo.

Éste constituye uno de los ejemplos en que la ciencia se entrecruza con las grandes enseñanzas espirituales y redescubre el mismo fenómeno. Según las tradiciones budistas, esa atadura es lo que nos mantiene para siempre en la rueda de la vida, de la muerte al renacer, rodando y rodando sin parar. Como dice la doctora Pert, «en todas las adicciones te quedas atascado en viejos patrones. Piensas lo mismo una y otra vez y no eres capaz de pensar en nada nuevo».

El sabio indio Ramakrishna, cuando se refería a las emociones, decía: «Hay humo todavía, pero no se pega a las paredes de los iluminados». Según todas esas enseñanzas, lo que acarrea sufrimiento y dolor para todos no es la emoción, sino la atadura (adicción).

Deseo y pasión: ¿amigos o enemigos?

El deseo y la pasión son el motor de la evolución y del cambio. Según Joe Dispenza, «tienes que tener el deseo y la pasión de traspasar los límites de tu propia zona de confort».

Al analizar un deseo, es importante hacer dos cosas: no juzgar, y ser sincero sobre el verdadero objeto del deseo. Para contemplar un deseo con claridad, el juicio tiene que desaparecer, pues etiquetar un deseo como malo lo manda a la más profunda represión. El deseo surge. Cuando alguien te cierra el paso en la autopista, por un momento deseas tener un cañón que

Por tanto, si tu ojo es bueno, todo tu cuerpo estará lleno de luz.

Mateo 6,22

dispare rayos láser para lanzar al conductor fuera de la carretera. Si te sientes horrible y avergonzado, probablemente nunca se descubra la causa de tu rabia.

En cuanto al verdadero objeto del deseo, veamos un ejemplo: alguien persigue un puesto oficial. Desea poder. No obstante, a menudo la gente se siente tan culpable (juicio) por declarar abiertamente cuál es su auténtico deseo, que cuenta un cuento chino sobre la ayuda a los ciudadanos, cuando lo que quiere en realidad es experimentar la sensación de poder. ¿Y quién se atrevería a decir que para ellos ése no es el siguiente escalón en la escala de la evolución? O puede que digan que buscan el poder para tapar un hondo sentimiento de inseguridad y falta de estima, en cuyo caso, conseguir poder no les hará ningún bien.

Hay también una razón muy práctica que explica por qué es imperativo llegar a la raíz del deseo: ¡la manifestación! Como mencionaba Bill Tiller, quieres centrar toda la atención en un solo objetivo. Si el auténtico deseo se disimula con uno políticamente correcto, o si un deseo tapa otro, se activan dos circuitos neuronales. La mente está dividida y así la intención no funciona. Pero antes de que ocurra eso, de esos deseos inacabables (o eso parece), que brotan por todos los rincones del yo, la gran pregunta es: ¿sobre cuál debemos apretar el botón de «puesta en marcha?».

Elección

Alguien tiene que elegir. Y ¿quién elige? Para hacerlo fácil, digamos que una de dos entidades. Una es la personalidad y la otra el yo trascendental. Esta forma de organizar nuestros dos yoes nos devuelve al cisma yo/dios, materia/espíritu. Sabemos que si elige la personalidad, la elección procede de redes neuronales preexistentes, es decir, de experiencias y emociones pasadas y de las adicciones a las mismas. En ese caso el botón de «puesta en marcha» tendría que reetiquetarse con la palabra «repetición». Y muy a menudo, esa elección proviene de una decisión incons-

El deseo es el mecanismo que me sirve para examinarme y reflejar mi entendimiento en la realidad para buscar la experiencia. A través de cualquier deseo que tenga, puedo examinar por qué lo tengo. Me hago preguntas como: ¿qué satisfará en mí conseguir ese deseo? ¿Se debe a una adicción emocional? Si consigo ese deseo ¿me aportará una nueva experiencia? ¿Estaré representando una experiencia antigua? Cuando puedo examinar así mis deseos para lograr un acuerdo, puedo ver por qué los tengo y me ayuda a ver con claridad mi intención. Si deseo poder y me doy cuenta de que deseo experimentarlo desde una perspectiva nueva y de por qué quiero experimentarlo, entonces puedo tener esa experiencia y avanzar a partir de ella, porque sé verdaderamente qué quiero y por qué lo quiero. La claridad y la sinceridad hacen que la experiencia me sirva para adquirir conocimiento.

BETSY

ciente, como en los animales de laboratorio que accionan sin cesar la palanca de los péptidos.

El verdadero botón de «puesta en marcha» viene del lado espiritual. En tal caso, la elección no está motivada por el pasado, sino por querer evolucionar o hacer que se conozca lo desconocido. Teniendo en cuenta lo anterior, una cuestión interesante al respecto sería: de los deseos emergentes, ¿cómo sé cuáles surgen del yo y cuáles surgen del alma? Especialmente cuando consideramos que los que surgen del lado espiritual son a veces un poco extraños, fuera de lo corriente o «locos y misteriosos», si los comparamos con nuestros deseos rutinarios.

Hay grandes ejemplos en las historias de alumnos y maestros espirituales. En la mayoría de esas relaciones, el maestro es la voz de la naturaleza espiritual durmiente del alumno. La idea es que el alumno por sí solo tardaría miles de años en oír su propia voz interior, de modo que el maestro se la comunica. Normalmente pensamos que la guerra es mala, ¿verdad? Sin embargo, en el ejemplo de Krishna, él es quien conduce el carro de guerra de Arjuna, mientras le dice que su deber espiritual es ir a luchar con los Kurus.

Encontramos otro ejemplo en la historia budista de Marpa y Milarepa, quien construyó una enorme casa de piedra. Al finalizarla, Marpa hizo que Milarepa llevara todas y cada una de las piedras de vuelta al lugar de donde las había cogido, deconstruyendo así la casa completamente. Puede parecer una historia de locos, pero no es tanta locura como el hecho de que lo repitieran cuatro veces más.

A menudo la voz que viene del lado trascendental, el loco deseo de sabiduría, es lo que provoca una transformación que nadie habría podido imaginar siquiera. Ésa es la causa de que sea tan importante no juzgar los deseos, sino examinarlos cuidadosamente antes de elegir y luego elegir.

«El libre albedrío reside en la corteza del lóbulo frontal. Podemos entrenarnos para hacer elecciones más inteligentes y para ser conscientes de las elecciones que hacemos. Pienso que requiere práctica, diferentes tipos de práctica. Podemos ir al gimnasio y fortalecer nuestros bíceps, o podemos fortalecer nues-

EL COMPLEJO INDUSTRIAL DE ENTRETENIMIENTO

En los años sesenta todos hablábamos del Complejo Industrial Militar (MIC), y aunque sigue siendo una fuerza militar operativa, el Complejo Industrial de Entretenimiento(EIC) lo ha ido reemplazando de manera callada y continuada a lo largo de los anos. Impacta en la vida de todo el mundo a cada momento, cien veces más que el MIC. Mira, el EIC domina dos cosas importantes: la manipulación del deseo y la elección y la creación de la sensación de impotencia. Utilizan el «entretenimiento» para crear el deseo y el vacío que hace que compres lo que producen. Y aunque en principio no es tan distinto al Coliseo romano, con la llegada de la tecnología ha llegado a ser abrumador. Fíjate de qué manera las noticias, las revistas, el cine y los espectáculos televisivos crean deseos y/o hacen que te sientas impotente y vacío, y esas sensaciones únicamente las pueden colmar sus productos.

WILL

tra corteza frontal haciendo yoga, meditación y otras prácticas», nos dice la Dra. Pert.

La mejor manera que tiene el ser humano de convertirse en un observador es, en primer lugar, siendo consciente o comprendiendo intelectualmente que no tiene que hacer siempre las mismas elecciones una y otra vez. Y en segundo lugar, poniéndose en ciertas situaciones de manera experimental, en la propia vida personal, en las que anule de verdad esos mecanismos del cuerpo. Eso requiere práctica.

Joe Dispenza

Por tanto, *¿quién* elige? Tú, por supuesto; pero entonces volvemos una vez más a la pregunta «¿Quién soy yo?». ¿Qué yo (personalidad/yo o trascendente/espíritu) hace la elección? Desde el punto de vista neurológico, la pregunta sería: ¿viene la elección de una red existente de neuronas o viene de la corteza frontal? ¿Nos aprovechamos de la aleatoriedad cuántica que asciende a través de las cajas chinas* para permitirnos elegir algo nuevo, o somos nosotros el aparato mecánico que lleva a cabo todo sobre la base de (viejas) condiciones preexistentes?

Y volvemos de nuevo a la pregunta: ¿en qué mundo vives? ¿En el universo viviente, orgánico e interconectado, o en el universo mecánico de soldaditos de cuerda, tictacs y dividido?

Tú eliges.

Intención

¡Y al otro lado de la elección está la acción! Cuando el doctor Tiller inició su investigación sobre la influencia de la intención en los sistemas físicos, utilizó a «cuatro meditadores muy cualificados, individuos con un completo dominio de su yo interno». Como sugiere Candace Pert, la capacidad para manejar la intención es una habilidad que se puede desarrollar. Con respecto a la capacidad para concentrarse en la intención, William Tiller añade: «Es la razón por la que las enseñanzas ocultas antiguas decían que había que mirar fijamente una llama. Aprendes a dirigir la atención a un canal muy estrecho con el fin de que se incremente la densidad energética».

En este punto *aún* estamos hablando de crear la realidad. Pero ahora se trata de saber por qué creamos lo que somos, desde qué niveles creamos y cómo podemos crear de forma más consciente y más poderosa. Parece que nuestro desconcertante cerebro

---

* Jeffrey Satinover, teoría del cerebro cuántico sobre el libre albedrío.

está equipado con el lóbulo frontal exactamente para eso. Dice el doctor Dispenza:

> Lo que nos separa de todas las otras especies es la proporción de nuestro lóbulo frontal en relación con el resto del cerebro. El lóbulo frontal es el área del cerebro responsable de la intención firme, de la toma de decisiones, de la regulación del comportamiento, y de la inspiración. Mientras desarrollamos esa habilidad como seres humanos, hacemos otras elecciones que, de hecho, afectarán a nuestro potencial o afectarán a nuestra evolución.
>
> Un perro tardaría literalmente miles de años en hacer una segunda elección, mientras que el ser humano, y gracias a su lóbulo frontal agrandado, podrá efectuarla en cuestión de un momento.

Controlamos el simulador de la realidad virtual. Tiene tal flexibilidad que creará para ti todo lo que imagines. Una vez que seas lo suficientemente consciente y que aprendas a usar tu intencionalidad, tu intención hará que se materialicen las cosas. Se aprende a controlar intenciones. Todo consiste en este proceso de construcción, más y más y más, para que luego experimentes señales más profundas procedentes de los diferentes niveles del traje biológico y sientas una realidad más amplia.

William Tiller, físico

Lo único constante es el cambio.

I Ching

Ya hemos hablado de por qué el deseo es necesario y no es siempre «malo», y ésa es la razón de que tengas que tomar una decisión y ponerla a la par que la intención para hacer realidad la salud, la riqueza y la felicidad. Si aún sigues desconectado, Ledwith añade: «Bien, ¿por qué no puedo conseguir esto? Principalmente por falta de concentración. No podemos mantener la concentración durante mucho rato; la mente va de un lado a otro y estamos demasiado sintonizados con las vibraciones del plano material». Ahí está el problema. Para que la intención funcione hay que concentrarse en ella, pero el mundo en que vivimos está siempre, siempre llamando la atención. Se gastan miles de millones de dólares para que pongamos la atención en lo que realmente quieren ellos (y la palabra adecuada es *pagar*).* Es un verdadero dilema, apunta Joe Dispenza, «la mayoría de la gente se detiene tras un pequeño esfuerzo porque buscan resultados en este mundo, y cuando no los ven, inmediatamente descartan que sean posibles. No obstante, justo al otro lado, justo después del punto donde paran, se encuentra el potencial que aún

* En inglés, «pay attention to» (*pay* = pagar). (N. del T.)

sigue existiendo. Somos unos vagos. Vivimos en un mundo de conveniencia y nos impacientamos en cuanto no conseguimos rápidamente lo que necesitamos».

Ahora que, desde luego, no podemos acusar al mundo de nuestra falta de concentración. Eso sería tener una mentalidad de víctima. Es más, para ser realmente buenos en el ejercicio de la *intención*, debemos *desear* serlo y hacer la *elección* de desarrollar esa aptitud. Es una reacción en cadena con resultados extraordinarios.

En el capítulo del «Cerebro cuántico», hablamos del efecto Zenón Cuántico: cuando alguien sostiene continuamente la misma intención (es decir, concentrando la mente) dirigida hacia el mundo cuántico, afecta a la realidad. Volviendo a citar a Henry Stapp: «En virtud de las leyes cuánticas del movimiento, una intención firme manifestada mediante actos intencionales similares realizados a gran velocidad, tenderá a mantener en el sitio al modelo asociado para el movimiento». Así pues, no se trata sólo de tener una intención e irse al cine; lo que hace que ocurra la magia es la repetición de deseo, deseo, deseo y concentración, concentración, concentración.

Si la realidad es una posibilidad que tengo, la posibilidad de la consciencia misma, entonces surgen estas preguntas: ¿cómo puedo cambiarla?, ¿cómo puedo hacerla mejor?, ¿cómo puedo hacerla más alegre? Según la vieja forma de pensar, no podíamos cambiar nada de la realidad porque no desempeñábamos ningún papel. La realidad ya estaba ahí; consistía en objetos materiales que se movían a su aire y tenían una vida predeterminada. Yo, el que tenía la experiencia, no tenía ningún papel. Según la nueva visión, sí, las matemáticas nos pueden aportar algo: las posibilidades que todo este movimiento puede suponer. Pero no nos puede aportar la experiencia concreta que voy a tener en mi consciencia. Yo elijo esa experiencia y, por tanto, literalmente creo mi propia realidad.

Amit Goswami, físico

Cambio observable

Llevamos ya muchos capítulos hablando de las glorias del cambio y del callejón sin salida (en sentido literal) que supone el no aventurarse jamás en lo desconocido. Así que, a estas alturas, o bien estás muriéndote por tener una experiencia explosiva, o bien vete a la cama.

Para terminar esta larga cadena de factores operativos e interrelacionados, le pedimos al doctor Dispenza que nos resumiera en lo esencial qué tenemos que hacer para que nos suceda a todos. Como nos dijo en un capítulo anterior, «el mundo subatómico responde a nuestra observación; ahora bien, una persona suele perder la concentración en un lapso de entre 6 y 10 segundos». Entonces, ¿cómo lo superaremos?

EL MUNDO CUÁNTICO: DESDE LO DIMINUTO A LO HUMANO

¿Cómo puede lo muy grande responder a quien ni siquiera tiene la capacidad de centrar la atención y concentrarse? Puede que simplemente observemos mal; o puede que aún no dominemos el arte de la observación, y puede que sea un arte. O quizá somos tan adictos al mundo externo, al estímulo y respuesta en el mundo externo, que el cerebro comienza a trabajar para la respuesta en lugar de para la creación.

Si contamos con el conocimiento adecuado, el entendimiento adecuado y la instrucción adecuada, tendríamos que empezar a ver una respuesta medible en nuestras vidas. Si haces el esfuerzo de sentarte a planear una nueva vida, y lo conviertes en lo más importante, y empleas parte de tu tiempo cada día en alimentar esta idea, al igual que el jardinero alimenta una semilla, entonces sacarás fruto. Puede que te cueste algún tiempo al principio, puede que tardes un poco en desarrollar el arte de controlar tu mente para todo lo que es necesario que haga.

Pero tenemos que estar dispuestos a sentarnos cada día y reservar un rato para dar gracias por estar vivos y por la vida que tenemos. Y luego empezar a observar con sinceridad y diseñar un nuevo futuro posible para nosotros mismos. Si lo hacemos de manera adecuada y lo contemplamos de la manera adecuada, deben empezar a aparecer oportunidades en nuestras vidas, no las mismas que podamos predecir, sino otras al margen de nuestra predicción. Y tiene que ser así, porque cuando se produce sabemos que proviene de una mente superior.

Si fuera lo mismo que predecimos, entonces crearíamos más de lo mismo. ¿Cómo podemos crear un nuevo mundo si podemos predecir el resultado? No creamos nada nuevo cuando buscamos información en nuestro mundo. Al cerebro le gusta recibir información, le encanta saber cuándo tiene éxito o si ha conseguido realizar bien una tarea para poder hacerla otra vez.

No puedes limitarte a pensar que cambias. No puedes utilizar el mismo cerebro que te metió en un apuro para que te saque de él y haga un cambio en tu vida. Tienes que salir fuera de ti mismo para obtener una mayor perspectiva. Para algunos, puede ser algo tan fácil como darse un baño y contemplar cosas, o estar en la naturaleza, o concentrarse, o meditar o andar sobre carbón en ascuas... cualquier cosa que les traslade a un estado diferente.

MARK

He visto a personas verdaderamente estúpidas convertirse en científicos excelentes, e incluso ganar el Premio Nobel. He visto a otras personas excepcionalmente inteligentes y con talento mendigar por las calles de San Francisco. Todo consiste en deseo, deseo y deseo.

Fred Alan Wolf, físico

En este estadio de la mente, la sinceridad ofrece a la gente la oportunidad de emplear el principio de escoger una realidad potencial y observarla. Y al hacerlo, están dispuestos a afirmar que la física cuántica funciona para lo diminuto.

Pero ¿cuándo te conviertes en un hechicero y dices todo lo que desde tiempos inmemoriales han dicho todas las grandes personas que han existido? Siempre comienza con el pensamiento y el sueño. Y ¿por qué no te empleas en aplicarlo a tu vida personal? No se trata de que el campo cuántico no responda, sino que tenemos que elevar nuestro nivel de deseo y de sinceridad, y en el momento en que lo hagamos, veremos en nuestras vidas resultados comprobables.

JOE DISPENZA

Para ver qué se necesita para cambiar, sólo tenemos que desandar camino que acabamos de andar. Para cambiar tenemos que tener la intención de cambiar. La intención es el resultado de una decisión (libre albedrío) de cambio y surge del deseo de cambiar.

Tienes que querer cambiar. Es decir, *querer* cambiar, desearlo tanto como deseaste tu primer... lo que sea. Porque el mundo material, el mundo de la materia, marcha como un reloj y se resiste al cambio, mientras que el mundo no visible del espíritu lo provoca. La elección consiste en qué mundo quieres vivir.

Reflexiona un rato sobre esto...

- ¿Qué deseas y querrías que fuese realidad?
- ¿Por qué lo deseas?
- ¿De dónde viene ese deseo?
- ¿Qué llenaría en ti conseguir ese deseo?
- ¿En qué cambiaría tu realidad si consiguieras ese deseo?
- ¿Cambiaría tu paradigma también?
- ¿Estás dispuesto a dejar todo lo que conlleva tu paradigma actual para conseguir ese deseo? ¿Tienes que hacerlo?

¿Qué significa todo esto para mí en realidad?

Mientras hacíamos la película, volví locos a todos haciéndoles esa pregunta una y otra vez. ¿Cómo incorporo toda esta información nueva en mi vida para llevar a cabo un cambio real? ¿Cómo la llevo de la filosofía a la experiencia? Cuando empecé con la película, ni siquiera sabía cómo se escribía cuántico, ni me importaba demasiado la «espiritualidad». Vivía muy contenta con mi conciencia de zapato, dando tumbos contra la realidad. Me veo a mí misma como la «creadora accidental».

Tras pasar los últimos cuatro años trabajando en la película y en el libro y viajando por todo el mundo hablando sobre ellos, he llegado a entenderlo de esta forma: según parece, las adicciones emocionales (o ataduras) están en el origen de todo. Yo creo mi realidad sobre la base de mi estado emocional, que es un estado que yo elijo, porque mi cuerpo se ha hecho adicto a las mismas emociones, experiencias y sustancias químicas. Esas experiencias están conectadas con el cerebro, con arreglo a antiguas experiencias y a información antigua.

Entonces, ¿cómo paso de un estado de adicción emocional a un estado o nivel superior para crear desde allí emociones nuevas? ¿Cómo «poseo» una emoción? ¿Qué significa poseer una emoción?

Para mí, «poseer» una emoción significa que ya no tiene poder sobre mí o sobre mis elecciones. Yo elijo mi estado emocional, no me elige él a mí. Una vez que he «poseído» una emoción, no significa que ya no la tendré nunca más. Pero cuando surge, no me entra el pánico y trato de reprimirla. No le permito que arruine mi sistema. Observo.

¿Cómo empiezo? ¿Por dónde empiezo? Bien, si he estado creando mi realidad desde emociones a las que soy adicta, entonces las contemplo. Intento trabajar sobre una solamente, pero lo normal es que descubra que hay muchas emociones interconectadas y que puedo seguirles la pista hasta una o dos experiencias que tuve anteriormente en la vida.

Así pues, en primer lugar me doy cuenta de que las tengo, soy consciente de ellas.

El siguiente paso consiste en ir más allá del juicio. Averigüé que una vez que había descubierto una adicción, pasaba tiempo sintiéndome mal por tenerla, juzgándome, y lo curioso es que me juzgaba desde un estado de adicción. Veamos un ejemplo: soy adicta al fracaso. Y no me juzgo lo bastante buena como para superar el fracaso (lo cual es un fracaso). ¡Uf! Me recuerdo a mí misma que no soy la única que tiene ese problema. Todo el mundo es adicto a algo y todo el mundo, incluso yo, tiene capacidad para cambiar sus adicciones. Pero el juicio es una de las cosas que tenemos arraigadas profundamente. Al parecer, la culpa y el juicio están en nuestro interior por siglos y siglos de insistencia en la «moralidad». Así que aunque creas que no eres una persona que juzga, eso está ahí, en alguna parte.

Entonces, ¿qué hago?

Paso un par de días escribiendo cada emoción que siento, cada vez que la tengo y el hecho al que está conectada. Es un ejercicio que te abre los ojos. No es que me sienta calificada para poner ejercicios (¡huy!, error), pero me ayuda realmente a ver mis adicciones. Lo hago cada dos meses.

Una vez que tengo la lista, empiezo a interrumpir la pauta. Cada vez que empiezo a sentir una emoción a la que soy adicta, paro y me hago estas preguntas:

- ¿Necesito de verdad seguir con esto?
- ¿A quién o a qué sirve?
- ¿Solucionará el problema?
- ¿Por qué lo considero un problema?
- ¿Me hará evolucionar?

Responder a esas preguntas me da tiempo para observar y para empezar a ver que puedo elegir mi estado emocional, que puedo influir en mi realidad de un modo que me hace avanzar. Otra cosa de la que me di cuenta es que las adicciones emocionales tienen muchas capas. La ira es un subproducto del resentimiento, que a su vez es un subproducto del fracaso, que es un subproducto de la victimización, etc.

Tras superar la emoción de «esto es imposible; jamás lo resolveré», empecé a encontrarlo verdaderamente divertido. Era una experiencia nueva. ¡Era reconstruirme a mí misma desde dentro en vez de sentir que el exterior me construía!

No son siempre las cosas importantes o las evidentes. Tienes que fijarte detenidamente en lo muy pequeño para que te lleve a lo grande (suena un poco a cuántico). Miro a mi alrededor, la gente, el lugar, las cosas, el tiempo y los acontecimientos (mi realidad). De la observación de todo eso, veo que mis adicciones han creado mi realidad. Veo también que mis adicciones siguen manipulándome en ciertas situaciones.

Por ejemplo: en un momento de mi vida llegaba tarde al trabajo todos los días. Por muy temprano que me levantara, o por más que intentara llegar a tiempo, llegaba tarde. Siempre me quedaba atascada detrás de un autobús escolar. Todos los días me encontraba con el maldito autobús y aquello me hacía sentirme estresada y estar acelerada y abrumada en el trabajo. Me parecía que jamás podría acabar nada. Era una maniática; todo el mundo andaba con pies de plomo a mi alrededor para que no me enfadara. Tenía veintitantos años y un trabajo que la mayoría de la gente esperaba que lo hiciera un hombre mayor que yo. Estaba acomplejada. No me merezco este trabajo; no lo puedo hacer; nadie me respeta. Es decir, si ni siquiera puedo ser puntual, ¡no debería estar aquí! Ahora me doy cuenta de que el autobús era una creación mía para ayudarme a satisfacer mi necesidad química de fracaso. Me hizo reír mucho.

Como dije antes, hago el ejercicio todos los meses más o menos para ver los progresos que hago. Para comprobarlo conmigo misma. Cuando tomo conciencia de mis pensamientos y emociones y me hago preguntas, es como si pudiera detener el tiempo, salir al futuro y probar las posibles opciones y luego hacer la elección que me hará evolucionar mejor. Puede que mi deseo verdadero sea tener esa experiencia.

También encuentro tiempo para sentarme todos los días a crear conscientemente mi realidad. Pero no es que me siente y diga «hoy quiero que me caiga del cielo un millón de dólares». Me concentro en la abundancia y dejo que mi dios me la traiga de un modo que me permita evolucionar. Porque de eso se trata, de evolucionar a un nivel superior de consciencia. Y eso significa que tengo las emociones y experiencias que necesito tener y luego las poseo. Tomándome tiempo para observarme a mí, mi realidad y mi estado emocional, puedo hacer elecciones que me hagan avanzar un gran trecho, en vez de andar dándome de cabezazos contra la pared y comprando zapatos.

Hemos recibido muchísimas cartas de gente de todo el mundo que ha llevado esos conocimientos desde la filosofía a la experiencia. Hay grandes anécdotas para inspirarte. Aquí van unas cuantas:

Hace unos cuatro años que murió mi marido. Dejó tras él un pájaro sumido en la pena, y no digamos a su esposa. Intentara lo que intentara, el pájaro seguía mordiéndome, chillando, arrancándose las plumas y siendo muy autodestructivo. Finalmente, después de ver la película, me pregunté si podría cambiar mis pensamientos y acciones, recé por él y creí que podía ser distinto. Empezó hace unas dos semanas. Me deja cogerlo, bañarlo, jugar con él y no muerde, lo cual es asombroso porque mordía siempre. Es más feliz. Me asombra ver que el cambio en mis acciones y pensamientos ha impactado en las suyas. Antes estaba desesperada porque no sabía qué iba a hacer con él. Ahora tiene un futuro más halagüeño.

JEAN

Tengo una alergia tremenda al polen. Mi padre y mi hermano también la tienen. Somos todos tan alérgicos que tomamos muchas medicinas como tratamiento, para pasar los veranos. Toda la vida ha sido un problema para todos nosotros. Entonces, un día mientras leía *The Power of Intention,* tuve un momento «ajá». Recordé las imágenes que salen en la película en las que el cerebro produce todas esas sustancias químicas, y creo que era el doctor Dispenza diciendo que el cerebro humano tiene su propia minifarmacia. Así que decidí establecer el propósito de que cada vez que sintiera que empezaba a notar las consecuencias de la alergia al polen, visualizaría mi cerebro produciendo lo que necesita para parar los efectos de la alergia en mi cuerpo (igual que los anuncios muestran lo que hace la medicina para bloquear las partículas que causan la alergia). No he utilizado medicinas externas para la alergia en los últimos dos meses. Casi a diario noto que empiezan los efectos, pero he aprendido a pararlos por mí mismo. Al principio, me ocurría con mucha más frecuencia que ahora. No sé si es por mí o porque a lo mejor lo que quiera que me dé alergia no haya brotado mucho por aquí, pero sé que está disminuyendo.

NICK

Una serie de acontecimientos sincronizados me llevó a ver *¿¡Y tú qué sabes!?* en Cardiff, Gales del Sur. Durante los dos últimos años he estado leyendo libros sobre física cuántica (no soy matemática) sin saber por qué me atrae tanto. También he tenido experiencias maravillosas en el último año después de visitar un círculo de la cosecha en Silbury Hill, Wilts. Tres meses después de aquella experiencia, tuve una curación espontánea. Me habían diagnosticado una degeneración macular en los ojos, una enfermedad progresiva que finalmente destruye la vista. Ya estaba experimentando una visión distorsionada. Me desperté una mañana y descubrí que tenía restaurada la vista. El especialista del hospital está asombrado y quiere convertir mi caso en un caso de estudio especial, como él dice, porque nunca ha visto que esa enfermedad se cure por sí sola. Después de ver *¿¡Y tú qué sabes!?*, me di cuenta del maravilloso potencial que tengo en mi interior y sentí como si se confirmara algo que he sabido toda la vida. Desde entonces, mi vista ha seguido mejorando y ya no necesito gafas tan gruesas para leer. Día a día, sé que estoy creando mis propias circunstancias.

JENNIFER

PARADIGMAS: EL OTRO LADO

Un paradigma es un conjunto de suposiciones implícitas y fundamentalmente inconscientes que no son susceptibles de examen; son parte de nuestro modus operandi como personas, como científicos, o como sociedad.

Hace un montón de capítulos...

Hemos hablado y hablado del paradigma científico y de cómo ha marcado comportamientos y la forma en que contemplamos el mundo. El «cambio de paradigma», esa expresión tan usada hoy en día, prevé un nuevo mundo maravilloso en el que ya no existen las antiguas suposiciones básicas de la cosmovisión newtoniana.

Ahora bien, en el mundo de los paradigmas hay un gorila de trescientos sesenta y tantos kilos, de pie, en el mismísimo centro:

Es la religión, ¡salúdala!

Aunque mucha gente quisiera decirle adiós, la religión es el buque insignia de los paradigmas, en todas sus variadas manifestaciones.

«... no son susceptibles de examen...»

«... fundamentalmente inconscientes...»

Veremos enseguida que, de hecho, el modus operandi fue lo que inició la ruptura newtoniana entre el espíritu y la ciencia. La causante no fue ciencia, fue la Iglesia.

Un mundo de religión

Sin duda , las creencias en torno a Dios forman la línea divisoria más importante entre las civilizaciones de Oriente y Occidente.

No sólo han definido las culturas en gran medida, sino que las creencias mismas son completamente diferentes. Mientras que las religiones occidentales mayoritarias giran en torno a un Dios único y todopoderoso, en las religiones de Oriente suele haber muchos dioses, y en algunas, como el budismo y el taoísmo, la palabra «Dios» ni siquiera se menciona.

Las tradiciones religiosas orientales predican que Dios (o Tao, Brahmán, la consciencia pura, el Vacío, etc.) está en todas partes y donde mejor se experimenta es en el interior de uno mismo. Efectivamente, la afirmación es: Dios *es* el propio ser de uno; o quizá sería mejor decir: el propio ser de uno es Dios.

En las tradiciones occidentales, Dios está separado de nosotros. Se atribuye a Descartes la «invención» del dualismo y, sin embargo, lo cierto es que miles de años antes ya existía la noción dualista de un Dios «ahí fuera». En cierto sentido, la visión dividida de Dios/humanidad permitió que el dualismo hiciera mella en Occidente y trajera un montón de problemas (¡y un montón de descubrimientos maravillosos!).

Hablaremos ante todo de las religiones occidentales, ya que la civilización occidental es la dominante hoy en día y parece que está controlando el mundo. Aunque trataremos varias ideas y dogmas y señalaremos algunas de las consecuencias problemáticas de dichas ideas, es importante no perder de vista la otra cara de la moneda: las vidas que ha inspirado, la esperanza y la revelación que han cosechado millones de personas a lo largo de siglos a través de las enseñanzas de las distintas Iglesias.

La evolución y la empresa humana

Un apunte sobre nosotros, los humanos: seguimos avanzando sin parar. A veces no estamos seguros de hacia dónde vamos, pero no importa, seguimos adelante. Porque en todos los sistemas de vida, lo que no avanza, cambia o evoluciona, se estanca y se muere. Como opina Miceal Ledwith,

El método en la ciencia consiste en hacer conjeturas sobre la realidad, y luego se lucha a brazo partido para demostrar que están equivocadas. De ese modo se puede descartar lo accesorio y lo secundario y, con suerte, se llega al núcleo sólido y fijo. Pero como ya sabes, el 90% del conocimiento nuevo acabará de todos modos en el cubo de la basura en pocos años. Por otra parte es así como debe de ser.

Ahora bien, la religión es la única excepción a esa regla en el terreno del esfuerzo humano, pues dice: «Poseemos toda la verdad ya desde el primer día», y, por tanto, nunca podrá cambiar y nunca nos pondremos a refutarla; y como nunca nos proponemos rebatir los aspectos circunstanciales de sus presuposiciones, la religión juega un papel cada vez menos importante en la evolución del pensamiento humano.

EL GRANO DE MOSTAZA

Así que... un grano de mostaza. Ésta es una parábola brillante para una época en la que no había ciencia. Hace 2.000 años Jesús ya lo sabía. ¿Cómo iba a enseñar física cuántica a un puñado de pescadores, recaudadores de impuestos y paisanos montados en burros? ¿Qué somos en realidad? Somos más pequeños aún que el más breve espacio de tiempo. ¿Qué tamaño tenemos entonces? Somos el punto cero y fluctuamos en el punto cero. Jesús dijo a sus discípulos que el Reino de los Cielos no está en la bóveda celeste. Muchos dirían que está aquí o que está allí. Pero en realidad, un grano de mostaza, la semilla más pequeña, es el Reino de los Cielos. ¿Y qué quiere decir? Explica lo que somos en realidad y dónde se encuentra nuestra eternidad. Este ser es más pequeño que un grano de mostaza y el reino en que vive Dios es aún más pequeño. Y eso, mi amadísima entidad, es coherente con el mundo cuántico que forma esa gran distracción llamada realidad.

Ramtha

No fue siempre así, ni siquiera aquí, en Occidente. El ejemplo más conocido y evidente son las enseñanzas de Jesús. El Dios del Antiguo Testamento era una entidad colérica, vengativa y rencorosa. Alguien que parecía complacerse en exterminar recién nacidos, humanos, cabras y ganado. Se mire por donde se mire, era un «Dios celoso». Lo cual difiere notablemente de lo que decía Cristo: «Dios es amor». Como lo describe el doctor Ledwith, «la tendencia general de las enseñanzas de Jesús supuso un cambio muy apreciable en comparación con las enseñanzas del Antiguo Testamento».

En efecto, muchas de las enseñanzas de Jesús parecen hacer hincapié en que cambiemos nuestro concepto de la figura de la barba blanca subida en una nube, caprichosa y colérica, por un Dios más personal; o en que abandonemos la idea de que el cielo es un lugar y creamos que el cielo es un estado mental. Tal y como citamos anteriormente: «El Reino de los Cielos está dentro de ti».

De hecho, los aspectos revolucionarios de las enseñanzas de Jesús han perdurado a través de los siglos. Según Ledwith,

Y siempre resaltó la importancia del pensamiento; lo consideraba más importante incluso que la acción que podría seguir al pensamiento. Si pienso, por ejemplo, que quiero matar a mi vecino, pero en realidad no llego a hacerlo nunca, bueno, es obvio que supone una gran diferencia para mi vecino, pues no le he matado. Sin embargo, en cuanto se refiere al reino que estoy construyendo dentro de mí, por así decirlo, realmente no hay diferencia entre el pensamiento y la acción que sigue al pensamiento, porque desde el punto de vista cuántico del mundo, con el que estamos más familiarizados ahora, es evidente que el pensamiento es el factor decisivo, el pensamiento es primordial.

Según opinión de la mayoría de los entendidos, de todos los libros prohibidos, el Evangelio de Tomás es uno de los más cercanos a las verdaderas enseñanzas de Jesús y de la Iglesia primitiva. Ese documento se descubrió en 1945 cerca de la ciudad de Nag Hammadi, en Egipto.

Con todo, las religiones occidentales se estancaron en algún lugar del camino recorrido hasta el día de hoy. Se suprimieron libros de la Biblia y otros se corrigieron. Los puntos de vista disidentes fueron borrados sin contemplaciones y a medida que la Iglesia se encumbraba, todos los caminos *salían de* Roma.

Y ahora hay cientos de escisiones en las religiones y cada una pretende decir la última palabra sobre la verdad. Tal y como dice Lynne McTaggart, «uno de los problemas que hay con las religiones organizadas es la sensación de estar aparte de las demás: lo único bueno es ser protestante, o los católicos son los únicos que conocen el camino. Creo que ahora nuestra interpretación actual de la física cuántica nos lleva a creer en una sola unidad completa y, por tanto, nuestra espiritualidad tiene que provenir de un sentido de unidad».

La evolución y la empresa personal

Entonces, con todo lo que sabemos de las cosmovisiones y de lo que limitan nuestra visión de la realidad, ¿cómo nos afecta el punto de vista predominante heredado de las grandes enseñanzas?

El doctor Ledwith nos cuenta la siguiente anécdota:

En Australia hace unos años me aconteció lo siguiente: mientras hablaba del concepto del cielo y del infierno, un chico joven de unos veinte años me dijo: «Ha sido muy interesante, ¿sabe?, pero gracias a Dios, gracias a Dios, yo no soy religioso».

«Y ¿cómo es eso?», pregunté, y me contestó:

«Pues verá, es que yo no soy religioso. Mis padres no creían en nada y yo crecí sin ninguna creencia».

El día antes me había contado que su padre había muerto cuando él tenía ocho años, de modo que le dije: «¿Te importa que te pregunte una cosa? ¿Dónde te dijeron que fue tu padre cuando murió?».

Contestó: «Pues me dijeron que se había ido al cielo».

Dije: «Eso me suena sospechosamente a religión, la verdad». Y seguí hablando de una veintena de cosas, ya sabes, de creer en lo correcto y lo incorrecto, de la retribución por las buenas acciones y por las malas, etc., y en todas y cada una de ellas se distinguió como una persona con una visión hondamente religiosa de la realidad. Nunca en toda su vida había pisado una iglesia, sinagoga o mezquita, y sin embargo era una persona absolutamente religiosa.

Nunca pecaron, nunca actuaron injustamente. Equivocarse, sí, en enfrentamientos morales con la sociedad, pero ése es su infortunio, el motivo por el que están aquí, para equivocarse, para aprender, para buscar y utilizar la sabiduría que hay en ello y así crear sueños aún más grandes. Hemos creado todo esto para personas así. Todas las personas son divinas.

Ramtha

Según Ledwith, el único gran obstáculo que nos impide evolucionar es la forma en que a menudo vemos a Dios dentro de nuestra cultura: un Dios sentado en algún lugar «anotando los resultados en su ordenador portátil para ver si actuamos según sus designios o si estamos ofendiéndole, como dicen, un concepto absolutamente terrible, realmente. ¿Cómo podemos ofender a Dios? ¿Por qué le importa tanto? Y sobre todo, ¿cómo puede considerar una situación tan mala como para condenarnos a una eternidad de sufrimiento? Son ideas estrafalarias».

Y son ideas estrafalarias: que en este vasto universo, donde hay más galaxias que granos de arena en los océanos, que en esa enormidad, en un planeta pequeño, un grupo de gente —bueno, de *hombres* realmente— tenga la exclusiva de poder entrar en el cielo a través de arcadas de perlas. Y todos los demás seres en el universo soportarán una eternidad de sufrimiento en el infierno. Es difícil imaginarse una idea más estrambótica. Y si ésa es

la clase de Dios en el que crees, sólo tienes que pensar: ¿cómo afecta a tu visión del mundo?

No obstante, hay millones de personas a las que se les ha inculcado el miedo a hacer mal las cosas, el miedo a la condenación y el miedo a vivir. Como observa Ramtha, «es el único planeta habitado de la Vía Láctea y está imbuido de religión y subyugado por ella. ¿Sabes por qué? Porque la gente ha establecido lo que está bien y lo que está mal».

Es difícil aceptar a la primera la idea de que lo correcto y lo incorrecto estropean de algún modo el verdadero significado de la evolución y su consecución. ¿Es correcto matar a alguien? ¿Puedo robar a mi vecino? ¿Destruir una ciudad?* El motivo de que sea un concepto tan difícil de entender es que supone una manera esencialmente distinta de abordar la vida y la evolución.

Lo que está bien y lo que está mal se basa en un conjunto de reglas que han ido evolucionando a partir de enseñanzas, valores culturales y conveniencia política. Todas ellas provienen de fuera de nosotros mismos, de nuestras creencias culturales. La evolución viene del interior. Contemplar las decisiones desde la perspectiva de la evolución da lugar a la presunción básica de que, en el fondo, cada persona es fundamentalmente divina. Esto difiere radicalmente de la idea de que hemos nacido pecadores o como seres malévolos a los que hay que decir con exactitud todo lo que deben hacer porque son malvados por naturaleza. Por consiguiente, para mantener a raya a todos los animales humanos, está la amenaza de una eternidad de sufrimiento.

«Pecadores en manos de un Dios enfadado» es el título de un célebre sermón de Jonathan Edwards, uno de los primeros predicadores apocalípticos de la América puritana. Ahora bien, se puede argüir que la raza humana, en determinadas etapas de la evolución, necesitó ese tipo de «guía», igual que a un niño de tres años hay que decirle que no meta el tenedor en un enchufe. Pero lo que sugerimos nosotros es que ha llegado la hora de dejar

* Por supuesto, todo es relativo. Si una persona hace algo de lo anterior, está «mal»; si un país se lo hace a su vecino, es una conquista justificada.

Así pues, pienso que todo el que emprenda el camino de la iluminación será absolutamente impecable en todo lo que haga. ¿Será por miedo a la condenación? No. ¿Por miedo al castigo de Dios o porque ha pecado y no le han perdonado? No, no, no. La persona realmente iluminada comprobará que cada acción provoca una reacción que debe afrontar, y si es sabia, no va a hacer nada con lo que tenga que enfrentarse posteriormente y resolverlo y compensarlo en su alma. Éste es el criterio verdadero. De modo que no se puede pecar contra Dios, puesto que la presencia divina está en todos nosotros y cumplimos el mandato divino en todo lo que hacemos. Dada la realidad acción-reacción, nos daremos cuenta lo suficientemente rápido de que hay cosas que no nos hacen evolucionar y tendremos que aprenderlo antes o después. Pero ¿se puede pecar contra Dios? Es imposible.

Miceal Ledwith

En una entrevista con una periodista tras el estreno de *¿¡Y tú qué sabes!?*, yo despotricaba contra el dogma de la religión. Ella afirmó que mis palabras sonaban tan dogmáticas como las religiones de las que yo hablaba. Como periodista que cubría las noticias religiosas, había visto y oído muchas cosas maravillosas acerca de esas religiones y añadió que yo estaba «actuando con un exceso de celo». El comentario me hizo abandonar ese camino. También me hizo apreciar lo que implica ser un periodista dedicado a buscar la verdad.

WILL

atrás un sistema de valores basado en el juicio sobre lo que está bien y lo que está mal y de adoptar otro basado en la evolución personal. Así como el niño aprende que existen fuerzas poderosas, como la electricidad, por ejemplo, también el adulto aprende que hay leyes poderosas en el universo: «No juzguéis y no seréis juzgados, no condenéis y no seréis condenados. Perdonad y seréis perdonados» (Lucas 6,37). O como hemos estado diciendo, tu actitud interior se reflejará en la realidad exterior.

Un concepto de la evolución fundamentado en la sabiduría creciente es mucho más afín a las cuatro verdades nobles de Buda que mencionamos anteriormente: «El origen del sufrimiento está en estar atado a cosas pasajeras sin saberlo». El sufrimiento no es la consecuencia de desagradar a un Dios enfadado y celoso, sino simplemente el resultado de la ignorancia, del no saber.

Y como tal, no es un castigo, sino un indicador, un codazo de advertencia, una señal en el Camino.

¡Sálvame de mí mismo!

Uno de los principios básicos del cristianismo es el concepto de que «Jesús me salvará». Y, de hecho, no tengo la más mínima esperanza de poder hacerlo yo sólo, puesto que soy un pecador nacido en pecado y desgraciado desde el principio. Es difícil pensar en algo más descorazonador.*

Lo irónico es que sean precisamente las equivocaciones, las decisiones estúpidas, los «pecados» lo que nos hace evolucionar y llegar a estados cada vez más elevados. Y si siempre hay alguien que puede salvarte, entonces nunca tendrás que responsabilizarte de nada, lo cual representa la clásica mentalidad de víctima. Es más: muchas de esas ideas tienen la palabra *víctima* escrita en ellas.

JZ Knight lo dice de esta manera: «Complacer a Dios nos libera de los obstáculos de la vida. Quiero decir que el propio hecho

* Si se te ocurre algo peor, puede que desees añadirlo al capítulo del *Manual del no brujo* en el que los magos se convertían en sapos.

de que alguien tenga que morir por nuestros pecados es una especie de timo, ¿no crees? Es decir, creo que todos deberíamos tener el privilegio de vivir nuestros propios pecados para enriquecernos con la sabiduría que obtendríamos al experimentarlos. Y no veo que podamos madurar y convertirnos en seres increíbles, a menos que nos hartemos de sufrir experiencias malas y dolorosas y cosas semejantes, ya que sólo entonces habremos alcanzado realmente la sabiduría que nos permitirá entender a todo el mundo».

¿Es *mala* la religión?

Empieza a parecer que la religión es la culpable, que nos convierte en ovejas temerosas esperando que el martillo del juicio final caiga sobre nosotros. Por otra parte están las historias desgraciadas de las guerras santas, la caza de brujas, la quema de libros, los sistemas de castas, por citar sólo unas pocas. No es exactamente lo que podíamos esperar de una guía divina. Pero sería muy hipócrita calificar de *mala* la religión después de haber estado hablando y hablando de que lo bueno y lo malo no existen. Pensemos que las actividades religiosas constituyen un paradigma, o un brote de la consciencia que encuentra su expresión en distintas religiones. Y hay un montón de información que lo avala. Vuelve la vista atrás a todas las cosas «malas»: guerras, caza de brujas, quema de libros, sistemas de castas, *todas* ellas se han manifestado frecuentemente fuera de cualquier Iglesia. Si los humanos quieren ir a la guerra, encontrarán una razón. Si hay personas que quieren sentirse superiores a otras y pensar que defienden «el único camino», encontrarán un paradigma que les otorgue esa identidad.

Puede que durante algún tiempo algunas religiones se alimentaran de una auténtica fuente divina, pero con el tiempo son los hombres quienes las heredan y las administran. Es importante señalar que la raíz de tales innovaciones no está en las enseñanzas, sino en los recovecos de la humanidad. La solu-

En el transcurso del pasado año, mientras viajaba por todo el mundo hablando con periodistas y con nuestros seguidores, llegué casi a la misma conclusión que Will. Estaba utilizando la ciencia para echar por tierra las religiones fundamentales. Al utilizar el método de «la ley del más fuerte», mostraba la misma actitud que había visto en los seguidores de alguna tradición calvinista. Por otra parte, tenía la esperanza de que esas tradiciones divergentes pudiesen encontrar un punto en común. Quizá sólo pudiesen hacerlo cuando yo comenzase a hacer lo propio. Destrozar una idea presupone que solamente hay una respuesta correcta. Y la física cuántica demuestra claramente que no es así. Lo reconozco humildemente.

MARK

ción no es atacar la religión sino evolucionar mejorando en la próxima generación y crear la siguiente versión de la humanidad. No nos libraremos de las guerras librándonos de las iglesias o de los gobiernos, sino evolucionando y dejando atrás las dependencias que nos llevan a hacer lo que hacemos. El problema de las religiones es que se atascaron y se mantuvieron en sus trece con respecto a cuál es la verdad. Para que el impulso religioso sobrepase esa postura de estancamiento, hay que mirar la otra cara de la moneda, es decir, la ciencia, y averiguar qué es lo que la hizo grande. Lo que falta es estar dispuesto a equivocarse en la búsqueda de un entendimiento cada vez mayor.

Dijo Jesús: «Cuando os conozcáis, seréis conocidos y sabréis que sois hijos del Padre viviente. Pero si no os conocéis a vosotros mismos, viviréis en la pobreza y seréis la pobreza».

Evangelio de Tomás

Llega el cambio. Hay señales por doquier de que la imagen de Dios está cambiando. Una idea de Dios más abstracta, menos humana, ha reemplazado la figura de «El Gran Padre Blanco» sentado en el trono del juicio final, tan popular en la Edad Media.

Andrew Newberg dice: «La gente de un modo u otro se ha distanciado de Dios, de la persona de Dios, y tiene una concepción de Él más grande, infinita. En cierto sentido, Dios impregna el mundo, pero también, en otro sentido, existe aparte del propio mundo. Así que, no es que Dios sea el universo *per se,* sino que Dios fluye por el universo entero, que incluye todas las cosas, todas las partículas y a todos los seres».

Esto comprendería la idea de que Dios está en el interior.

Los sumerios veían a Dios en seres que andaban por la Tierra y que interactuaban con ellos. Los indios americanos veían que el espíritu estaba en todas partes y lo impregnaba todo. Por eso hablaban al espíritu del viento, al espíritu del búfalo.

¿Y qué es Dios? ¿Qué es el espíritu? ¿Qué es lo espiritual? ¿Es lo espiritual únicamente el terreno del que la ciencia fue expulsada hace más de 400 años? ¿Cuándo vuelve?

Cuando era niña íbamos a la iglesia todos los domingos. Pero la cosa es que nunca sabía a qué iglesia íbamos a ir. Cada semana íbamos a una iglesia de una confesión diferente, en el fondo porque a papá le gustaba oír la música. Siempre me sorprendía comprobar lo similares que eran todas ellas en la forma de entender el amor, la bondad, la unidad. Pero también me daba pena ver lo distanciadas que estaban unas de otras. Le preguntaba a papá por qué había tantas iglesias diferentes. Me solía explicar que el hombre piensa siempre que él y sólo él está en posesión de la verdad y que todos aquellos que no están de acuerdo, ¡están equivocados! Con suerte, algún día el hombre comprenderá que no existe lo «correcto» ni lo «incorrecto», sino únicamente distintos grados de entendimiento, y tienes que aceptarlo en tu interior para poder evolucionar.

BETSY

Dios/espíritu/materia/ciencia

¿Se acabó el divorcio? ¿Cuál es el acuerdo? ¿Es *éste* un divorcio cuántico? ¿Quién se queda con las iglesias y quién se queda con los laboratorios? ¿Quién engaña a quién? ¿Quién es el engañado? ¿A quién hay que echar la culpa?

Las religiones iniciaron el divorcio con ideas tales como la del universo dualista en el que Dios estaba allá arriba y nosotros, la plebe, aquí abajo. En algunos aspectos, la Iglesia intentó dominar el empeño humano en todas sus formas: no sólo la ciencia, sino también las artes. Hasta que la ciencia le demostró que estaba equivocada, y entonces la única solución fue dividir el pastel. Dios y compañía se quedaron con el espíritu, y la ciencia con la materia. Y ¿no es irónico que fuera esa división la que elevó la ciencia a las alturas en la que está hoy en día? Si nos fijamos en las religiones de Oriente, observamos que nunca hubo que excomulgar a la ciencia, pues nunca adoptaron el dualismo. Con todo, lo que permitió que la ciencia occidental descubriera que la mente y la materia son una misma cosa fue su separación tajante del mundo del espíritu.

¿¡Qué!? Bueno, si es verdad entonces la separación de la ciencia y el espíritu es verdaderamente artificial y no se basa en realidad alguna. ¿Quién engañó a quién?

Nadie y todo el mundo. Esos dos mundos constituyen las dos caras de la misma moneda y la moneda es la humanidad, lanzada al aire a través de la realidad. Puede que esas dos ramas del pensamiento humano se separaran únicamente para que la ciencia pudiese centrarse en la materia, hacer descubrimientos y mejorar la calidad de vida. Es cierto que el dogmatismo que se observa muchas veces en la religión se encuentra también en el lado de la ciencia. Como John Hagelin observaba anteriormente, «se equivocan si piensan que los científicos son objetivos y exactos. Son tan humanos como los demás».

Creo que es importante entender que cuando decimos que Dios está dentro de nosotros, no estamos diciendo que nosotros somos un contenedor en el cual Dios está encerrado. Siempre pienso en la vieja imagen de las películas de alienígenas en las que la criatura te sale por el pecho; Dios no se encuentra así dentro de nosotros. Cuando decimos, como dijo Jesús, que el Reino de los Cielos está dentro de nosotros, más que decir que Dios está en nuestro interior, hablamos de una identificación completa de nuestro ser con la fuente divina que está en el origen de todo.

Miceal Ledwith

El antiguo paradigma

Jeffrey Satinover afirmó: «Hay científicos que son tan prejuiciosos como seres humanos como cualquier otra persona. Está el método científico, que es un método específicamente creado para minimizar la influencia de los prejuicios». El doctor Satinover va aún más lejos; la ruptura entre la ciencia y el espíritu, dice, nos afecta (o quizá infecta) a todos.

> La consecuencia de la declaración surgida durante la Ilustración es que toda acción que emprende un ser humano y todos los acontecimientos que le ocurren durante su vida se pueden explicar, en principio, como se explica cada jugada en una mesa de billar. Se lanzan todas las bolas al comienzo, empiezan a rodar, y todo movimiento posterior a la tacada carece de significado. Del mismo modo, todo lo que hagas en tu vida que creas que tiene un propósito, una intención o un sentido, todos esos pensamientos sobre la intención, el propósito y el significado, no es más que pura ilusión.
>
> Y gente que no se lo cree o que no entiende esta idea, está completa y absolutamente inmersa en ella, les ha infectado y empapado de pies a cabeza. Y así, sin darse cuenta (dejad que me extienda un poco más en lo anterior...), incluso gente que insiste categóricamente en que no lo cree, cree a pies juntillas en la visión mecanicista de la vida. Es imposible no haber sido infectado total y completamente por ella. Domina todo. Nos ha despojado de casi cualquier sensación clara y viva de que el mundo y el universo están vivos realmente. Es como un veneno que se ha infiltrado en todo. Incluso afecta a la gente que insiste en que no se la cree.

Esto suena aterradoramente parecido a la afirmación de Ledwith de que la visión religiosa del mundo se ha infiltrado y nos ha afectado a todos. Y si ambas cosas son verdad, significa que todos tenemos una visión esquizofrénica del mundo, un sistema de creencias roto y desintegrado: que nuestras acciones sin sentido y sin propósito serán juzgadas por algún Dios y nuestra eternidad dependerá totalmente de ellas, aunque carezcan de sentido.

¿Y quién es el engañado en este divorcio? Los niños, como siempre. Mientras los curas y los profesores dirimían la cuestión, la humanidad se quedó con una historia del universo confusa y dividida. Ambas partes se mantuvieron en sus trece y gritaron que tenían toda la razón.

Pregunta a diez personas si les gustaría o no saber si la oración y la curación, o los pensamientos y la telepatía, tienen una base científica, y te encontrarás con más afirmaciones que negaciones. Y, sin embargo, una vasta mayoría de los científicos establecidos no aceptaría el método científico, ni se sumergiría en investigaciones en esos terrenos. ¿Quién pierde? Nosotros. Algunas personas se podrían haber salvado si esos «brillantes científicos», en lugar de decir que todo era bazofia, hubieran asegurado que sus oraciones ayudaban de verdad.

Nos han llegado muchísimos e-mails de gente que vio la película *¿¡Y tú qué sabes!?* diciendo que estaban muy animados porque científicos inteligentes y de gran renombre decían la palabra que empieza por «D» (Dios), hablaban de estas cosas y, como dijimos antes, dejaban que sucediesen cosas sorprendentes, pues ahora pensaban que esas posibilidades eran reales.

Dean Radin añade: «Si son reales, significa que gran parte de los científicos ha dejado completamente de lado algo de enorme interés y probablemente de enorme importancia. Porque siempre que la ciencia pasa por alto algo o hace compartimentos estancos de esas áreas del mundo "que no vamos a estudiar", no obtenemos una visión completa de la realidad».

¿Y ahora?

¡Yuhuu! La humanidad bulle otra vez provocando que salgan científicos que dedican su vida a buscar dónde se encuentran estos mundos aparentemente tan dispares. Andrew Newberg dice:

> Durante mucho tiempo la ciencia y la religión han ido cada una por su lado y la gente incluso se ha mostrado muy inflexible tomando posiciones. Lo que hemos intentado hacer nosotros es buscar un tipo de perspectiva diferente pa-

ra abordar la cuestión, y hemos descubierto que efectivamente podemos unirlas en lugar de separarlas.

Y creemos que cuando contemplamos la relación existente entre ciencia y religión, vemos que las ciencias neurológicas constituyen uno de los campos más fecundos para explorar cómo pueden llegar a encontrarse, porque creo que pueden unirse con éxito, sin por ello tener que reducirse o enfrentarse con la otra parte.

Así, en el trabajo que hemos hecho, mi meta ha sido fundamentalmente ayudar a crear diálogo entre la gente más creyente en cuanto a religión se refiere y la gente más científicamente orientada y decir, ¿sabéis qué? Que podemos mirar estas cuestiones de forma segura, de una manera que preserve la ciencia y que al mismo tiempo preserve y sea respetuosa con las repercusiones espirituales y religiosas de la ciencia; podemos encontrar un camino para unirlas.

Cuando decidimos hace mucho tiempo separar el espíritu de la ciencia, tuvimos un gran acierto. Gracias a eso pudimos aprender a hacer ciencia. Pero ya hemos aprendido y podemos acometer la tarea más productiva de aprender a hacer ciencia cuando la consciencia forma parte del experimento.

William Tiller, psicólogo

Fred Alan Wolf añade: «No es cuestión de que la espiritualidad se incluya en la ciencia. Se trata más bien de ampliar el círculo en el que se encuentran tanto una como otra, para que el tipo de pregunta que podamos hacer pueda contemplarse desde los distintos puntos de vista que ponen sobre la mesa tanto la ciencia como la espiritualidad. Es importante que nos demos cuenta de que el tema, el "espacio interior", merece ser estudiado detenidamente. Es importante que nos demos cuenta de que la forma en que exploramos el "espacio interior" acaso no sea la misma en que estudiamos el "espacio exterior". Pero la forma en que entendemos la naturaleza cuántica del mundo físico puede ser una gran contribución para entender el espacio interior».

Este encuentro entre Dios y materia, espíritu y ciencia, se resume, en muchos aspectos, en la respuesta de Ramtha a las Grandes Preguntas: ¿por qué estamos aquí? ¿Cuál es nuestro objetivo? Y respondemos, sin lugar a dudas, con el grito de apoyo de la ciencia:

«Para hacer que se conozca lo desconocido».

Reflexiona un rato sobre esto...

- ¿Cómo ha afectado el paradigma religioso a tu percepción de la realidad?
- ¿Es tu paradigma una construcción mental de tus creencias sobre lo correcto y lo incorrecto?
- ¿Qué es correcto?
- ¿Qué es incorrecto?
- ¿Quién está en posesión de la verdad sobre lo correcto y lo incorrecto? ¿Tú? ¿La Iglesia? ¿Tus padres? ¿Tu marido? ¿Tu mujer? ¿La ciencia?
- ¿Ves que tu paradigma se amplía?
- ¿Por qué estamos aquí?
- ¿Por qué estás tú aquí?

Carta de un observador

Como responsable de la música, tenía que ver una escena de la película cientos de veces probando varias canciones para ella. Mi trabajo en *¿¡Y tú qué sabes!?*, el contemplar las escenas y sus mensajes, me hizo enfrentarme al miedo al agua y al temor a ahogarme que había tenido toda mi vida y que me había impedido llegar a ser un triatleta.

Joey Dispenza explica en una escena que cimentamos las conexiones en la red neuronal de nuestro cerebro cuando pensamos lo mismo una y otra vez. Los pensamientos repetitivos hacen que actuemos de la misma manera una y otra vez. Joey explica luego que, al cambiar nuestros pensamientos, podemos «romper» la conexión neuronal y establecer una conexión neuronal nueva. Con ese cambio en nuestros pensamientos y creyendo firmemente que llegaremos a ser lo que nos dicen los pensamientos nuevos, lograremos que cambie la acción.

Decidí probar esa teoría. Tenía miedo al agua y a ahogarme (nunca había podido meterme en una piscina de más de un metro sin ese miedo); pero además del miedo tenía el recuerdo de que uno de mis hermanos se había ahogado en el mar. Yo sabía que quería ser nadador. Pero hasta que no me vi a mí mismo nadando, mis movimientos en la piscina, y comprendí sinceramente que yo era ese nadador, hasta ese momento, no comencé a esforzarme. El ejercicio final consistió en visualizarme a mí mismo nadando más de un kilómetro y medio al día en el océano. Desde junio de 2004, cuando las condiciones lo permitían, conseguí hacer una media semanal de entre cinco y siete kilómetros, incluso en invierno.

Tienes que *quererlo,* sí. Pero sólo lo conseguirás cuando te veas a ti mismo en la situación y creas sinceramente que eres esa persona en esa situación y actúes como si ya estuvieses realmente en ella.

MARK

INTERCONEXIÓN

La naturaleza, según parece, está formada por un conjunto de sistemas jerarquizados y coherentes, conectados entre sí de un modo no local.

ERVIN LASZLO

Pusimos en marcha los generadores... indudablemente vimos un pico de una ventaja de mil a uno.

Dean Radin, con respecto al experimento de O. J. Simpson

¿Te acuerdas de la interconexión? La mencionábamos al citar la tentativa de Einstein de desacreditar la teoría cuántica con lo que llamó «una acción fantasmal a distancia»: un fenómeno por el cual se separan dos partículas interconectadas y se envían a extremos opuestos del cosmos; luego se hace algo a una de ellas y la otra responde de manera instantánea. A veces se dice que es «no-local» porque la idea de algo local significa que no es distante, y en la interconexión no parece que exista la distancia. En realidad, todo está en contacto con todo, todo el tiempo.

Antes mencionamos una cita de Erwin Schrödinger: «La interconexión no es una propiedad del mundo cuántico; es *la* propiedad». Pero eso ocurre en la física cuántica, la física de la materia, la energía y las partículas. ¿Qué ocurre en otras áreas de la experiencia? ¿Se ve ese fenómeno también en los sistemas biológicos, sociales o globales? O ¿su extrapolación a esas otras áreas no es sino una esperanza de los filósofos de la New Age?

En muchos aspectos, todas estas teorías, experimentos y debates se encuentran en el punto de partida del «nuevo paradigma» y marcan una separación muy clara entre un universo muerto desconectado y otro universo intrínsecamente vivo e interconectado.

Mentes interconectadas*

No parece que suponga demasiado esfuerzo (al menos para nosotros) pensar que las mentes se conectan unas con otras. Las partículas lo están y las partículas son como información; y si la mente es como la materia y la materia como la mente, ¿por qué no habrían de interconectarse las mentes? Aunque los experimentos sobre las partículas no demuestran que las mentes puedan interconectarse, apuntan indudablemente a un área de estudio atrayente, un área que querría investigar cualquier cerebro que contemple una teoría más general que incluya todas las cosas.

Al menos eso es lo que pensaba Dean Radin. El que las mentes estuvieran interconectadas explicaría un montón de anomalías que encontramos en el mundo, así que decidió probarlo en el laboratorio. Empezó pidiendo a dos personas que se tuvieran en la mente la una a la otra durante todo el experimento. Descubrió que podía conectar mentes con sólo pedir a una persona que pensara en la otra. Después, separaron a los dos individuos y les mandaron a dos lugares expresamente distintos para que no pudiera haber comunicación física entre ellos. Los científicos los conectaron mediante cables y realizaron el equivalente científico a lo que el doctor Radin llama «empuja a uno y mira si el otro retrocede. Y si resulta que puedes empujar a una persona con el resultado de que la otra retroceda, es una manera de demostrar que todavía siguen interconectados aun cuando ya no estén en el mismo lugar… Esa clase de experimento se ha realizado con muchos parámetros fisiológicos distintos».

El doctor Radin hace otros experimentos como utilizar una linterna para proyectar luz en los ojos de una persona y ver luego si registra algún cambio el cerebro de la otra persona, en concreto la parte de atrás del cerebro, llamado el «lóbulo exhibidor». En experimentos similares (que ha realizado durante dos décadas) ha

* *Entangled Minds* (mentes interconectadas) es el título de un libro de Dean Radin sobre este tema. Los experimentos mencionados en este capítulo se tratan con mayor profundidad en el libro.

averiguado que «proyectar luz en el cerebro de una persona produce una respuesta cerebral muy característica en la persona que ha visto la luz... El cerebro de la otra persona, que está sentada en una habitación oscura sin hacer nada, no se ilumina de la misma manera porque no está impulsado por un estímulo sensorial, pero sí cambia algo en la persona; cambia su conducta con más o menos sincronía con lo que está ocurriendo en el lado emisor... Según el modelo de las mentes interconectadas, las personas están conectadas todo el tiempo; cuando empujo a una, la otra retrocede, lo cual no ocurre por arte de magia, sino porque empujar a una es como empujar a la otra y ésa es la causa de que retroceda».

Creo que hay muchas pruebas que sugieren que «una perturbación en la fuerza» es algo real; no se trata solamente de una metáfora, ni de un mito. Algunas personas pueden sentirla más que otras; pero, sí, yo diría que eso de la mente interconectada, o como quiera que se llame, es esa fuerza.

Dean Radin, psicólogo

El doctor Radin refiere ese fenómeno increíble en términos de proporción: «En las investigaciones sobre la interconexión de las mentes, los datos contradicen la probabilidad en una proporción de unos mil contra uno. Esto se basa en un meta-análisis. En otros experimentos sobre el fenómeno común de tener la sensación o la impresión de que te están mirando fijamente, la cifra relativa a la probabilidad asciende muy por encima de un billón contra uno». Es una cifra astronómica que se basa en un conjunto de miles de experimentos llevados a cabo durante décadas, combinados estadísticamente en el meta-análisis del doctor Radin.

Entonces, la percepción extrasensorial ¿es una especie de acción fantasmal? El doctor Radin cree que si contemplamos toda la gama de fenómenos relativos a la percepción extrasensorial como si fueran aplicaciones de la interconexión, podríamos incluirlos todos en una sola teoría unificada. «Supongamos que la experiencia estuviera interconectada, ¿cómo se manifestaría entonces? Y podemos empezar a ver las distintas maneras en que se manifiesta. Si la conexión se produce con otras mentes, se llama *telepatía;* si la conexión tiene lugar con otro objeto que está en otro lugar cualquiera, se llama *clarividencia;* si resulta que la conexión trasciende el tiempo, se llama *precognición.* Si es una conexión en la que mi intención se expresa en algún lugar del mundo se podría llamar *psicoquinesia* o *curación a distancia.* Así podríamos recorrer una lista de quizá una docena de clases de experiencia psíquica que, a lo largo de los años, han recibido apelativos como el de telepatía; pero esto es sólo la punta del iceberg».

Ahora bien, ¿qué profundidad tiene el iceberg? Si entre dos personas existe un fenómeno de interconexión no física (lo que implica que hay un tipo de espacio o de campo mental en el que tienen lugar las interacciones), tendrían que producirse efectos añadidos que se ampliarían hasta llegar a centenares, millares o millones de mentes. Para comprobar si eso es así o no, el doctor Radin y sus colegas han puesto en marcha el proyecto de consciencia global (Global Consciousness Project). Inspirándose en los resultados del juicio de O. J. Simpson y en el efecto producido en los generadores de acontecimientos aleatorios (REG), han establecido una red mundial de REG, que descargan continuamente sus lecturas en un servidor situado en Princeton.

Como dice el doctor Radin, «ahora tenemos datos de acontecimientos de dos clases: los acontecimientos planeados, como el problema del año 2000, y los acontecimientos espontáneos, como el 11 de septiembre. Hoy podemos contemplarlos en función de lo que sucedió en todo el mundo con la aleatoriedad, con la medida física de la aleatoriedad, cuando un montón de mentes se concentraron repentinamente en algo. En resumen (aunque ahora tenemos centenares de acontecimientos tanto planeados como no planeados), podemos decir que cuando esos acontecimientos ocurren está muy claro que la aleatoriedad general no es tan aleatoria como debería ser en teoría. Los acontecimientos a gran escala que atraen mucha atención crean una cierta coherencia mental, que parece reflejarse en lo que ocurre en los generadores aleatorios en todo el mundo».

Es una noticia sorprendente. El principio al que alude el doctor Radin, la aleatoriedad de los acontecimientos cuánticos, está en la base de la teoría cuántica. No obstante, la concentración coherente de millones de mentes la modifica. Y al igual que el descubrimiento de que las partículas tenían una naturaleza cuántica diferenciada echó por tierra las suposiciones newtonianas, este «hecho feo» debería hacer lo mismo con la barrera entre mente y materia que ha caracterizado el pensamiento durante siglos. ¡Las consecuencias son maravillosamente monstruosas!

Todo interconectado y la complejidad

La psicología, la sociología, la biología, la economía, la parapsicología, la medicina, la política, la ecología, la teoría de sistemas, la ética, la moralidad, la teología, *todas* estas disciplinas se revolucionan con la idea de que algo no físico, como la mente o la consciencia, produce un efecto real en lo físico (convirtiendo así la mente en algo tan real como la materia) y con la idea de que las mentes coherentes, es decir, mentes que están pensando en lo mismo, se agregan unas a otras formando algo que también es real. Lo bastante real como para cambiar drásticamente lo que predicen las «leyes» cuánticas.

Jerarquía de la consciencia

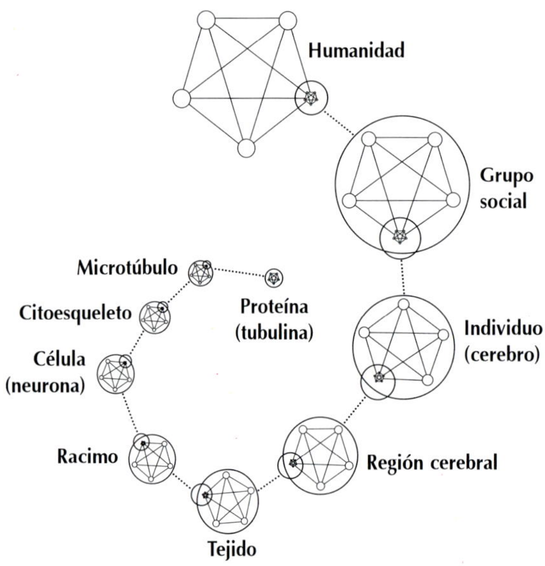

Diagrama extraído del libro del doctor Satinover *Quantum Brain: The Search for Freedom and the Next Generation of Man.*

En este punto nos topamos con la teoría de sistemas complejos. Es una rama relativamente nueva de la ciencia que analiza los sistemas complejos y el modo en que se construyen a partir de sistemas más pequeños y menos complejos. Se basa en la idea de que existen «bucles de retroalimentación» entre los diferentes niveles de complejidad. En otras palabras: las estructuras más pequeñas afectan a las grandes y las grandes afectan a las pequeñas.

El doctor Satinover utilizó la teoría de sistemas complejos para construir su teoría del cerebro cuántico como «un conjunto jerarquizado de estructuras análogas, autoorganizativas y computacionales, caracterizado por el caos, la bifurcación, la sensibilidad a las condiciones iniciales, la dinámica de "spin-glass" (molécula especial de 3D), etc. En el primer nivel están los efectos cuánticos. Debido a la estructura jerárquica y modular, así como a la retroalimentación iterativa entre estados completamente indeterminados en un principio, los efectos cuánticos no se promedian sino que se amplifican a medida que se asciende a una escala superior y generan indeterminaciones a gran escala».

Por otra parte, el doctor Satinover sostiene que el modelo, y en consecuencia las indeterminaciones cuánticas, siguen ampliándose desde el cerebro individual a grupos, sociedades e incluso a todo el planeta. Y que esa amplificación no necesita tener en cuenta un campo mental o efectos metafísicos para producir una forma de coherencia en el nivel de la humanidad entera.

En la teoría de la complejidad existe el concepto de estructuras autoorganizativas. Es una propiedad, que a veces se califica de emergente, que aparece cuando el sistema evoluciona hacia una mayor complejidad. (Los materialistas utilizan ese concepto para explicar la consciencia como algo que emerge de circuitos neuronales complejos).

En su estado actual, la teoría de la complejidad institucional no incluye la noción de mentes interconectadas. Sin embargo, las dos teorías son increíblemente afines. Ambas abordan la cuestión de que las cosas pueden incrementarse y producir algo mayor que la suma de las partes. La gran diferencia es que, en la interconexión, el factor espiritual o mental está incluido como un elemento real de procesamiento, con lo cual afecta al todo.

Ahora bien, repasemos algunas de las ramas del saber citadas anteriormente para ver cómo resultan afectadas por estas teorías. En nuestra argumentación aceptamos los datos experimentales del doctor Radin, que indican que la interconexión de las mentes es un rasgo básico de la realidad. Lo que sigue es, en realidad, un breve repaso a interesantes descubrimientos científicos que se han producido en esta línea.

La combinación de estas teorías (mentes interconectadas y teoría de la complejidad) y su aplicación a las disciplinas establecidas tendrían que constituir el obstáculo científico más emocionante de la era contemporánea. Esperamos que te despierte las ganas de analizarlo más a fondo. Para obtener una explicación completa, consulta directamente las obras de los científicos citados.

Me acuerdo constantemente de la afirmación de Gandhi «Sé tú el cambio que quieres ver en el mundo». Para muchas personas es una idea difícil de entender. La idea de que un cambio en mí va a afectar de alguna manera al resto de la realidad me parece... bueno, una idea agradable. Pero cuando miras el trabajo que están haciendo Radin, Sheldrake, Hagelin o Laszlo, la declaración de Gandhi empieza a cobrar más sentido. ¿Por qué debemos ser nosotros el cambio que queremos ser? Porque estamos interconectados con todo el mundo. Todos los pensamientos importan. Quién soy «importa» a todos los demás. ¿Y si fuera realmente así de simple?

MARK

Psicología

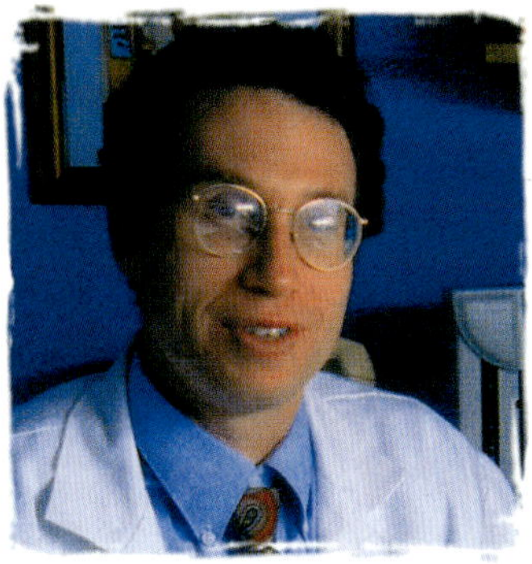

Es una cuestión muy interesante relativa a si tenemos o no pensamientos que podemos controlar completamente, o si nos viene a la mente un pensamiento impuro... ¿lo controlamos? Y al haber ocurrido, ¿se consideraría inmoral? De una investigación de este tipo surgen cuestiones éticas y morales fascinantes, y creo que necesitamos examinarlas con más detalle.

Andrew Newberg, médico

Carl Jung, uno de los fundadores de la psicología moderna, formuló «el inconsciente colectivo». Ciertas ideas o arquetipos (hogar, niño, dios, héroe, santo) surgen del inconsciente colectivo y se abren paso finalmente en la conducta consciente. Jung señaló que los arquetipos parecían ser universales entre los seres humanos y daban lugar a conceptos similares, o a sueños o a otros fenómenos de la psicología humana. A partir de este concepto se han desarrollado multitud de técnicas y terapias que han sido utilizadas con éxito durante décadas por terapeutas jungianos.

Lo que dice el concepto del todo interconectado es que dicho entramado teórico tiene una base muy real en la realidad. No se trata simplemente de una idea vaga y nebulosa que ayuda a resolver la psicología humana; por el contrario, Jung dedujo y /o intuyó algo de la estructura del universo, y ha costado casi cien años retomar su descubrimiento. No hay mucha diferencia entre esto y los físicos que dedujeron la existencia de los quarks y los encontraron décadas después.

Para ti, lo que esto significa es que te afecta todo lo que los demás piensan, sienten y experimentan. Si entras en una habitación en la que todo el mundo está blandiendo la espada, rabiando por ir a la guerra, te afectará y tú les afectarás a ellos con tu entrada en la habitación.

Sociología

La «consciencia social» no es una expresión que describa meramente cierto instinto gregario, sino que ese instinto gregario es tan real en sí mismo como el libro que tienes en las manos. Muchas mentes cohesionadas en torno a un tema dado crean los acuerdos sociales. El «brote» de los paradigmas que discutimos en el último capítulo es otra expresión del efecto acumulativo de las mentes coherentes.

John Hagelin ha estado años buscando y estudiando esos efectos. Ha aportado numerosos estudios estadísticos que muestran cómo pequeños grupos concentrados afectan a la sociedad en general: «El efecto inesperado de esa iluminación individual va a cambiar la sociedad circundante con más fuerza de lo que podríamos pensar. Es la investigación sobre la paz a la que aludí brevemente en la película; desde entonces, se han realizado más investigaciones para mostrar que grupos poderosos de individuos pueden meditar colectivamente y estimular el campo unificador en el origen de la mente y de la materia, y crear olas indomables de paz y unidad en el mundo».

Biología

Con el descubrimiento del ADN, el sueño de entender finalmente cómo se crea y cómo se mantiene la vida parece estar a nuestro alcance. Antes se consideraba que el ADN era como el código informático de la vida y que, una vez que se descifrara, mostraría el auténtico funcionamiento de la vida. Desde entonces, los científicos han averiguado que en el ADN no hay información suficiente para describir cómo se crea un cuerpo a partir de un huevo fertilizado.

Rupert Sheldrake es un biólogo que empezó investigando anomalías en sistemas biológicos. Como resultado de sus investigaciones ha formulado la «hipótesis de la Causación Formativa, que postula que los campos mórficos conforman los sistemas autoorganizativos. Los campos mórficos organizan átomos, moléculas, cristales, orgánulos, células, tejidos, órganos, organismos, sociedades, ecosistemas, sistemas plantearios, sistemas solares, galaxias. En otras palabras: organizan sistemas de cualquier nivel de complejidad y están en la base de la totalidad que observamos en la naturaleza, que es más que la suma de las partes».

Sheldrake ha investigado efectos tan extraños como el que los animales domésticos parezcan saber cuándo sus dueños vienen

Tenemos que inclinarnos ante una mente superior que está conformando la energía en modos de realidad con los que nosotros todavía tenemos que soñar en esta vida; aunque sólo la percibimos como un caos, tiene un orden definido. Está por encima de nosotros. Es más profunda.

Ramtha

> *Creo que cuando dos personas están hablando, tal vez se estén comunicando en dos niveles distintos. Puede que se estén comunicando a nivel tradicional y puede también que haya un tipo de interacciones no locales entre ellos, debidas a una especie de interconexión cuántica o de coherencia cuántica. En la actualidad, los científicos de la política muestran interés en estos temas para ver las consecuencias de las interacciones cuánticas entre las personas, las sociedades e incluso los gobiernos y cómo afectan a la política.*
>
> Stuart Hameroff, médico

a casa, o la sensación común de que alguien nos mira fijamente. Aunque su teoría es demasiado amplia para que la discutamos aquí, podemos aplicar la siguiente afirmación al planteamiento del «todo interconectado»:

> En las discusiones con el difunto David Bohm, quedó claro que algunos de los fenómenos de los que estoy hablando en términos de resonancia mórfica y causación formativa quizá podrían ser explicados en términos de la no localidad de la física cuántica. Otras discusiones en torno al concepto de la no localidad me han llevado a pensar que debería ser posible elaborar un nuevo marco teórico en el cual pudieran integrarse la no localidad cuántica y los campos mórficos.
>
> No creo que la física cuántica de las partículas subatómicas pueda extrapolarse directamente como justificación de los campos mórficos de los organismos vivos. Después de todo, es difícil incluso extrapolar la física cuántica existente a las moléculas complejas o a los cristales, porque los cálculos son extremadamente difíciles y complejos. Sin embargo, me parece muy probable que la no localidad cuántica y la clase de efectos de los que estoy hablando tengan algún tipo de origen o fuente en común.

Política

John Hagelin ha llevado las repercusiones sociales un paso adelante: «Hemos establecido lo que se llama el gobierno de paz de Estados Unidos, no para competir con el gobierno existente, que se preocupa primordialmente por la gestión de la crisis, sino como gobierno del pueblo diseñado para impedir que surjan problemas, mediante una educación que eleve la consciencia colectiva y la conducta humana con el fin de armonizarlas con la ley natural; un gobierno que promueve soluciones sostenibles en las áreas de la agricultura, la energía, la educación y la prevención del crimen».

Este gobierno de paz no funcionaría oponiéndose al gobierno existente, sino que haría lo que el doctor Hagelin llama «un final redondo». Utilizando los conocimientos sobre los campos mórficos y el poder colectivo de las mentes coherentes, y poniendo en práctica un sistema de educación basada en la iluminación, John Hagelin prevé un cambio evolutivo en la forma en que se gobierna el mundo. Ciertamente, si la hipótesis de las mentes interconectadas es correcta, abundan sus aplicaciones para quienes entiendan las consecuencias.

Si estoy siempre conectada o interconectada, ¿cómo lo sé? ¿Hay algo ahí que debería escuchar? ¿Me guiará hasta donde quiero o necesito ir? He empezado a darme cuenta de que las sutilezas, que son tan pequeñas que apenas me percato de ellas, son, en realidad, las grandes claves. Se trata de estar lo bastante alerta para descubrirlas en las cosas cotidianas. Así sé que estoy conectada. Hoy mi hija cogió una foto de mi amiga y su bebé de la puerta de la nevera y empezó a parlotear con ellos. Momentos después, sonó el teléfono y, efectivamente, era mi amiga.

BETSY

Ecología

La teoría Gaia fue una de las primeras teorías en abordar los fenómenos físicos desde una perspectiva holística. A comienzos de los años sesenta, James Lovelock trabajaba para la NASA en la búsqueda de vida en Marte; por consiguiente, empezó a estudiar qué es lo que constituye la vida en la Tierra. Empezó a darse cuenta de que, en el entorno de la Tierra, todo estaba interrelacionado y regulado de hecho por factores orgánicos e inorgánicos. El doctor Lovelock recuerda:

> Para mí, la revelación personal de Gaia llegó de repente, como una ráfaga de iluminación... Estaba hablando con un colega, Dian Hitchcock, sobre un artículo que estábamos preparando... En ese momento vislumbré Gaia. Me vino a la cabeza un pensamiento pasmoso. La atmósfera de la Tierra era una mezcla extraordinaria e inestable de gases, no obstante sabía que su composición era constante durante periodos de tiempo bastante largos. ¿No podría ser que la vida en la Tierra no sólo creara la atmósfera sino que también la regulara y la mantuviera con una composición constante y en un nivel favorable para los organismos?

Hoy en día, la idea de que el planeta es un gran ser vivo, con ríos para la circulación, por ejemplo, es un pensamiento normal que ha provocado en gran parte el interés actual por la ecología. Pero a Lovelock y a los demás proponentes de la teoría Gaia se les criticó que insinuaran que había un propósito detrás de la regulación de la naturaleza:

> La teología, que viene de la palabra griega *telos* (propósito), afirma que el funcionamiento de la naturaleza responde a un cierto propósito o diseño. Este punto forma parte del antiguo debate entre mecanicistas y vitalistas, en el que los primeros creen que la naturaleza se comporta esencialmente como una máquina y los segundos piensan que hay una fuerza vital no causal.

Según parece, ha sido un debate enconado durante mucho tiempo. La teoría de las mentes interconectadas pone punto final a la discusión al afirmar que la fuerza de la vida es el campo mórfico, un agregado de mentes grandes y pequeñas sobre la viabilidad misma de la vida. Dice que la vida no es sólo mutaciones aleatorias, sino que emerge de una fuente no física que evoluciona continuamente. Es la consciencia creando la realidad.

Tanto la materia como la mente evolucionaron a partir de un útero cósmico común: el campo de energía del vacío cuántico. La interacción de la mente y la consciencia con el vacío cuántico nos enlaza con otras mentes que están a nuestro alrededor, así como con la biosfera del planeta. Nos «abre» la mente a la sociedad, a la naturaleza y al universo.

Ervin Laszlo, filósofo

La hipótesis de la conectividad

Las consecuencias de este modelo nuevo tienen un alcance prácticamente ilimitado. Aunque hemos divagado en torno a unas cuantas, los cambios que supone para el pensamiento existente llegan mucho más lejos que cualquier descubrimiento científico anterior. No se trata de un cambio de paradigma, sino más bien de una fusión en la que el paradigma sería el fénix que, tras ser reducido a cenizas, renace o emerge de nuevo.

El alcance de todo esto no ha pasado inadvertido en la comunidad científica. Campos de interés divergentes como la biología, la física o la sociología están intercambiando ideas por primera vez, ideas que los hacen avanzar hacia delante. El sueño de muchos científicos es dar con una teoría general que abarque todas las cosas. El doctor Ervin Laszlo declara que «la aspiración y la inspiración de la hipótesis de la conectividad coincide con la declaración de Einstein "estamos buscando el esquema de pensamiento más simple que sea posible que pueda enlazar todos los hechos observados"».

El doctor Laszlo es considerado generalmente como el fundador de la filosofía de sistemas y de la teoría de la evolución general. Su hipótesis de la conectividad es una teoría concisa y unificada que incluye muchos de los descubrimientos analizados en este libro en el marco conceptual de los «fundamentos de la ciencia integral del cuanto, del cosmos, de la vida y de la consciencia».

En sus libros, el doctor Laszlo discute las anomalías de los mundos de la medicina, la biología, la parapsicología y la física, e introduce una descripción en términos matemáticos que convierte la demostración de su hipótesis en algo experimentalmente práctico. Uno de los hitos de su teoría es el papel que desempeña la información o, como dice él, in-formación:

> La presencia de la in-formación en la naturaleza es un principio fundamental de la hipótesis de la conectividad. La hipótesis se basa en tres leyes de in-formación en cuanto factor físicamente activo del universo:
>
> i. Las partículas transformadas y los sistemas formados por partículas cargadas crean información físicamente activa.
> ii. La información se conserva.
> iii. La información creada y conservada retroalimenta [o «informa»] a las partículas cargadas y a los sistemas de partículas.
>
> La hipótesis de la conectividad muestra que la retroalimentación de información activa, que se produce holográficamente, crea coherencia entre las partículas y los sistemas de partículas que la crearon.

MADRIGUERA ARRIBA, MADRIGUERA ABAJO

Lo que todo esto nos da es el mecanismo por el que la mente, o la consciencia, crea estructuras o realidad a partir de piezas más pequeñas. La consciencia crea la realidad. Si las mentes son también elementos de un sistema complejo, dan lugar a mentes superiores con propiedades divinas que emergen del caos de la complejidad, que recorren el camino de vuelta hasta... ¿Dios?, ¿el punto cero?, ¿el vacío? Y todo eso moldea nuestra realidad de «aquí abajo», debido a la estructura de retroalimentación de esos sistemas. Ello, a su vez, nos alimenta, debido al sistema de retroalimentación... ¿Cuántas vueltas quieres dar?

WILL

Los sistemas de partículas pueden estar formados por electrones, fotones y moléculas, o por células, seres humanos y civilizaciones. Y la información que los in-forma es tan real físicamente hablando como las partículas: la mente como la materia. De esta forma, el doctor Laszlo dota de rigor matemático y científico a conceptos tan diversos como el inconsciente colectivo, los campos mórficos y la interconexión, tanto de partículas como de mentes.

Todos estamos conectados. Estamos interconectados. Si quieres llámalo interconexión cuántica, de acuerdo, pero el hecho es que estamos interconectados. Y no hay una separación real entre nosotros, de manera que lo que hacemos a otro, lo hacemos a un aspecto de nuestro ser. Ninguno de nosotros es inocente a este respecto. Hay algo ahí fuera que no nos gusta, pero realmente no podemos volverle la espalda porque somos los co-creadores, de un modo u otro. Y tenemos que hacer lo correcto para intentar alcanzar un futuro mejor para todos. Es nuestra responsabilidad como co-creadores. Y en el proceso, tanto si nos hacemos políticos, teólogos, científicos, médicos, o lo que sea, todos podemos contribuir a la vida y hacer lo que pensamos que es lo mejor. Lo cual requiere que pensemos las cosas de verdad. Que reflexionemos y actuemos reconociendo que todos los demás son hermanos y hermanas nuestros y que es un asunto de familia. Eso es.

William Tiller, físico

Coherencia suprema

¿Y la coherencia suprema en nuestra mente? ¿Es por ella por lo que luchamos inconscientemente? ¿Es ésa la causa de que nos sintamos atraídos por mil voces elevándose en una canción, o de que contemplar un bello arco iris con la persona a la que queremos sea mucho mejor que verlo a solas?

En este planeta ha habido momentos en los que la humanidad se ha unido para lograr un bien mayor y se generó un sentimiento abrumador de buena voluntad. El doctor Emoto, que ha viajado por todo el mundo creando coherencia en torno al concepto de agua, hizo la siguiente observación sobre la crisis del Apolo 13: «En aquellos días, gracias a la difusión que tenía entonces la televisión, mucha gente de todo el mundo, yo incluido, rezó para que los tres astronautas regresaran sanos y salvos. Y eso fue así incluso entre musulmanes, cristianos, budistas y judíos, sin que importara la religión, raza o etnia a la que pertenecía cada cual. Creo que ésa fue la causa de que ocurriera aquel milagro».

Durante el desastre del tsunami en la Navidad de 2004, se produjo una consciencia masiva similar. El doctor Emoto continúa diciendo:

> Creo que cuando se vieron en todo el mundo las imágenes de la destrucción que había matado a más de doscientas mil personas, la gente se dio cuenta de que les podía

haber pasado fácilmente a ellos mismos. Pensaron en el desastre desde una perspectiva más personal. Durante mis diez años de investigación por todo el mundo, he estado mandando visualmente el mensaje de que con oraciones y pensamientos se puede influir en la realidad con independencia de lo que sea cada cual. Como había mucha gente en todo el mundo que ya había aceptado esta idea, es probable que pensaran: «¡Ah! ¡Así que funciona así!; si lo intentamos, nuestra energía puede llegar allí, luego deberíamos rezar todos». Y esto explica que no hubiera grandes brotes de enfermedades infecciosas como consecuencia del desastre del tsunami. Si se repitieran acciones similares, la gente podría empezar a recuperar la fe en las oraciones.

Así pues, en otras palabras, podría haber más desastres, naturales o provocados por el hombre, y se producirían más bajas en el camino; sin embargo, a través de experiencias como ésas, cada vez habría más gente capaz de percibir los problemas como suyos y de percatarse de que ellos también son responsables.

No sé lo que piensas tú, pero en las contadas ocasiones en que la humanidad ha actuado de manera global para ayudar a la humanidad, los sentimientos y las consecuencias han sido casi literalmente cosa de otro mundo. O, mejor dicho, no pertenecían al mundo del «más para mí» o «lo mío es mejor que lo tuyo», sino al mundo entusiasmado y feliz de la coherencia global Gaia. Sabemos que la coherencia hace algo: de alguna manera y hasta cierto punto maneja los acontecimientos cuánticos.

La intención *coherente* hace más incluso; en palabras del doctor Laszlo, «señala la consecución plena de la creatividad divina».

Reflexiona un rato sobre esto…

- La hipótesis de las mentes interconectadas y la hipótesis de la conectividad, ¿cómo cambiarían las siguientes áreas de estudio?
  - Economía
  - Parapsicología
  - Medicina
  - Política
  - Ética
  - Teología
  - Educación
- ¿Cómo sería el mundo?

LA SUPERPOSICIÓN FINAL

Estoy repasando una lista de personas famosas que han asegurado que decían la última palabra sobre algo y no puedo pensar en una sola que no se haya demostrado después que estaba equivocada.

JEFFREY SATINOVER

Hay una superposición de múltiples posibilidades que, al cabo de un tiempo, se desintegra dando paso a una o a otra; así, eliges hacer esto o aquello.

Jeffrey Satinover

Para no acabar figurando en la lista de Satinover, digamos desde el principio que este capítulo no va a decir la última palabra sobre la forma de gobernar *tu* vida, ni sobre lo que tienes que hacer *tú*, ni a qué debes renunciar, ni de qué tienes que prescindir o qué has de crear. Como si desde aquí sentados ante el ordenador pudiéramos saber qué cosa, lugar o acontecimiento crucial va a dar la vuelta a tu vida y a convertir tu viaje a través del universo en algo maravilloso. A menudo la gente parece creer que existe una fórmula secreta y que si pudieran averiguarla, todo sería maravilloso, que si pudieran pasar cinco minutos a solas con Donald Trump, sus negocios irían viento en popa.

Todos esos conceptos de la física teórica y de la física cuántica son fabulosos y maravillosos. Pero, al final, ¿nos ofrecen un camino mejor para cambiar la mente?

JZ Knight

Entonces, ¿por qué hemos escrito sobre todas estas ideas, experimentos, conceptos, metodologías y formas de ver el mundo? Míralo como si estuviéramos llenando la bolsa de las herramientas. Y es un equipo *pesado*.

Muchos conceptos que hemos estado comentando aquí ya han sido debatidos, discutidos y rebatidos por los mejores cerebros y espíritus del planeta durante miles y miles de años. Así pues, nos hemos juntado con muchas personas verdaderamente asombrosas en el plano intelectual (que es real, después de todo). Tal vez te preguntes: ¿podemos esperar siquiera descifrar definitivamente lo que esos genios no supieron descifrar? Bueno, lo probable es que ellos pensaran lo mismo y, aun así, se adentraran en lo desconocido. Después de todo, las respuestas a preguntas como ¿qué es la realidad? ¿quién soy yo? ¿creo yo la realidad? ¿qué es la materia? ¿cómo alcanzo la iluminación? ¿en qué paradigma estoy estancado? son profundamente personales y tenemos que contestarlas por nosotros mismos.

De acuerdo, pero hay otra cuestión que nos viene inmediatamente a la cabeza: ¿por qué tenemos que preocuparnos por ideas tan «elevadas» si odiamos el trayecto que tenemos que hacer a diario para ir a trabajar? ¿Para qué preguntarnos qué es la realidad si estamos «atascados» en la nuestra? A Dean Radin le preguntaron por qué le interesan la filosofía y el pensamiento abstracto:

> Porque va a la esencia de lo que suponemos que somos o de quién creemos que somos. Si pensamos que vivimos en un cierto tipo de mundo, nos comportamos de cierta manera. Si creemos que vivimos en un mundo en el que los seres humanos son una especie de máquina o una especie de robots que pasean sin rumbo fijo, un mundo en el que podría ocurrir algo o no, nuestra opinión sobre cuestiones morales o éticas, o sobre cómo vivir la vida, o sobre la vida y la muerte, será muy diferente de la que tendremos si pensamos que vivimos en un mundo vivo e interconectado.

¿Por qué interesarnos por la ciencia?

Una de las primeras razones nos devuelve directamente al fundamento de la ciencia: el método científico. Si lo que percibimos se basa en lo que sabemos y en lo que creemos, parece difícil que lleguemos a hacernos una idea real de cómo son las cosas en realidad. El método científico supone una forma revolucionaria de enfocar la realidad; elimina los prejuicios del observador, en la medida de lo posible y, por tanto, ofrece una imagen más verdadera de la realidad. Podemos ver por qué es importante si reflexionamos sobre el concepto del mundo que tenían en la Edad Media: pensaban que el mundo era plano y que te podías caer por los bordes. Sobre esa base, era difícil que surgiera una gene-

Bueno, la ciencia crea las historias que guían nuestra vida, y durante los últimos cuatrocientos años, la ciencia nos ha contado una historia muy triste. Nos ha dicho que somos una especie de error genético. Que tenemos genes que básicamente sólo nos utilizan para pasar a la siguiente generación. Que mutamos al azar. Se ha dicho que estamos fuera de nuestro universo; que estamos solos y separados unos de otros. Que somos una especie de error solitario, en un planeta solitario, en un universo solitario. Todo eso constituye nuestra visión del mundo y nuestra visión de nosotros mismos. Pero ahora nos estamos percatando de que ese punto de vista, esa idea de desunión, es una de las cosas más destructivas que exinten. Es el origen de todo, la causa de todos los problemas del mundo, de las guerras y de la agresividad que hay en todo. Y ahora nos estamos dando cuenta también de que ese paradigma es erróneo: ni estamos separados ni estamos solos. En lo más recóndito de nuestro ser, somos uno; estamos conectados. Y, por tanto, estamos intentando entender y asimilar las repercusiones de todo esto.

Lynne McTaggart

ración de exploradores; la gente, por lo general, se quedaba en sus granjas, en las ciudades o en los feudos.

En otras palabras: la forma en que entendemos la realidad limita nuestras opciones. Lo bueno de la ciencia y del método científico es que nos permite decir: «Lo que pensaba que era realidad era una mera aproximación; ahora tengo una mejor». Piensa en qué clase de herramienta de la vieja caja sería *ésa*.

No es que la ciencia sea la única manera de abordar la vida. También están el arte y la belleza, la inspiración y la revelación. Sin embargo, piensa en todas las veces en que no hiciste algo porque podías fracasar o estar equivocado. En la ciencia no existe un experimento fracasado: un experimento tiene éxito, pues nos dice que la realidad no funciona de esa manera. ¿Por qué interesarnos por la ciencia? Se lo preguntamos a John Hagelin:

> Quiero subrayar enfáticamente que todo lo que estoy diciendo aquí supone un fundamento sólido de la física matemática y tiene consecuencias predecibles que pueden ser demostradas en el laboratorio y, lo que es más importante, pueden aplicarse en beneficio de la sociedad. Lo que importa al final es el descubrimiento del campo unificado; la teoría de las supercuerdas es bella, pero es más importante el descubrimiento del campo unificado, que no tardará en transformar radicalmente la civilización, alejándonos del mundo dividido actual, surcado de fronteras políticas arbitrarias que separan a la humanidad de la humanidad.
>
> Un mundo dividido refleja un entendimiento dividido del universo. Hoy en día, con la aparición de la significativa interpretación de la unidad como base de la diversidad de la vida, no pasará mucho tiempo antes de que este mundo políticamente multicolor y dividido se convierta en un país global, un país global para la paz. Y lo vamos a conseguir en esta generación nuestra.

Para expresarlo en lenguaje sencillo, diremos que la ciencia nos dice lo que es posible. La gente tiende a no aventurarse en lo que cree que es imposible. Ahora bien, ¿qué es imposible? Según la teoría cuántica, es posible que dentro de un instante, tú y la silla en la que estás sentado aparezcáis en el otro extremo del universo sin motivo aparente. La probabilidad es una entre nosecuantasmilmillonésimas, pero no es cero.

Dice Candace Pert: «El cuerpo siempre quiere curarse a sí mismo. Hay una base de datos de remisiones de enfermedades y recuperaciones espontáneas, especialmente en casos de cáncer; y lo que me resulta interesante es que, muy a menudo, están acompañadas por una descarga repentina de emociones», luego alguien la lee, descarga una emoción y se cura.

¿Cuál es la definición de milagro? Algo fuera de lo convencional, fuera del encasillamiento de lo que es socialmente aceptable, científicamente aceptable, religiosamente aceptable. Y justo fuera de ese encasillamiento es donde está el potencial humano. ¿Cómo llegamos ahí? Superando los estados emocionales que vivimos día a día, nuestras dudas, nuestra falta de valía, nuestra abulia y nuestra fatiga, y las voces que nos dicen desde dentro que no somos lo bastante buenos o que es imposible.

Joe Dispenza

¿Por qué preocuparnos por el cambio?

¡Vamos hombre! Es como un grano en el culo. Todo y todos empiezan a chillar: los jefes, los enamorados, los padres, ¿por qué? Hasta las células se revuelven buscando el sentimiento viejo y bueno. Simplemente, deslizarse de la caja de herramientas y tumbarse en un sofá confortable. O no. Según Joe Dispenza:

> La gente tiene que elegir cambiar por sí sola. La mayoría se contenta con su vida tal cual es. La mayoría es feliz viendo la televisión y con un trabajo de 9 a 5. No es que diga que están contentos con eso, pero están hipnotizados pensando que es lo normal. Hay personas que tienen otro impulso en su interior, que tienen un claro interés por algo más; lo único que necesitan es unos cuantos conocimientos y aceptar que esos conocimientos les ofrecen una oportunidad; si los aceptan una y otra vez, empezarán a aplicarlos antes o después.
>
> A algunas personas, dar el primer paso les puede costar cinco minutos, mientras que a otras les puede suponer un esfuerzo enorme porque tienen que contrastarlo con todo lo que saben, lo cual, a su vez, está unido a lo que es su vida actual, a todos sus pactos y a todas sus relaciones.

Y dar el primer paso significa que tienen que evaluar lo que supondrá en relación con todo lo que saben. Mantienen una lucha entre esos dos elementos. Sin embargo, una vez que nos damos permiso para salir de nuestro encasillamiento rutinario, tenemos una clara sensación de alivio y una clara sensación de alegría.

¿Cómo podemos decir que hemos vivido plenamente todos los días, si cada día experimentamos sólo las emociones a las que somos adictos? En realidad, lo que estamos diciendo es: tengo que reconfirmar quién soy yo y cuál es mi personalidad, tengo que hacer esto, tengo que ir allí, tengo que ser aquello. Un maestro es un tipo muy distinto. Es alguien que ve el día como una oportunidad en el tiempo para crear posibilidades de realidad y emociones que no han nacido todavía, realidades que no existen; para conseguir que el día fecunde infinitos mañanas.

Ramtha

Así pues, según Joe Dispenza, hay una «clara sensación de alegría» al otro lado del «impulso». ¿De verdad? En este punto podríamos lanzarnos a ver los porqués y hablar de la evolución y de «hacer que se conozca lo desconocido», pero eso es lo que hemos estado haciendo a lo largo del libro.

Además, *¿¡Y nosotros qué sabemos!?* en todo caso¡? Es evidente que el doctor Dispenza cree que es verdad, pero él no soy yo, ni eres tú. La verdadera cuestión es: *¿¡Y tú qué sabes!?*

Eso es.

Una respuesta rápida sería: inténtalo. Pruébalo. Pruébalo todo. Recuerda que, en todo caso, las respuestas son profundamente personales y por eso no te damos el libro de cocina cuántica sobre cómo guisarse una vida maravillosa. La buena y la mala noticia es que sólo tú sabes.

Pero una vez que te metas en el proceso de experimentar con tu vida, entrará en juego toda la información que hemos estado repasando una y otra vez, y todos los conocimientos sobre el hecho de crear, las emociones y las adicciones, la elección, los cambios, la intención o la memoria asociativa. Los paradigmas y las redes neuronales que limitan tu margen de libertad te saltarán a la vista. Las creencias que constriñen tu espíritu inmortal te gritarán al oído. Será un caos, un tumulto. ¡So! ¡Para! Estarás vivo.

La transformación final

La transformación final tras la desintegración de la superposición final eres tú. Todas esas posibilidades: ¿cambiar o no cambiar? ¿Transformarse en qué? ¿Qué pauta hemos de poseer, retirar o destruir para convertirla en sabiduría? ¿Qué creencia tenemos que someter a prueba para averiguar qué es lo real? Todas esas posibilidades están ahí fuera esperando una elección. Como dice Miceal Ledwith:

> ¿Cuál es la diferencia entre creencia y conocimiento? Bueno, creemos en una cosa por la autoridad con que está investida, ya sea de una persona o de otra cosa. Tenemos conocimiento sobre algo cuando lo hemos experimentado personalmente; por ejemplo, si hubiéramos andado sobre el agua, sabríamos que es posible hacerlo y jamás volveríamos a ponerlo en duda. Pero si solamente nos lo creemos porque alguien lo dice, bueno, entonces es sólo filosofía, una abstracción; para evolucionar, es imprescindible transformar la creencia en conocimiento, o en experiencia, o en sabiduría. El gran viaje de la evolución espiritual consiste en convertir el conocimiento en sabiduría experimentada.

La iluminación es un derecho de nacimiento. Estamos construidos para ella. El cerebro humano fue diseñado para experimentarla.

John Hagelin

Aparentemente estamos equipados para hacer ese viaje. Joe Dispenza añade: «El cerebro es realmente un laboratorio y, gracias a nuestros planes y a nuestra voluntad, actúa como un laboratorio, para tomar conceptos, ideas y modelos y plantear posibilidades, potenciales, "¿qué pasa si..?", para considerar planes o ideales que no encajan con nuestra interpretación actual y presentar una interpretación nueva o ampliar los límites de nuestro encasillamiento actual».

Como dicen en *Los cazafantasmas:* «Tenemos las herramientas y tenemos el talento».

Y no tienes más que preguntarte: ¿por qué tenemos las herramientas? Y ¿el talento? Una de dos: o es un accidente de la naturaleza o es por lo que estamos aquí. Obviamente, la idea clave de este libro sostiene que «es por lo que estamos aquí». Todas las creaciones de la humanidad surgen de la capacidad y del potencial humano que poseemos. Y estamos en vías de descubrir la razón por la cual los tenemos.

Tenemos un cerebro asombroso, la estructura más compleja del universo conocido, que puede reestructurarse a sí mismo y en efecto lo hace para maximizar continuamente cualquier cosa que queramos experimentar. El cerebro se reestructura en respuesta a una experiencia nueva, todo ello bajo tu control. Además tenemos el cuerpo que se cura a sí mismo, se duplica a sí mismo, y afrontémoslo, es bello. Y la mente, que tiene la capacidad de ahondar en los minúsculos recovecos del tiempo y del espacio.

Y el interior. La consciencia explora la consciencia y sugiere ideas tan peregrinas como que el mundo está esencialmente vacío, o que todo lo que percibimos es ilusión o *maya*, o que todos estamos interconectados esencialmente y somos uno. Los exploradores de lo no visto, los iluminados, han estado dando esta información durante milenios y hete aquí que el mensaje «¡Sí, eso es!» nos llega de los minúsculos entresijos del tiempo y el espacio y de las investigaciones sobre el funcionamiento del cerebro.

La caja de herramientas está llena. Siempre hemos tenido las herramientas necesarias para la transformación; lo único que nos falta es apretar el botón de «puesta en marcha». Si hay algo que no sabemos, lo descubriremos; si hay alguna experiencia que nos falta, la crearemos.

Ascenderemos cada vez más alto, sin parar. ¿Recuerdas el juego de las cajas chinas? ¿Te acuerdas de que las propiedades emergen a medida que ascendemos a niveles superiores y más integrados? ¿Qué propiedades, qué talento, qué realidades surgirán? ¿En qué podemos convertirnos y en qué nos convertiremos? ¿Hay un límite? ¿Cómo puedo encontrar las respuestas a mis preguntas?

Así pues, terminamos como empezamos, con preguntas.
Nuestras palabras finales son: ¿por qué?, ¿cómo?, ¿qué?
Palabras de los exploradores, que adivinan los aventureros.

Y, desde luego, la desintegración final de la superposición final se convierte en la condición inicial de la nueva superposición, como dirían los doctos científicos. Lo que traducido al lenguaje normal sería: los cambios nunca se acaban.

Gracias a Dios.

Epílogo: Un festín cuántico

Era una era mágica y el aire estaba cargado de magia. Los árboles susurraban una canción a los pájaros que contaba historias de poderes sobrenaturales. Las cañadas encantadas guardaban el secreto de que el oro resplandecería de la nada pronunciando la palabra adecuada... Había magia por todas partes. Y yo estaba allí. Inmerso en las centelleantes esquirlas de la creación que yo consideraba real.

Al principio era sólo un susurro en la distancia. Los árboles movían sus pies y las hojas aspiraban un aire precioso. Siguió después un ruido de cascos de caballos que herían los guijarros al salir de la antigua Viena, calle arriba. Al poco tiempo, aparecieron los carruajes entre la niebla, primero uno, luego otro. ¡Llegaban los invitados! Médicos, físicos, místicos, artistas, magos todos ellos. Venían para terminar el libro y quizá empezar otro. Para comer, beber y festejar, para brindar por aventuras pasadas y vencidas y por aventuras al otro lado del mañana.

En el interior del castillo, sir Mortimer of the Cups, designado por los dioses desde mucho tiempo atrás, se apresuraba para tenerlo todo preparado. Aunque se celebraban muchas grandes fiestas, él sabía que aquélla era una fiesta especial, precursora de otras muchas. «Hay algo en el aire esta noche...», murmuró para sus adentros. Siempre luchaba para conseguir la perfección en lo físico, aunque estimaba que era imposible alcanzarla.

La verdadera cuestión es ¿qué hace Dios para hacer un universo? Ése es el truco, y también es el truco que los científicos tratan de averiguar y contestar. A mí siempre me ha interesado la magia como manera de explicar lo que se me antojaba milagroso. Principalmente, ¿por qué estamos aquí?, ¿qué está pasando? Siempre me he hecho estas preguntas, incluso de niño. Y al responder a la pregunta de cómo se hace este truco, este truco que llamamos el universo, he descubierto que no se puede desconectar la mente o la consciencia de la materia. La materia y la mente están enlazadas mucho más íntimamente de lo que se ha pensado jamás.

Fred Alan Wolf, físico

Habían engalanado el vestíbulo con plantas del bosque y había un penetrante olor a enebro. Todo el mundo había trabajado con la máxima diligencia para preparar el Gran Festín: desde los invitados explorando los secretos de la vida en sus silenciosos estudios y laboratorios, hasta los poetas y los magos buscando siempre la musa, hasta los cocineros cuánticos que hacían que pasaran cosas culinarias sin precedentes ni sucesores. Un guiño genial para deleitar los sentidos y promover una gran conversación.

Porque aquella noche, el plato principal era la conversación en el vestíbulo principal. Como grabadas en el arco de piedra del gran vestíbulo, aparecían las frases siguientes:

Las grandes mentes hablan de ideas
Las mentes normales hablan de acontecimientos
Las mentes pequeñas hablan de gente.

Pero esa noche no habría cotilleo sobre gente. Todo el mundo estaba deseando intercambiar ideas: teorías nuevas, nuevas realizaciones, emociones nuevas y, ¡quién sabe!, quizá hasta una adicción nueva. Fuera como fuera, esa noche habría una conversación que sería en sí misma una fuerza de la naturaleza:

Se agitarán los campos mórficos
Se desplegarán los *plenums* cósmicos
Y las realidades crepitarán holográficamente
a través del tiempo y del espacio.

Parecía que todo el mundo había llegado a la vez.

En un momento, sir Mortimer se ocupaba de una nadería en un rincón, y en el momento siguiente, todo el mundo estaba por todas partes. Fred Alan Wolf*, que cada día se parecía más al doctor Quantum, contemplaba fijamente una pintura en la pa-

* Está bien, esto es un cuento. Y nos estamos tomando algunas libertades. Las últimas citas son reales. Pero casi hemos acabado y ha llegado el momento de celebrarlo. Disfruta con «una historia contada por un loco».

red, cavilando sobre el lugar al que conduciría esa entrada. Mark Vicente cruzó en dos zancadas el vestíbulo principal, tras haber recorrido toda la casa. «¿Sabes qué?, yo podría vivir aquí».

Masaru Emoto y su bella esposa acababan de llegar de algún lugar al otro lado del globo, pero encontraron tiempo en su agotadora agenda para cenar, reírse y crear durante una noche. De repente, se oyó un grito.

Todas las miradas se dirigieron hacia arriba justo a tiempo de ver a Gordy, con Elorathea hija suya y de Betsy, en brazos, deslizándose alocadamente por la larga barandilla curva. Fue emocionante y divertido para todos, sobre todo porque Gordy llevaba su nueva falda escocesa de piel. Hizo un perfecto aterrizaje sobre dos puntos: aquellos pies que habían conquistado el camino de fuego, por lo que jamás volverían a sentir el carbón en ascuas.

Y estaba Betsy Chasse. Había sido de un modo u otro la mano invisible y creadora que había detrás de tantas y tantas cosas; gran aficionada a los trajes, iba vestida de forma indescriptible, que recordaba algo que nadie podía concretar exactamente. Si Betsy se pasó toda la noche cambiándose de ropa o si «sólo ha sido un pequeño cambio», fue un tema de conversación que se prolongó hasta después del baile de gala.

Cuando se recogieron y se guardaron los abrigos, los invitados se dirigieron lentamente hacia el salón. Había cómodos sofás por todas partes, y los viajeros se hundieron en ellos para descansar un poco, recuperarse y prepararse para el festín que se avecinaba. Una deliciosa sonata de Mozart llegó desde el salón de música y luego terminó.

Tras lo cual irrumpió el CAOS. Sin que el resto de los invitados lo supiera, Masaru había convencido a Ervin Laszlo para que tocara una pequeña pieza al piano (como había hecho en el Festival de la Paz y el Agua en Tokio). La «pequeña pieza» era una danza rumana de Bartok: una obra que bordea continuamente el caos y la confusión y, cuando parece que se va a desatar el infierno entero, emerge de alguna manera un hilo conductor, una melodía que transporta al oyente hasta el siguiente precipicio de locura. O como diría el doctor Laszlo, a un momento de bifurcación.

Al parecer, la sabiduría de los místicos predecía durante siglos lo que la neurología muestra hoy que es verdad. Una entidad unitaria y absoluta, el ser se funde con otro ser en un todo armonioso; la mente y la materia son una y la misma cosa.

Andrew Newberg, médico

Después se hizo el silencio.

Muchos de los invitados no sabían que la primera carrera de Ervin Laszlo había sido la de concertista de piano y que, de adolescente, había viajado por todo el mundo tocando con las orquestas sinfónicas más importantes (incluso se rumoreba que un piano de Bela Bartok había cobrado vida de alguna manera en el estudio del doctor Laszlo).

Magos todos, esa dosis de locura bifurcativa ensordeció a los invitados y los sacó de sus ensoñaciones, tras lo cual se trasladaron al gran salón de banquetes. Pero no era un salón de banquetes corriente, como tampoco aquellos magos eran corrientes.* En vez de una mesa larga extendida a lo largo de la habitación, parecía que alguien hubiera cogido una mesa y la hubiera enroscado en forma de donut. Tras una breve discusión, se decidió que «Magos del Donut» no iba a funcionar realmente y todo el mundo optó por un nombre un poco artúrico, «Magos de la Mesa Redonda».

Cuando la concurrencia tomó asiento, los tres cineastas se miraron. Como eran los «anfitriones», les tocaba a ellos hacer el primer brindis de la noche. ¿Quién se lanzaría primero a pronunciar un elocuente discurso? Como si una mano invisible llegara de arriba y tirara de él, Mark Vicente se levantó. Había algo que quería decir a los invitados desde hacía algún tiempo:

«He tenido la suerte de haber conocido mentes verdaderamente grandes durante los últimos años. Los conocimientos y las ideas que he aprendido de vosotros y de otras personas han ampliado enormemente mi visión del mundo. Sin vosotros, no podría haber hecho esto. Rindo tributo a todo lo que les costó a quienes vinieron antes que nosotros, que os permitieron retomar sus conocimientos y construir sobre ellos. El mundo es verdaderamente un lugar mejor gracias a todos vuestros esfuerzos.

---

* ¿Existe un mago «corriente»?

»Sabiendo lo que sé y la cantidad de datos que ignoro (el 99 por ciento), haré todo lo que pueda para aprender ideas nuevas con la perspectiva más abierta que pueda lograr. Si hay tanto que no sé, ahora entiendo que sería una locura insistir en algo sólo porque quiero que sea de cierta manera. Quiero ver más allá de la ceguera que me autoimpongo, para mirar al vacío del potencial y hacer las Grandes Preguntas:

»¿Qué soy yo en relación con la realidad que veo ante mí? ¿Cómo veo lo que no conozco? ¿Cómo dejo mi propio método? Si estoy construyendo el universo como lo conozco, ¿qué lo mantiene unido a pesar de mi psicosis emocional? ¿Cómo sería no estar inmerso en ninguna perspectiva y tener la libertad de explorar todas las perspectivas?

»Y, ¿cómo podría desarrollar la capacidad de dejar de presuponer?

»Para mí la respuesta es la obra de una gran mente.

»Gracias por ayudarme a redescubrir la curiosidad de un niño y el análisis crítico y tenaz de un científico».

Hizo una pausa. Mark, Betsy y Will se miraron unos a otros. Fue una mirada sostenida y conmovedora. Había sido un camino tortuoso y difícil. Hacía varios años que habían conocido a todos los que se sentaban alrededor de aquella mesa. Habían hecho preguntas y obtenido respuestas, algunas de las cuales no eran las que esperaban. Les habían confundido y les habían suscitado dudas; tuvieron que retroceder y reexaminar sus prejuicios y creencias. [Will y Betsy se levantaron para unirse a Mark]. Y toda aquella gente tan maravillosa, sentada alrededor de la mesa, jamás había criticado o denigrado a aquellos tres cineastas en su búsqueda. Siempre se había tratado de averiguar qué es lo real, la verdad, y de disfrutar con el descubrimiento. ¡Qué gente tan estupenda!

Todo el mundo se levantó. Era como si ya hubieran oído las últimas palabras de Mark:

«¡Por vosotros, compañeros de viaje, y por el conocimiento!».

Con un gran grito de «Así sea», unieron sus copas, se sentaron y comenzó el banquete.

Era la perfección en sí misma. La comida, las historias de poder, la camaradería. Sir Mortimer estaba en todas partes controlando cada detalle, que la imponente colección de platos, que parecía no tener fin, estuviera a la temperatura adecuada y en el sitio justo. Es raro que una concurrencia como aquélla dispusiera de tiempo libre para disfrutar de una comida suculenta y de la compañía de los otros. Jeffrey Satinover dijo: «He aprendido que si realmente quieres explorar las cuestiones más interesantes de la vida, acabarás equivocándote muchas veces y habrá gente que tendrá razón cuando tú te equivocas, de modo que tienes que estar dispuesto a aprender de eso. Como a veces tendrás razón, también tienes que aprender a ser amable cuando tienes razón si quieres que otras personas te escuchen.

No he estudiado el milagro de la conversión de agua en vino. Parece un buen milagro.

John Hagelin, físico

»Si quieres explorar el mundo de lo realmente interesante, sólo tienes que acostumbrarte a estar confuso e inseguro y, reconociendo que hay tantas cosas misteriosas, utilizar la frase "estar en el misterio", no con el matiz exacto que le da Fred Allan Wolf, sino en la acepción más mundana de que en realidad somos todos tan estúpidos en relación con todo lo misterioso que hay ahí fuera que tenemos que tener el sentido que tienen los niños para explorar lo desconocido».

Y siguieron desgranando historias mientras pasaban bandejas de comida humeante alrededor de la mesa.

Candace Pert contó: «Mi amigo Deepak Chopra explicaba la anécdota de lo emocionado que estaba con mi trabajo y que cuando fue a la India les dijo a todos los rishis: "Es increíble esta mujer; es maravillosa. Tiene las moléculas, los genes, los receptores, los péptidos, ¡es increíble!". Y los rishis decían: ¿"Qué, qué, qué, qué, qué?" "No, no, no entendéis. Tiene las moléculas reales de la emoción; son las endorfinas y los péptidos, las hormonas y los receptores, es increíble". Todos se rascan la cabeza. Él lo intenta varias veces más. Finalmente, el rishi más viejo y más sabio, se levanta de repente y dice: "Creo que ya lo tengo. Ella cree que esas moléculas son reales"».

Cada una de las células de nuestro cuerpo espía nuestros pensamientos.

Joe Dispenza

Ante lo cual todos ríen a carcajadas... humor de iniciados e iluminados... un placer muy raro, de verdad...

La comida tocaba a su fin. Aquella noche todos pudimos decir, como Ramtha decía a menudo, «hoy hemos cenado como reyes y reinas». Hubo copas después de la cena, capuccinos dobles y triples, cafés con leche. Se dejaron sobre la mesa tazas de té, junto con quesos y dulces.

Cuando se marchó el último cocinero, el grupo se arrellanó en las sillas para preparar el acontecimiento principal de la noche: escribir el último capítulo del *Manual del no brujo*. Mientras rumiaban el que sería el verso final, una profunda sensación de relax, casi de pereza, invadió la atmósfera.

El centro de la mesa redonda estaba abierto. Ocupaba un espacio de unos tres o cuatro pasos largos, de modo que el orador, el que «poseía el suelo», pudiera andar y gesticular mientras los demás planteaban sus ideas. Y las ideas fueron el plato fuerte de la noche. No obstante, los comensales se sentaron y ninguno se aventuró a dirigirse al centro de la mesa para empezar el último capítulo. Se encendió una pipa aquí, otra allá, y algún que otro puro; los invitados siguieron sentados, perdidos en un momento de eternidad.

Pero el tiempo se deslizaba por el reloj de arena y quedaba mucho por hacer. Un libro que escribir, otro que desescribir, conversar y reír y, naturalmente, los brindis...

Will se levantó con un brindis en la cabeza: «Cuando nos pusimos manos a la obra para hacer la película, uno de nuestros objetivos era convertir en héroes a la gente que está sentada alrededor de esta mesa. Héroes para el mundo. Cuando miro en torno a la mesa, veo que cada uno de vosotros ha dedicado años de su vida a la Gran Obra, como dirían los antiguos alquimistas. Y no lo habéis hecho sin arriesgaros y sin ser ridiculizados por colegas y por la sociedad en general».

»No creo que alguien sea un héroe porque sepa redirigir una pelota con un palo de aluminio y lanzarla por encima de una

Normalmente la gente me dice en el supermercado: «Usted salía en aquella película». Y yo les digo: «Sí, era yo». Y contestan: «¡Oooh!».

Stuart Hameroff, médico

El observador, ¿es un entrometido que siempre intenta convertirse en la parte principal de la experiencia? O ¿puede ser meramente un testigo y dejar que la experiencia transcurra por sí sola? Hay tradiciones muy buenas al respecto. Los indios hopi aparentemente no tienen una palabra que equivalga a «yo» o a «nosotros». Enfatizan el verbo, el suceso. Dicen, por ejemplo, llover, amar. ¿Ves lo que pasa? Normalmente decimos: «Yo amo a esta persona», ¿no? Pero si en vez de eso decimos «amar tiene lugar», entonces yo solamente estoy atestiguando. Amar está teniendo lugar y hay dos personas implicadas; una soy yo, y la otra, la importante para mí. Y lo que está sucediendo es amar. No hay sujeto ni objeto, sino simplemente amar. ¿Aprecias la belleza del cambio?

Amit Goswami, físico

valla situada a unos cien metros de distancia. Ni creo que soltar las ideas de otro frente a una cámara te convierta en héroe. Sin las personas sentadas aquí con nosotros y sin otros exploradores de lo no visto, estaríamos en un mundo aburrido y estancado ¡y no en el mundo mágico que todos adoramos!».

Hizo una breve pausa… «¡Dios mío! Me estoy poniendo sentimental. ¿Qué había en el vino? No importa. Es la verdad. ¡POR LOS HÉROES!».

Los invitados, que aún no estaban acostumbrados a brindis tan efusivos, sonrieron y brindaron. Una de las artes perdidas en el mundo moderno es el arte de los brindis: «Salud» equivale a decir simplemente «No tengo nada que celebrar ni con lo que soñar». La intención deslizada en las palabras a su vez deslizadas en el elixir no tardó en deslizarse por el cuerpo y en hacerse realidad, recorriendo todo el camino desde la mente hasta la materia. Las mentes unidas en este proceso crean una magia muy poderosa, ciertamente.

«Tengo un brindis —dijo Betsy— Por todos los demás héroes. Por la gente que toma ideas y conceptos y los aplica en su vida. Por los que prosperan en el caos y viven en el misterio, y hacen que se conozca lo desconocido. ¡Ojalá estuvieran aquí».

Dicho esto, de repente todo el mundo levantó la mirada desde sus copas. Alrededor de la sala. Un pensamiento pasó rápidamente entre ellos: están aquí…

Porque si el pensamiento es real, como real era la mesa que tenían delante y como real era la copa que tenían en la mano; si el pensamiento se mueve al margen del tiempo y del espacio, y si los pensamientos de mentalidades similares se unen, entonces todo aquel cuya mente se centre en aquel gran salón de banquetes está en el gran salón de banquetes. Si en tu mente ves el salón y a todas las personas sentadas en aquel espacio, entonces tú también estás allí. De repente, las velas parpadean al entrar una avalancha de invitados.

Y el tiempo no importa. Años y años después de aquel preciso momento, las mentes podrán volver allí de golpe a través del tiempo y unirse a la conversación de la Mesa Redonda.

Y ¿quién puede decir quién llamó a quién? ¿Fue la Mesa Redonda la que convocó a la gente para la conversación, o fueron las personas quienes crearon la intención que satisfizo la Mesa Redonda? Los egos siempre quieren ser los primeros, pero en la interconexión no hay sino hechos que pasan. No hay diferencia; todo es el mismo impulso y produce tanto huevos como gallinas.

Echando una mirada a la sala, JZ Knight, que ve cosas de naturaleza sutil, soltó una risita: «¡Oh! ¡La sala se está llenando! Hay un montón de granos de mostaza cuánticos. Es bueno que haya muchas dimensiones».

Estaba siendo un banquete estupendo, magnífico. Si todas estas teorías y experimentos fueran verdad, el banquete seguiría y seguiría. Y continuaría evolucionando sin cesar a medida que llegaran más y más espíritus.

> **Porque donde están dos o tres congregados en mi nombre, allí estoy yo en medio de ellos.**
>
> **Mateo 18,20**

Con la emoción que produce una gran asamblea, los magos reunidos emprendieron la tarea en serio. Sabiendo que los versos se susurrarían más allá del tiempo y del espacio, eligieron cuidadosamente las palabras y armonizaron cada vibración con la idea planteada. Como no había muggles alrededor, no era prioritario explicar cómo meterse en el hueco de la Mesa Redonda, pues todos simplemente entraban y salían. Salvo Stuart Hameroff —parecía que acababa de descender con las hordas desde las estepas de Rusia—, que trepó por encima de la mesa y saltó al centro haciendo un arco perfecto. Empezó diciendo:

«Creo que el siguiente escalón es intentar explicar cómo puede relacionarse el mundo cuántico con la consciencia y la espiritualidad, porque creo que ése es el futuro en el que la ciencia y, en particular, la física cuántica y la relatividad se unen con la consciencia humana, la subconsciencia y la espiritualidad. Que una explicación científica de la espiritualidad sea algo bueno o no, dependerá de a quién preguntes. Y aunque a mí me parece que probablemente sea malo explicarlo todo, pienso que no hay demasiado peligro de que lleguemos a explicarlo todo porque lo que estamos haciendo es quitar capas a una cebolla que tiene muchas, muchísimas capas, y el meollo está muy abajo».

Como para demostrar lo que decía, en cuanto pronunció la palabra «abajo», pareció que el suelo se lo había tragado, y de pronto apareció otra vez sentado en su silla. Betsy, con la risa en los ojos, preguntó: «Está bien, ¿qué es la cocina cuántica?».

Un grupo de respuestas «probables, posibles, superposicionales» flotó en el espacio-mente compartido. ¿Quién las desintegraría?

Betsy no les dio tiempo. Su vestido destelleaba y de repente parecía un halcón, con una máscara de plumas de halcón y los ojos centelleantes. Ojos de halcón buscando respuestas a su pregunta favorita: «¿Por qué tengo que preocuparme por lo cuántico? ¿Responde a las Grandes Preguntas?».

Antes de que nadie pudiera contestar, el doctor Wolf se precipitó a responder: «La física cuántica es la cuestión inicial para la respuesta a todas las Grandes Preguntas. Es un buen sitio para empezar. Es sólo el principio. Hace sólo cien años que empezamos a plantearnos que podíamos estar siguiendo una línea de actuación equivocada, haciendo preguntas equivocadas, contemplando el mundo como si estuviera "ahí fuera", al margen de la experiencia subjetiva del mundo de "aquí dentro".

»La física cuántica te obliga a preguntártelo. Dice, espera un minuto. Hay una conexión más profunda. Yo diría que la física cuántica es para el siglo XX lo que el nuevo puente entre la ciencia y la espiritualidad, sea el que sea, será para el siglo XXI.»

Se detuvo durante un momento, luego se giró y se dirigió a todos los asistentes, a los que se veían y a los que no se veían. Sus ojos brillaban.

«El universo es aleatorio en gran medida. Y que el universo sea aleatorio es muy importante también en gran medida. La aleatoriedad es la bendición del universo, no la maldición. Permite que aparezca algo nuevo. ¿Qué pasaría si todo estuviera ordenado y estructurado? Seríamos todos robots y no podríamos tener pensamientos nuevos.

»La aleatoriedad trae lo estrambótico y trae también el baile, el teatro, la belleza; con ella vienen las cosas maravillosas de la vida. Porque la suerte hace la vida realmente bella. La suerte es una señora».

Todos miraron a su alrededor: «Sí, la vida es bella». Todos estaban aquí para hacerla más bella, más maravillosa. Para coger a los sapos y recordarles que son magos, todos y cada uno de ellos. Para que dejen de ser sapos. Para anular siglos de ignorancia en los que la humanidad se mantenía en la oscuridad. Ya no más. Un gran cambio había tenido lugar y el conocimiento secreto manaba a chorros, en libros, seminarios y en las artes. El «colegio invisible» ya no estaba escondido. La cueva del Tíbet se había convertido en un portátil de alta velocidad. La información ya no podía hurtarse a las mentes inquisitivas. Era magia de un orden distinto para una era diferente.

Sin embargo, Betsy se preguntaba: «¿Cómo hacemos real todo esto?». Joe Dispenza, como buen siciliano, vació su copa y se sentó antes de responder:

«¿Qué tenemos que perder, como seres humanos, si vivimos como si el pensamiento fuera la premisa suprema que contamina la realidad y observamos la realidad como queremos que sea? ¿Qué tenemos que perder? Soy un científico y he recibido una formación científica. Sin embargo, por eso mismo, todo esto no es más que una gran conversación para una cena, a menos que tengamos la capacidad de aplicarlo de alguna manera, forma o modo. Entonces se convertirá en la verdadera ciencia. Se convertirá en la verdadera religión».

Mientras tanto, Will había sacado el original del *Manual del no brujo*. Era un tomo voluminoso, en el que capítulo tras capítulo se ensalzaban las virtudes de los grandes centros comerciales, las comedias de situación, el cotilleo, el estar seguro imaginando que tienes todo resuelto y que no es una paranoia el que salgan a buscarte. Al final de cada capítulo había una sección titulada «No pienses sobre

Entonces, ¿nuestros pensamientos importan? Naturalmente que importan. Son construcciones mentales de la realidad. ¿Qué es un pensamiento? Bueno, un pensamiento es un momento congelado de un torrente de consciencia que el cerebro procesa y pone en un envoltorio denominado neurona y que luego se amplía por la memoria asociativa. Así pues, tienes un pensamiento y te preguntas: ¿este pensamiento tiene significado y poder? Sí, porque un pensamiento es una estructura en la que la realidad está configurada. Es la arquitectura de la realidad, realmente. De modo que, cuando creas tu día, compones pensamientos, y cuando observas un pensamiento, se convierte en la forma en la que se configura la realidad misma. Las aventuras del día se basan verdaderamente en lo que piensas.

Ramtha

esto...», una lista de cosas en las que no había que pensar para llevar una vida «no tan mala como podría ser». El capítulo «Los magos que pensaban que podían volar» era especialmente prominente. Presentaba a todos aquellos que se habían preguntado por lo que había fuera del encasillamiento rutinario, de su zona de comodidad, y no habían ganado un millón de dólares. Aquello cuadraba bien con la ubicua pregunta debilitadora: «Si tienes tanto entusiasmo, ¿por qué no eres rico?».

Pareció que por un momento un olor nauseabundo subía por la sala. Will cerró de golpe el libro flatulento: «La primera regla de un no-brujo es: convence a la gente de que NO son magos».

Sí, regla número uno. Porque es cierto que, en todas las materias, esa limitación paraliza seguramente a todas las demás. ¡Eso es! Las limitaciones autoimpuestas son las más difíciles de ver, porque el creador está en la creación y de esa manera las limitaciones se hacen realidad.

Si la realidad es una posibilidad de la consciencia misma, entonces surgen inmediatamente estas preguntas: ¿cómo puedo cambiarla?, ¿cómo puedo hacerla mejor?, ¿cómo puedo hacer que sea alegre?

Amit Goswami, físico

Will, que para entonces llevaba encima más de una copa, sugirió que el *Manual del no brujo* podía simplemente contener en cada página: «Mira, eres un sapo porque quieres ser un sapo. Afróntalo». Miceal sugirió que tal afirmación podría sonar un poco estridente, aunque era breve y atractiva, y que tal vez bastara un enfoque más razonado:

«El mayor problema que tiene la gente no es aceptar su miseria, su condición de afectados por la pobreza, sus carencias, su incapacidad, su falta de poder. El mayor problema que tenemos en cuanto raza humana es aceptar nuestra grandeza. No queremos hacerlo. Nos alejamos gritando de quien nos sugiera que somos todopoderosos por nosotros mismos. Por lo tanto, no somos capaces de manifestar lo que desearíamos tener, sea lo que sea.

»Con que simplemente pudiéramos aceptar quién y qué somos y el poder real que tenemos, sería común lo que llamamos milagroso, y que desgraciadamente no se ha distinguido en muchos individuos en el pasado. Y aprenderíamos la nueva ciencia de la manifestación, que consiste en percatarnos de que siempre, veinticuatro horas al día y trescientos sesenta y cinco días al año, creamos nuestra propia realidad. No hay nuevos poderes que aprender. Ya los tenemos. Lo que necesitamos cambiar es el tipo de vida que nos estamos creando».

JZ Knight continuó el pensamiento:

«Cuando una persona dice: ¿creo yo mi realidad? La respuesta es: ¡pero si ya estás creándola! El quién eres está hecho de la realidad que eres comúnmente. Cambiarla implicaría cambiar uno de los conceptos de personas, sitios, cosas, tiempos y acontecimientos. La idea de con quién estás, dónde vives, qué aspecto tienes, qué llevas, con quién hablas hoy, qué vas a hacer mañana, todo eso lo has creado tú como tu realidad fundamental, de modo que todo en tu vida es un aspecto de ti mismo.

»Estamos muy ocupados siéndolo. Es como el pez en el océano al que alguien le da la idea de que es una idea novedosa pedir un trago de agua. Entonces el pez pide un trago de agua y todo el mundo empieza a reírse. Porque el pez está en el agua.

»Es lo mismo que decir: ¿cómo creo yo mi propia realidad? Pues bien, tú eres la realidad; ya estás creándola. Sólo vemos lo que somos cuando salimos de nosotros y volvemos la mirada a lo que hemos sido».

Entonces, estalló la conversación alrededor de la mesa. Parecía que todos hablaban a la vez, porque todas las conversaciones estaban interrelacionadas. El espíritu relacionado con la materia relacionada con la consciencia relacionada con el acto de crear relacionado con tener la intención. Emociones, redes neuronales, viejos paradigmas, de vuelta a la consciencia, el observador, elecciones y cambio. Y la realidad, el concepto intermediario entre todas las cosas, era a su vez definido por todas las cosas.

¿Se puede definir una palabra salvo utilizando palabras? ¿Es posible entender un concepto sin otros conceptos? Si eso es verdad, ¿cómo sabremos alguna vez de verdad?

En este giro de la conversación, Betsy hizo el brindis final:

Una señal de aburrimiento es una señal para el cambio. ¿Y qué pasa cuando cambiamos nuestra mente? Que se empiezan a activar neuronas nuevas y la madriguera del conejo se convierte en un agujero del que salen lombrices serpenteando y construyen una nueva red neuronal en el cerebro.

JZ Knight

«Para mí todo era sólo filosofía, que me encanta, pero solamente iluminó mi vida cuando la emparejé con la experiencia práctica».

¡Bingo!

Había llegado el fabuloso intercambio de ideas que había atraído a todos los invitados desde los confines del mundo. Durante siglos, el mundo del pensamiento humano había tratado de límites: «¿Qué es mío?¿Qué es tuyo? Esta disciplina no habla de eso. No utilices el término interconexión, ni siquiera sabes lo que significa». Pero, al final, los caminos cada vez más estrechos de la búsqueda científica y filosófica habían llegado precipitadamente a un callejón salida. Al final de las partículas, sólo había más partículas. Al final de la enfermedad, nunca encontrabas salud, sino sólo enfermedad.

El enfoque que había permitido a la civilización occidental lograr avances maravillosos, la había desconectado del mundo de la magia. Pero cuando la velada se alargaba pasada la media noche, cundió la sensación de que algo había cambiado en algún rincón, en alguna parte. Los caminos se juntaban. La grandeza del sueño de encontrar la explicación más simple a los fenómenos más observados era como un elixir; en ese momento, se redescubrió una actividad que se creía desaparecida hacía mucho tiempo y estaba relegada a una era pasada.

La única manera de beneficiarme siempre a mí mismo no es por lo que haga a mi cuerpo, sino por lo que haga a mi mente.

Ramtha

Conversación, intercambio de información entre amigos, teorías gloriosas y hechos feos: era un festín que merecía la pena. Y sabían, todos sabían, que los susurros salían fuera, al exterior, y se extendían por el mundo. Y también era probable que llegaran susurros allí dentro, desde el mundo que les había reunido a todos en primer lugar. El universo holográfico se reproducía en miniatura por todas partes.

Aquellos magos hicieron un progreso extraordinario, de modo que otros magos en cualquier rincón del mundo tendrían también esa posibilidad. Cuando en un hogar se alzan las copas para celebrar el triunfo del espíritu humano, el eco del brindis seguramente reverbera a la salida del sol en otras casas y hogares, posadas y tabernas del mundo entero. Ésa es la naturaleza de la realidad. Así es el universo en el que nos encontramos.

Hacía mucho tiempo que los invitados se habían levantado de la Mesa Redonda y se habían trasladado a un entorno más confortable. Algunos habían vuelto al salón y se habían sentado junto al fuego a contar historias.

Fueron saliendo de uno en uno y la reunión se dispersó silenciosamente. Unos cuantos serpentearon escaleras arriba hacia las habitaciones para pasar la noche. De vez en cuando se oía un coche que arrancaba, una puerta que se abría y se cerraba y después el silencio.

Antes de que el sol estuviera en lo alto, los invitados se habían dispersado de nuevo hacia los confines del mundo. Como los bardos de antaño, tenían siempre otra ciudad, otra aventura, otra cosa «desconocida», que se desintegraba bajo el impulso de... de...

«Esta vida es sólo una página de un libro voluminoso —dice Ramtha— en el que siempre seremos quienes somos. Pero tendremos siempre el aguijón intrínseco de la búsqueda ambiciosa. Una búsqueda que nos saque del pesado aburrimiento de pensar en nosotros mismos y de odiarnos a nosotros mismos y nos lleve a la creación de sueños nuevos, de nuevos modelos de pensamiento en los que participemos con el celo que da la energía ambiciosa».

Sí, eso es, una búsqueda ambiciosa. Hacer que se conozca...

Mientras subía por la larga escalinata, apagando velas a medida que pasaba junto a ellas, pensé para mis adentros y para que me oyeran quienes aún siguieran allí escuchando: «Sí, hay magia por todas partes. Especialmente esta noche. Y todas las noches. ¡Ah! ¡Qué noche hemos pasado...!».

Y con esto, os damos a todos
nuestra más calurosa
y cariñosa despedida.

Fin

La realización de ¿¡Y tú qué (S)aBēs!?

del discurso de apertura de Will Arntz en la Conferencia de los Profetas en Santa Mónica 2005

A menudo la gente nos pregunta a los tres por qué nos decidimos a hacer la película. Creo que tendríamos que haber tenido la respuesta preparada antes de venir aquí. Ya sabes, estás aquí en el Plano Sublime, paseándote entre la mercancía mientras buscas un cuerpo nuevo y llega un ángel y te dice: «Eh, chico, ¿quieres hacer una película?».

«Suena bien... ¿crees que puede ser difícil?».

«No, no, no, será magnífico. Comenzarás y sucederán cosas maravillosas. Tendrás mucho éxito y darás conferencias...».

Hace unos años vendí mi primera empresa informática y me retiré. Pronto comencé a aburrirme, mejor dicho, estaba jorobado más que aburrido, porque había vendido la gallina de los huevos de oro, había escrito el software, lo había vendido y lo había vendido bien, pero la gente que me lo compró lo había hecho aún mejor, se convirtieron en millonarios.

Así que decidí montar una segunda empresa, tenía dinero para financiarla. Estaba en Nueva York trabajando en ella. Mirando retrospectivamente hubo un momento clave en que todo adquirió sentido. Un amigo mío acababa de hacer una película Off Broadway, que yo había ayudado a financiar. Trataba sobre budismo y sobre todos esos temas interesantes; ayudar a financiar ese tipo de cosas produce una buena sensación.

Un día iba andando precisamente hacia el World Trade Center, pensando en mi nuevo proyecto. Era justo en la época en que Ted Turner había prometido dar mil millones de dólares a la ONU. Y pensé: «Fenomenal. Pero ¿va a ayudar a conseguir algo? No para de verter dinero en estructuras de poder ya existentes y ya sabemos lo que va a pasar: lo mismo de siempre, lo mismo. Alguien necesita crear vías que realmente cambien la consciencia. Alguien tiene que hacerlo y alguien tiene que financiarlo».

Y de repente se hizo la luz: «Yo puedo hacerlo. Puedo seguir creando más software, ganar más dinero y hacerlo». Y pensé: «Si no lo hago yo, quién lo hará?». Me parecía extraño que me pasase a mí, pero soñé: «Sí, ¡lo haré!

Montaré una empresa de software de 6 millones de dólares y utilizaré parte del dinero para financiar buenos proyectos».

Bueno, había empezado a asistir a la Ramtha School for Enlightenment (Escuela de Iluminación de Ramtha) hacía un año o dos. Allí se insiste mucho en la creación de tu propia realidad, en la retención mental de tus deseos e intenciones para después manifestarlos. De modo que pensé: «Bien, voy a aplicar esos principios. En lugar de crear una empresa de 6 millones de dólares, voy a crear una de 30 millones y la mitad del dinero que produzca lo donaré para la investigación del espíritu».

Así, en aquel momento y mientras me dirigía al World Trade Center, hice una especie de trato con el espíritu. «Muy bien, tú te vas a llevar la mitad, pero yo, por mi parte, necesito además estar convencido de que se puede realizar».

Mi primer profesor hacía una especie de trato con el universo. El universo hace algo bueno por ti y tú vas y dices: «¡Oh!, ¿piensas que está bien? ¡Ah!, pues esto es lo que yo voy a hacer por *ti;* te voy a devolver el doble de lo que me diste!».

Y el universo prosigue: «Bien, pues yo te voy a devolver a *ti* el doble».

Y tú: «Pues tampoco es tan buen trato...».

Así pensaba mientras me acercaba al World Trade Center. Pensaba para mí mismo: «Rock and roll, ¿tenemos un trato?». Y me felicité a mí mismo para mis adentros.

De modo que creé la segunda empresa, hice dinero y me retiré. Cuando me retiré no pensé que iba a ser yo, precisamente, el que iba a hacer el trabajo. El objetivo era suministrar el dinero y que llegaran otros y dijeran: «Tengo este gran proyecto». Y yo contestaría: «Bien, adelante, hagámoslo», extendería un talón, ellos mandarían vídeos de lo que hacían y yo los vería. Pues bien, no funcionó así del todo.

En un momento dado, cuando estaba en el instituto Ramtha, me presentaron a Mark, que estaba montando una película. Yo ya había hecho películas, no de manera profesional, sino en la universidad. Comencé a observar lo que hacía Mark por encima de su hombro y pensé: «¡Vaya! Parece divertido. Quizá yo podría hacer algo similar».

Una noche en el instituto, Ramtha se paseaba por el escenario diciendo: «En este instituto hablamos de física cuántica, de biología molecular...». Citó la lista de las ciencias que estudiábamos y dijo: «Alguien debería escribir un libro sobre ello». «Alguien debería escribir un libro sobre ello». Estoy allí sentado y pienso: «¿Escribir un libro? ¡Alguien debería hacer una película!».

Fue uno de esos momentos en los que te das cuenta: «Eso es, justo estaba buscando algo así».

Un mes más tarde aún le daba vueltas en la cabeza y me dije: «O.K. De todas formas estoy aburrido. El alguien se supone que soy yo».

Así que hablé con JZ Knight y comencé a trabajar en ello. Lo primero que pensamos fue que utilizaríamos muchas secuencias ya filmadas sobre las enseñanzas de Ramtha, que se habían filmado durante esos años, las montaríamos con alguna animación, añadiríamos algunas entrevistas y haríamos algo que con un poco de suerte se convertiría en una película del tipo las que se emiten en la televisión seria sin anuncios. Nos iba a costar entre 100.000 y 125.000 dólares.

Comencé a buscar secuencias filmadas y a unirlas, a escribir pequeñas parodias para ilustrar el misterioso y loco mundo cuántico. Una de ellas, de hecho, permaneció en la película, la secuencia en la que Amanda está en la cancha de baloncesto, con un montón de pelotas botando. Es prácticamente la única que ha permanecido desde el primer guión.

A medida que me iba involucrando, pensaba: «Quizá esté buscando algo más importante. Si es así, necesito ayuda». Así que fui a ver a Mark y le dije: «¡Ayúdame!».

Casi enseguida comenzamos a trabajar juntos en los guiones, estábamos entusiasmados. Trabajamos, trabajamos y trabajamos, escribiendo cositas graciosas. En ese momento Mark se dio cuenta de que necesitábamos ayuda. Me encontraba tan absorto que ni siquiera me había dado cuenta de eso. Dijo: «Necesitamos un productor de verdad».

Dije: «¿Sí?».

«Tenemos que hablar con Betsy».

Bien, ¿qué está haciendo?».

«Está haciendo comida gourmet para perros».

De modo que llamé a Betsy. Mientras tanto Mark le había dado el guión. Lo leyó y pensó: «¡Vaya! Es asombroso, contesta a un montón de preguntas». Cuando por fin hablé con ella por teléfono, le pregunté: «¿Para qué te necesito como productora? Puedo contratar a un productor especializado».

Me contestó: «Bien, puedes contratar a un productor especializado. Pero cuando el camión del equipo no aparezca porque el sindicato no lo acepte y los conductores estén en huelga porque no respetaron el turno de ocho horas y ...». Contesté: «Bien, tienes razón, quizá necesite ayuda».

Mientras me preparaba para volar hacia Los Ángeles para reunirme con ella, recibí una llamada de teléfono de un amigo que me preguntó: «¿Qué haces?». Contesté: «Preparándome para ir al aeropuerto». Me dijo: «No vas a hacer nada de eso hoy». «¿Por qué?», y me respondió: «¿Has encendido la televisión?». La encendí a tiempo de ver caer la segunda torre del World Trade Center.

No sabía qué hacer. Quería contratar a Betsy, pero no quería contratar a nadie sin haberlo conocido antes. De modo que hablamos un poco más por teléfono, y mientras estaba pensando qué hacer, va y me cuenta una historia verdaderamente bonita. Tiene ese algo por los animales abandonados, los recoge y los cuida. Un día un pájaro entró en su cuarto de baño. Los gatos querían cazarlo, así que cerró la puerta y comenzó a hablar al pajarito; éste voló hasta posarse en su mano, ella salió fuera y dejó que se marchara.

En ese momento decidí contratarla. Por supuesto, en cuanto la contraté se convirtió en la Señorita Conductora del Camión: «Bien, eso es un asco. No puedo creer que esos idiotas hicieran eso».

Dije: «Betsy, ¿qué te pasa?». Y contestó: «¡Ah, acostúmbrate!».

De modo que ahí estábamos los tres trabajando en el guión. Pero, para entonces, algo había cambiado. Tuvimos los tres la loca idea de que queríamos que se pudiese exhibir en una sala de cine. La televisión sin anuncios no era suficientemente buena. El Discovery Channel, uf, uf. Queríamos recorrer las salas de cine de todo el país.

Teníamos la sensación de que había millones de personas en el mundo sedientas de esta información. Lo presentíamos. Presentíamos que esa gente deseaba una nueva visión del mundo, quería ver las cosas de un modo diferente. «Sea lo que sea lo que nos hayan enseñado, sea lo que sea lo que estemos haciendo, no funciona». Sentíamos un tirón realmente fuerte y fue una de las razones por las que no dimos marcha atrás cuando todos en el trabajo nos decían: «Estáis locos, chicos. No podéis hacer una película interesante con ese material. Y si podéis nadie irá a verla». Así que, es gracioso, todos los cientos de miles de personas que han visto la película, probablemente millones ya, no existen. Ve y pregunta en Hollywood.

Sería estupendo poder decir que nuestra intención estaba clara, que teníamos una gran concentración y que fue la manifestación de nuestro conocimiento interno de que eso iba a pasar. De eso nada.

Mark y yo ya llevábamos una temporada desarrollando el guión. Poco después de aparecer Betsy, va y dice: «¿Sabéis una cosa, chicos? Lo que estáis haciendo es una película del Discovery Channel. Tenéis un presentador». Era verdad, en ese momento teníamos un presentador, paseándose y hablando a la cámara, diciendo cosas como: «Si piensas que la física cuántica es extraña, mira *este* fenómeno». El guión estaba escrito así.

O sea que Betsy comenzó su campaña para librarnos del presentador. Ni Mark ni yo hicimos caso, ni caso, ni caso... y seguíamos esperando. En cierto modo sabíamos que tenía razón, pero en el punto en el que estábamos no sabíamos qué hacer.

El caos nos acechaba detrás de la puerta todo el tiempo (y a veces ¡hasta entraba dentro!). Un día uno de nosotros dijo: «No sabemos lo que vamos a hacer. No tenemos ni idea de cómo lo vamos a hacer. Así que vayamos a entrevistar a la gente. Quizá ellos nos ayuden. Quizá aprendamos algo y nos sirva para encaminarnos en alguna dirección, pues obviamente no tenemos ninguna».

De manera que comenzamos a llamar a la gente, diciéndoles que queríamos entrevistarles. Concertamos citas y comenzamos las entrevistas. Para mí, uno de los grandes momentos fue casi al principio cuando entrevistamos a Ramtha. Me dieron el visto bueno. Tal y como salió, mi entrevista con Ramtha duró diez segundos. Su entrevista conmigo, tres horas. Dijo: «¿Quieres que me siente aquí como un maniquí y conteste a todas tus preguntas para que puedas hacer una gran película? ¡Piénsalo bien! Sólo tengo que hacerte mejor y tú harás todo el trabajo».

Como dijo después, yo necesitaba ser un poco más humilde. Porque tal y como era, financiando la película y pagando todas las facturas, me imaginaba que tenía que dirigirlo todo. Dijo: «Filmar esta película y todo lo que estás haciendo es únicamente construir una cierta emoción. Obtener una respuesta emocional específica. Pero la cosa es que esa emoción tras la que vas pertenece al universo que conoces. Estás controlando el resultado de todo sólo para poder tener cierta emoción. ¿Y sabes qué? Se trata de una emoción vieja y horrible que has tenido desde hace mucho tiempo».

Empecé a decir: «Sí, creo que sí...».

Y dijo: «¡No, no, no! No te das cuenta de la gravedad del problema. Has sido el mismo idiota durante miles de vidas».

Aquí está. Estoy allí sentado ante el objetivo de la cámara. Mark y Betsy dicen: «Buff, me alegro que por fin alguien se lo haya dicho». Las cámaras están filmando. El equipo se ríe. Y aquello no fue más que sacar con un globo.

«Quieres genio —dijo Ramtha—, pero el genio siempre llega desde fuera de lo conocido, desde fuera del control. Si hubieras hecho la película que querías hacer, ¡tendríamos una mierda que nadie querría ver!».

Y lo bueno es que todo era verdad. Yo sabía que era verdad. Me tenía cogido. Nos tenía cogidos a todos. Porque todos queríamos algo grande de verdad y habíamos llegado al punto en que queríamos librarnos del ego lo mejor posible.

A los profesores les encanta que sus alumnos tengan claro lo que quieren. «Puedo realmente utilizar los antiguos instrumentos de tortura ahora... Puedo realmente hacer presión». Pues únicamente serás genial yendo a través del caos y de lo desconocido y aferrándote a él. A veces pienso en Ramtha sentado, no sé dónde se sienta, me imagino que tiene un botoncito frente a él con la etiqueta de «Caos» y no se puede contener: «Ah, piensan que están haciendo eso... beep». Y todo salta por los aires.

Eso marcó el cambio decisivo. Luego, cuando nos reunimos los tres, yo aún estaba bajo el efecto del shock. Betsy proseguía: «Efectivamente, ¡tenemos que volarlo todo...! Librémonos de Amanda».

Mark y yo nos miramos y dijimos: «No, creo que necesitamos a Amanda».

Y ella continuó: «Bueno, pues ¡librémonos del presentador!». Era su gran preocupación de los tres últimos meses.

»Bueno —dijimos—, librémonos del presentador». En aquel momento tiramos por la borda seis meses o un año de trabajo. Y comenzamos a entrevistar a gente.

«Como yo tenía alguna formación científica y podía dar el apretón de manos secreto de los iniciados, sería yo el que iría en cabeza y haría las preguntas más técnicas. Luego cuando comenzasen a sentirse un poco confusos y a estar hartos de mí, entraría Betsy. Y comenzaría diciendo: «Sabéis, chicos, habéis hablado de todo este rollo y quizá signifique mucho para vosotros, intelectuales, ¿pero qué significa para mí? Me refiero a la superposición cuántica. ¿Y qué?».

No lo hacía de forma arrogante, sino más bien como si dijera: «¿Qué significa para mí? ¿Cómo afecta mi vida?». Y así conseguiríamos

una respuesta completamente distinta de la misma persona, y de repente todo volvía a tener un enorme interés.

Luego llegaba Mark. Se sentaba en un lado a escuchar y a observar y súbitamente decía algo asombroso.

Hicimos todas las entrevistas que quisimos y volvimos atrás al mundo del caos. Bien, no teníamos guión y sí teníamos sesenta horas de secuencias filmadas en bruto. ¿Qué podíamos hacer?

Entretanto, el presupuesto subía. Para entonces ya superaba el millón de dólares. Me dije a mí mismo: «Está bien, esto es lo que hay».

El plan —y el desafío— era, ¿podríamos intercalar trozos de las entrevistas de manera que tuviesen sentido? ¿De manera que pareciese que había un diálogo? No queríamos que apareciesen nuestras caras en la pantalla. Queríamos mantenernos al margen de todo. Con el tiempo, el intercalado de secuencias funcionó. Edité unas dos horas y media, en el orden en que más o menos véis en la película.

Y entonces llegó la noche oscura del alma.

O más bien, la noche oscura de la película, puesto que ahora teníamos que escribir el guión. Y no sabíamos qué hacer, pues seis meses antes habíamos herido de muerte al presentador. De modo que ¿cómo se puede producir todo este rollo y tener una línea de actuación, sin tener algún tipo de directriz? Estudiamos docenas de ideas. Estudiamos la idea *du jour.* A veces, uno de nosotros tenía una Revelación cuando se duchaba por la mañana y llegaba corriendo: «Hey, ¡ya lo tengo!». Una vez llegó Betsy y dijo: «Veréis, Amanda era una mujer que transcribía guiones de películas. Le llegan todas estas secuencias y comienza a interactuar con ellas». Era una idea bastante buena, pero tanto Mark como yo comenzamos a dudarlo, *ummmmm...* Luego quizá yo tenía una idea, y los plomos se fundieron. Fueron momentos difíciles. Teníamos un *medidor de tonterías...* puesto que algunas de las ideas que teníamos eran tontas y horribles. De hecho también tenemos un medidor de tonterías en nuestro cuarto de montaje.

Tras seis meses de ideas brillantes, no acabábamos de tener un guión y ni siquiera teníamos un título. Teníamos notas pegadas en los cristales para intentar conseguir un guión por enésima vez.

Betsy decía a menudo: «¡Ah!, ¿Qué coño sabemos?». O «¿Qué coño sé yo?». Bien, un día Mark y yo nos fijamos en esta interesante frase, pues nos dimos cuenta de que realmente ¿qué coño sabemos nosotros *realmente*? No parece que podamos imaginarlo siquiera. Pensamos que podíamos y no podemos, alguien, no recuerdo quien, dijo: «Quizá tendríais que llamar así la película, ja, ja, ja». De modo que lo escribimos en un papel que pegamos en la ventana y nos imaginamos que en algún momento nos inspiraríamos. Pero adivina... no nos inspiramos. Pero conservamos el título.

Una de las razones por las que lo conservamos es porque no queríamos salir diciendo:

«Así es. Así funciona el universo. Lo hemos entendido. ¿Sabes? Es así como decimos nosotros ¡al demonio! O estás de acuerdo con nosotros o te aguantas».

Después de meses y meses y meses, comenzaron a suceder cosas. En un momento dado dijo Mark: «Creo que Amanda es una fotógrafa». Bien. Funciona. Es una fotógrafa.

Por fin tuvimos el guión. Y pienso: «¡Vaya, tenemos el guión, ahora sí que será fácil! Vamos a filmar exactamente lo que está en el guión y será fácil». Por supuesto que no funcionó así.

Entonces comenzamos a enviar el guión a distintas actrices para el papel de Amanda, casi siempre fuera de aquí, y comenzaron a declinar la oferta respetuosamente. ¿Por qué? Es una película extraña que nunca será interesante. ¡Todo el mundo lo sabe! Así que, ¿qué vamos a hacer?

Entonces nuestro director de casting hizo lo que en ese mundillo se denomina «servicio de averías»: facilitas el guión para que todo el mundo pueda verlo. El compañero de producción de Marlee, Jack Jason, se topó con él. Lo habíamos escrito de tal manera que en esa parte no había mucho diálogo. Dijo: «Es perfecto para Marlee, pues es una magnífica comunicadora no verbal».

Mi primera reacción fue: «¿Qué, te estás riendo de nosotros? No, no, no, no». Pero tanto Mark como Betsy dijeron: «Bien, podría funcionar».

Todos quieren saber siempre cómo trabajamos los tres juntos. Piensen en tres gatos, peleándose y arañando todo el tiempo hasta que se cansan y se dejan caer pesadamente boca arriba. Entonces uno de ellos que aún tiene algo de energía se levanta y corre con la pelota todavía un rato más. Cada uno cogía el relevo un momento dado, y entonces fue cuando Mark y Betsy lo cogieron. Tuvimos la entrevista con Marlee y todos pensamos: «Bien, va a funcionar».

Nunca habíamos pensado que Marlee pudiese interpretar el papel, pero parecía adecuado. Pensamos que quizá era la *película* la que en ese punto estaba eligiendo.

Cuando te involucras en un proyecto creativo, éste cobra vida propia y en cierto momento el artista tiene que callarse y echarse a un lado. Por lo tanto pensamos: «Callémonos y apartémonos. Ha aparecido Marlee. Es una idea estupenda. Me gustaría que hubiese sido mía, pero vamos a ver qué pasa».

Lo filmamos todo en Portland. Es una ciudad estupenda. Fue una aventura. Todo el rato pensaba: «Uff, ahora que ya hemos hecho *esto,* va a ser más fácil». Y de repente el viejo botón del caos se ponía en marcha otra vez.

Cuando escribimos el guión lo hicimos de forma modular, de modo que las distintas partes casaran en distintos lugares. Pensamos que era una idea ciertamente brillante que nos daría un montón de opciones en el momento del montaje. Y lo hizo... ¡demasiadas! Así que una vez más estábamos en el reino del caos. No sabíamos qué hacer. Había cien maneras diferentes de conectarlo todo, diez eran buenas, noventa no lo eran. La posproducción duró un año y medio, montando, adaptando la música, creando la animación, trabajando, trabajando, trabajando. Y mientras, también hacíamos un montón de pruebas de pantalla.

Era una manera muy poco usual de hacer las cosas y teníamos que estar seguros de que no estábamos locos. De modo que hicimos pases con público. Hacer estas pruebas nos servía para conseguir una especie de «visión de principiante», como dicen en el zen. Estábamos acostumbrados a todo tipo de matices, pero nos dimos cuenta de que cuando nos sentábamos con un grupo de gente que nunca había visto la prueba, era como si hiciésemos autostop en la carretera de su percepción, y la veíamos como si fuese la primera vez. De modo que hicimos un montón de pases y vimos que funcionaba. Y seguíamos cortando y cortando. Creo que hicimos unas veinte versiones definitivas de la película. Y por fin conseguimos acabarla, tres años después de haber empezado.

Fue muy emocionante. Habíamos acabado. Parecía que gustaba a la gente, de modo que comenzamos a buscar distribuidores potenciales para que vieran la película. Habíamos creado un plan de marketing diciendo que realmente había un público para esa película aunque Hollywood no creyese en ella. Cuando vinieron a verla se dijeron murmurando: «Hmmm, interesante película, no tendrá audiencia, adiós».

En aquel momento me volví a buscar en mi experiencia con el software. Cuando posees una tecnología nueva, tienes que hacer una «prueba de concepto». Tuvimos que hacerla para mostrar que la audiencia de esta película existía realmente. Betsy fue al cine de nuestra localidad en Yelm, Washington, y dijo: «¿Nos podrían facilitar una sala?»

«Pues no, no lo creo».

«Por favor, ¿podrían facilitarnos una pantalla?».

«No, la verdad es que no». Tira y afloja, tira y afloja. Finalmente, y sólo para librarse de nosotros, esa persona dijo: «Bueno, les doy una pantalla. Pero ustedes sabrán, van a durar una semana». Duró siete. Los medios de comunicación nos ignoraban aún. Y tras cuatro semanas el tipo de la sala dijo: «Sabía que iba a ser un gran éxito». Estábamos tan contentos que únicamente dijimos: «Bien, gracias amigo».

Estuvimos en Portland durante ocho semanas. Así que en ese momento éramos un éxito en dos salas de cine. Hicimos todo al revés que en Hollywood, el camino inverso del Gran Estreno.

La otra paradoja, y también en sentido inverso, es que mientras Hollywood pensaba que nadie iba a venir a ver la película, pues suponían básicamente que nuestra audiencia era estúpida y que teníamos que deletrearles cada línea del guión, nosotros pensábamos que nuestra audiencia era lista. Se trataba de todo lo que habían visto siempre, nosotros íbamos a subir el volumen un poco, nada más. Dijimos: «No, la gente es lista. Les *gusta* utilizar sus cerebros». De hecho una de nuestras tareas en este asunto es hacer revivir el pensamiento, que se ha convertido en un arte perdido en nuestra cultura. Mark dice siempre que le gustaría conseguir que pensar fuera sexy una vez más.

De modo que comenzamos nuestra andadura, un cine aquí, un cine allá. Al principio tuvimos que comenzar a trabajar muy duro para encontrar público. Teníamos que engancharnos a las iglesias de la Unidad y a los seguidores de las Ciencias de la Mente. Tuvimos que ir a los centros de yoga. Creo que el siguiente lugar fue Tempe, en Arizona, donde aún se sigue emitiendo. Y eso que es un cine de una sola pantalla, no es como si estuviésemos en una sala de cuatro pantallas y nosotros estuviésemos en la del rincón.

Seguimos haciéndolo así, una a una, y en su momento encontramos un distribuidor. Samuel Goldwyn Roadside Attractions había estrenado la película *Super Size Me* y coincidíamos en muchas salas. Seguían viendo esa misteriosa película con extraño título, que tenía más éxito que la suya propia. No teníamos publicidad y *Super Size Me* tenía muchísima.

En un momento dado tuvimos una entrevista en Santa Mónica. Estábamos a punto de estrenar allí, veníamos de Berverly, donde la película había estado en cartel durante semanas. Nos dijeron: «¿Pusisteis muchos anuncios en *L. A. Times*?».

Contesté: «No, no hicimos publicidad en el *L.A. Times*».

Dijeron: «Será interesante. Estamos en el negocio desde hace años y sabemos que hay que poner anuncios».

Dije: «Bien, chicos, por eso quiero trabajar con vosotros, porque conocéis el negocio».

Así que dimos la vuelta a la manzana del cine y vimos un gran letrero que decía: «*¿¡Y tú qué sabes!?*... localidades agotadas».

Entramos, nos sentamos y vimos toda la película. Hubo un coloquio posterior. Escucharon todas las charlas, las preguntas y el agente principal dijo: «Caray, nunca había visto nada parecido. Bien, hagámoslo». De modo que comenzamos nuestra distribución.

Me imaginaba que la gente o bien iba a adorar la película o bien iba a ignorarla. Ninguno de nosotros había estado antes ante la opinión pública, nadie había experimentado los medios de comunicación, y realmente no sabíamos qué esperar.

Entonces el correo del odio comenzó a llegar. Llegaban amenazas de muerte. ¡Dios mío, que extraño! En un momento dado, Betsy y yo

dejamos de leer nuestro correo electrónico, después de tres o cuatro comentarios como «La película ha cambiado mi vida» o «Es maravillosa», sigues leyendo el siguiente y dice «Tú, nazi. El mundo sería mejor si no estuvieras en el planeta». No estaba acostumbrado a eso.

Comenzó a ser tan horrible que acabé llamando a JZ Knight, que está en contacto con Ramtha. A lo largo de estos años ella ya ha tenido lo suyo en lo que se refiere a mensajes llenos de odio. Me ayudó mucho. Tienes que desligarte de las reacciones de todos y cada uno sobre lo que tú haces, me dijo, tanto si te quieren como si te odian. Unos te querrán y otros te odiarán. Al final, cuando estés sentado tranquilamente bebiendo un té al anochecer y mirando el fuego, tienes que sentirte feliz por el trabajo que has realizado. Tienes que sentirte bien contigo mismo, y si piensas que lo que has hecho es estupendo, quédate con ello. Si te quedas hecho polvo cada vez que no le gustas a alguien, entonces nunca avanzarás en esta vida.

Fue una gran experiencia para todos nosotros.

Casi desde el comienzo leíamos que la película había sido financiada por el instituto Ramtha y que era un vídeo de propaganda suyo para buscar seguidores. Fue muy extraño para mí leer eso, pues yo sabía que no habían sido ellos los que la habían financiado. Yo lo hice. Ojalá lo hubiesen hecho ellos, ¡yo tendría ahora mucho más dinero!

Luego en el *San Francisco Chronicle* se publicó un artículo de una persona haciendo referencia a nuestros entrevistados con el calificativo de esos «supuestos expertos». He aquí una periodista, si así se le puede llamar, que decidió que nuestros entrevistados eran «supuestos expertos». Quiero decir, si no te gusta la película, si crees que es tonta, si lo piensas desde un punto de vista *artístico*, bien. Pero ¡meterte con científicos que han pasado años de sus vidas para llegar a esos descubrimientos! Para nosotros son realmente héroes y no esa gente que pega bastonazos con un bate de béisbol. La gente que ha llevado a cabo la investigación, ¡ésos son los héroes!

Mientras me acostaba esa noche, se me metió en la cabeza una canción de Bob Marley. Se llama «Redemption Song». Hay una estrofa que dice: «¿Cuánto tiempo más matarán a nuestros profetas mientras nosotros permanecemos mirando?». Y se quedó en mi cabeza toda la noche.

Tal y como está la sociedad, la prensa puede matar a nuestros profetas con ese sistema. Y sólo respondemos: «Oh, son los medios, ¿qué esperabas? Bueno, paciencia». Nos encogemos de hombros y decimos «bueno» *mientras permanecemos mirando.*

Me levanté a la mañana siguiente como si hubiese comido pólvora y escribí un e-mail de respuesta al redactor del periódico. También envié otro a toda mi agenda electrónica diciendo que si querían contestar, aquí tenían el e-mail de la periodista.

Más de 500 personas escribieron al *San Francisco Chronicle*, un buen montón de gente. ¿Y qué hizo el *Chronicle*? Nada. No publicaron ni una línea. Y volvimos a decir: «Vaya por Dios, son los medios».

Ha sido muy interesante para nosotros tres. En resumen, lo que hemos hecho es ponernos en pie, clavar nuestro estandarte en tierra y decir: «Esto es lo que creemos que es importante». Y hemos aprendido a sobrellevar un poco tanto la negatividad que nos invade como lo positivo.

Y ésta es en definitiva la historia sobre cómo llegamos aquí. Y no tenemos ni idea de lo que vamos a hacer de ahora en adelante. Pero estamos contentos de estar en esta carrera salvaje y les agradecemos a todos que nos hayan seguido durante toda esta aventura.

Más travesuras de los amigos en

¿¡Y tú qué (S)aBēs!?

Nos han asediado con peticiones de que facilitásemos todas las entrevistas al completo, bien por escrito o bien en un DVD de las entrevistas únicamente. Parece ser que la gente quiere más información (por eso hemos escrito este libro).

Pero pensamos ir un paso más adelante. En la conferencia de Santa Mónica entrevistamos de nuevo a casi todos los que intervinieron en la película. Conseguimos entrevistarnos con Lynne McTaggart y con Dean Radin y añadimos treinta horas más de entrevistas a las sesenta ya existentes. Mientras estábamos en ello, teníamos unos diez minutos de animación que queríamos haber incluido en la primera versión, pero nos quedamos sin tiempo, así que empezamos a producirlos.

Volvimos a la sala de montaje. Recortamos el noventa por ciento de las entrevistas de la primera versión y las reemplazamos por otras secuencias. Añadimos otra hora de entrevistas y de animación, reestructuramos la parte de ficción y la titulamos *La Versión de la Madriguera del Conejo*.

Y pensamos... ¿por qué no dar otro paso adelante y luego otro y otro? Utilizando tecnología de DVD y generadores de números aleatorios (REG) introduciéndolos en los reproductores, produjimos una versión de seis horas en la que el espectador puede establecer «hasta dónde quiere meterse en la madriguera del conejo». Y si quieren entrar en el mundo cuántico, pueden conectar la posición aleatoria, de modo que al poner en marcha el reproductor de DVD, éste «echa los dados» para ver qué entrevista reproducirá después. (Puede que Dios no juegue a los dados con el universo, pero nosotros podemos hacerlo con el DVD). Así pues, cada vez que lo veas, será diferente. (Y si la consciencia afecta al REG, ¿qué quiere decir *esto*?).

Colaboradores

David Albert es profesor y director del departamento Philosophical Foundations of Physics de la Universidad de Columbia, está especializado en problemas filosóficos de la física cuántica, en filosofía del espacio y del tiempo y en filosofía de la ciencia. Es autor del libro *Quantum Mechanics and Experience* y de *Time and Chance*, ha publicado también numerosos artículos sobre física cuántica, la mayoría en la publicación *Physical Review.*

Joe Dispenza estudió bioquímica en la Universidad de Rutgers en New Brunswick, Nueva Jersey. Obtuvo el doctorado en Quiropráctica en la Life University de Atlanta, Georgia. El doctor Dispenza continuó con su formación en el campo de la neurología, neurofisiología y funcionamiento del cerebro.

Joe Dispenza, famoso por sus observaciones acerca de «crear tu día», es alumno de la Ramtha's School of Enlightenment, donde ha aprendido a crear su día y ha experimentado personalmente de qué manera el cerebro, la consciencia y la intención trabajan al unísono para crear la realidad.

Las investigaciones de **Masaru Emoto** *(www.masaru-emoto.net)* y sus asombrosas fotografías de los cristales de agua han suscitado un amplio y enorme interés. El doctor Emoto ha publicado varios libros.

Amit Goswami es profesor emérito del departamento de Física de la Universidad de Oregón, donde trabaja desde 1968. Es uno de los pioneros del nuevo paradigma de la ciencia llamado La Ciencia en el Interior de la Consciencia. Goswami es el autor del libro de enorme éxito *Quantum Mechanics*.

Goswami ha escrito asimismo ocho libros sobre la física cuántica y la consciencia.

En su vida privada, Goswami practica la espiritualidad y la transformación. Se autodefine como activista cuántico.

John Hagelin es un famoso físico experto en el mundo cuántico, profesor, escritor y experto en programas oficiales en relación con la ciencia. El Dr. Hagelin dirigió una investigación pionera en el CERN (European Center for Particle Physics) y en el SLAC (Stanford Linear Accelerator Center), y es el responsable del desarrollo de la exitosa teoría del gran campo unificado, basada en la teoría de las supercuerdas. Como director del Instituto de Ciencia, Tecnología y Política Nacional, un avanzado grupo asesor político, Hagelin ha encabezado con éxito el esfuerzo en el ámbito nacional para identificar, verificar científicamente y promover soluciones rentables a problemas sociales de envergadura en campos tales como el crimen, la salud, la educación, la economía, la energía y el medio ambiente. Por otra parte, ha pasado gran parte de los últimos 25 años dirigiendo investigaciones científicas sobre los fundamentos de la consciencia humana. En su libro *Manual for a Perfect Government*, Hagelin muestra cómo es posible resolver problemas sociales agudos e intensificar la eficacia del gobierno mediante programas de educación que desarrollen la consciencia humana y a través de políticas y programas que saquen un provecho efectivo a las leyes de la naturaleza. En reconocimiento a sus importantes logros se le concedió el prestigioso Kilby Award que premia a los científicos por su «gran contribución a la sociedad con su investigación en los campos de la ciencia y de la tecnología». El premio reconoce a Hagelin como «científico de la talla de Einstein, Jeans, Bohr y Eddington».

Stuart Hameroff *(www.quantumconsciousness.org)* es profesor en el departamento de Anestesiología y Psicología y director del Center for Consciousness Studies de la Universidad de Arizona. Dedica la mayor parte de su actividad profesional a su trabajo como anestesista. Su interés en la investigación se ha centrado siempre en averiguar cómo produce pensamientos, sentimientos y emociones ese trozo de carne gris que es nuestro cerebro. ¿Es el cerebro únicamente un ordenador? ¿O hay algo más interesante ahí dentro? ¿Pueden nuestros cerebros conectarnos a la estructura sutil del universo? ¿Qué ES la estructura sutil del universo?

Ha publicado cientos de artículos científicos y cinco libros.

Ervin Laszlo es el autor o editor de setenta y cuatro libros traducidos a veinte idiomas; tiene en su haber más de cuatrocientos artículos y documentos de investigación y seis volúmenes de grabaciones de piano. Es el editor de la publicación mensual *World Futures: the Journal of General Evolution*, y de la serie de libros relacionada con ésta. Laszo está ampliamente reconocido como el fundador de la filosofía de sistemas y la teoría de la evolución general y trabaja como director-fundador del General Evolution Research Group. Entre sus numerosos premios y reconocimientos figuran cuatro doctorados honoríficos.

Miceal Ledwith nació en el Condado de Wexford, en Irlanda, y se ordenó sacerdote católico en 1967 tras haber acabado sus estudios de arte, filosofía y teología. Ha estudiado las enseñanzas de la Ramtha's School of Ancient Wisdom durante muchos años. Como introducción a algunos de los temas principales de su próximo libro, actualmente produce una serie de DVD titulada *Deep Deceptions*.

Lynne McTaggart es la galardonada autora del *best seller The Field* (www.livingthefield.com) que surgió de la búsqueda que emprendió para comprobar si las nuevas teorías científicas podían explicar la homeopatía y la curación espiritual. Es muy conocida como fundadora y editora (con su marido Bryan Hubbard) de importantes informes y libros sobre salud alternativa y espiritualidad.

Daniel Monti obtuvo el doctorado en Medicina, *summa cum laude,* por la State University of New York.

La investigación del doctor Monti cubre un amplio abanico de temas. Sus investigaciones sobre las curaciones mente/cuerpo le han valido el NeuroEmotional Technique Doctor of the Year Award y el Tree of Life Award por sus «aportaciones al bienestar de la comunidad en general».

En la actualidad está escribiendo un libro, con una base científica y orientado a una audiencia profana, sobre la mente, el cuerpo y los sistemas energéticos como elementos de la red intrincada que constituye nuestra salud física y mental.

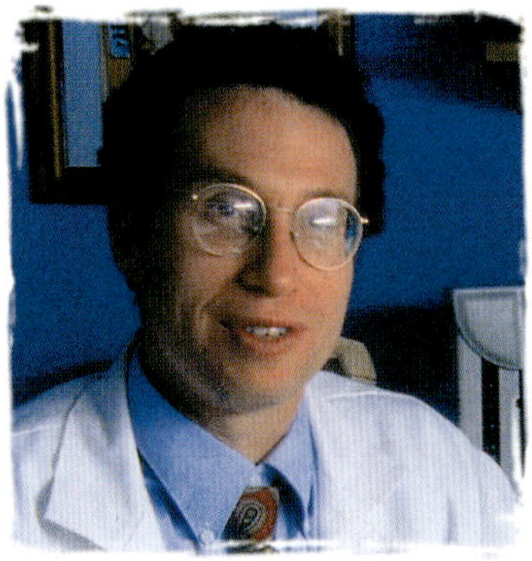

Andrew B. Newberg es profesor agregado en el departamento de Radiología y Psiquiatría del Hospital de la Universidad de Pennsylvania y forma parte del personal como físico en el departamento de Medicina Nuclear. Ha publicado numerosos artículos y columnas sobre el funcionamiento cerebral y la neuroimagen y sobre el estudio de experiencias místicas y religiosas.

Candace Pert era estudiante cuando a los veintitantos años descubrió el receptor opiáceo, el lugar de enlace celular para las endorfinas, el analgésico natural del cuerpo que ella denomina nuestro «mecanismo subyacente para la felicidad y la vinculación emocional». Este importante descubrimiento presagió un enorme cambio en el entendimiento científico de los sistemas de comunicación internos del ser humano y señaló el camino hacia el modelo basado en la información que en la actualidad está suplantando el punto de vista estructuralista que imperaba hasta la fecha.

Desde entonces, Candace Pert orientó su investigación hacia el desarrollo de fármacos no tóxicos que bloquean selectivamente los receptores del virus del SIDA. Ha investigado también la relación «amenazadoramente interdisciplinaria» entre los sistemas inmunes y nerviosos, proporcionando información sobre un sistema de comunicación corporal amplio mediante moléculas de péptidos y sus receptores, que ella considera como la base bioquímica de la emoción y la llave potencial a muchas de las enfermedades más resistentes de nuestro tiempo.

Ramtha *(www.ramtha.com)* el místico, filósofo y maestro de profesores, es uno de los grandes enigmas que han estudiado los científicos en esta última década. Su asociación con la americana JZ Knight, que actúa como su canal, aún desconcierta a los eruditos; los resultados de sus estudios apuntan a un fenómeno decididamente no local.

A través de un sistema coherente de pensamiento que unifica el conocimiento científico con el conocimiento esotérico del espíritu, los estudiantes de Ramtha estudian biología, neurofisiología, neuroquímica y física cuántica. Al igual que Bohm, sostiene que la consciencia es la base de todo ser. En su propia vida, hace unos 35.000 años, aprendió a desligar la consciencia de su propio cuerpo, a elevar su frecuencia y por último a llevársela consigo. Es uno de los pocos seres humanos que han llegado a ser testigos de lo visible y de lo invisible.

Dean Radin es científico veterano en el Institute of Noetic Sciences (IONS) de Petaluma, California. Trabaja también como profesor adjunto en la Sonoma State University y como profesor adjunto y asesor distinguido en la Saybrook Graduate School de San Francisco.

Radin ha sido elegido por cuatro veces Presidente de la Parapsychological Association (Asociación de Parapsicología), filial de la American Association for the Advancement of Science (Asociación Americana para el Avance de la Ciencia).

El doctor Radin es el autor del premiado libro *El universo consciente: la verdad científica de los fenómenos psíquicos*. Es autor o coautor de más de 200 artículos de prensa e informes técnicos.

William A Tiller es profesor emérito de la Stanford University y pionero en investigación psicoenergética. En la actualidad es presidente y científico jefe de The William A. Tiller Foundation for New Science, en Payson, Arizona. En 2005 recibió el Premio Alyce y Elmer Greene por «su trabajo sobre los psicoenergéticos y el papel de la consciencia en la realidad mente-materia» de la International Society for the Study of Subtle Energies and Energy Medicine.

Jeffrey Satinover es escritor, psiquiatra y físico. Sus libros más vendidos se han traducido a 9 idiomas y versan sobre distintos temas que van desde la historia de la religión a neurociencias informáticas y mecánica cuántica. En la actualidad forma parte de un equipo multidisciplinar de investigación en el Condensed Matter Physics Lab, que investiga sobre teorías de sistemas complejos con aplicación en los mercados financieros, cambios climáticos, predicciones de terremotos y epidemias. Enseña a tiempo parcial en la University de Princeton y trabaja como consejero en el Senado de Estados Unidos en el tema del tráfico de mujeres y niños y la esclavitud sexual.

Fred Alan Wolf trabaja como físico, escritor y conferenciante. Su trabajo en física cuántica y la consciencia es bien conocido a través de sus escritos científicos. Es autor de 12 libros.

La mente inquisitiva de Wolf ha ahondado en la relación existente entre la consciencia humana, la psicología, la fisiología, el misticismo y la espiritualidad.

El doctor Wolf es bien conocido por su simplificación de la nueva física y como autor de *Taking the Quantum Leap (El salto cuántico)*, que, en 1982, consiguió el prestigioso National Book Award for Science.

Otras sugerencias

Además de todos los libros, cintas y vídeos editados por esas mentes increíbles que entrevistamos para llevar a cabo la película y el libro, recomendamos esta lista de publicaciones. También le sugerimos que visite *www.whatthebleep.com* si está interesado en la lista completa de libros, CD y vídeos de nuestros entrevistados.

Consciencia:

The Conscious Universe: The Scienctific Truth of Psychic Phenomena, Dean Radin, Harper Collins.

Create your Day, Ramtha, JZK Publishing (DVD).

Entangled Minds, Dean Radin, Harper Collins.

The Science of Mind, Ernest Holmes, Putnam/Tarcher.

Física cuántica:

Beyond Einstein: The Cosmic Quest for the Theory of the Universe, Michio Kaku, Bantam/Anchor Books.

Beyond the Quantum, Michael Talbot, Macmillan Publishing.

Brindging Science and Spirit: Common Elements in David Bohm's Physics, the Perennial Philosophy and Seth, Norman Friedman, The Woodbridge Group.

The dancing Wu-Li Masters, Gary Zukav, Bantam.

The Elegant Universe: Superstrings, Hidden Dimensions, and the Quest for the Ultimate Theory, Brian Green, Random House.

Holographic Universe, Michael Talbot, Harper Collins.

*Hyperspace: A Scientific Odyssey Through Parallel Universes, Time Warps and the Tenth Dimension,*Michio Kaku, Doubleday/Anchor Books.
The Matter Myth: Dramatic Discoveries That Challenge Our Understanding of Physical Reality, Paul Davies and John Gribbin, Simon and Schuster/Touchstone.
Science and the Akashic Field; An Integral Theory of Everything, Ervin Laszlo, Inner Traditions International.
Science and the Reenchantment of the Cosmos, Ervin Laszlo, Inner Traditions.
Stalking the Wild Pendulum: On the Mechanics of Consciousness, Itzhak Bentov, Destiny Books.
This Strange Quantum World &You, Patricia Topp, Papillon Publishing.
The Tao of Physics; An Exploration of the Parallels Between Modern Physics and Eastern Mysticism, Fritjof Capra, Shambhala.

El cerebro:

The God Particle; If the Universe Is the Answer, What Is the Question?, Leon Lederman, Dell.
The Mystical Mind: Probing the Biology of Religious Experience, Eugene G. D'Aquili, M.D. Ph.D. and Andrew B. Newberg, M.D. Fortress Press.
Where God Lives in the Human Brain, Carol Rausch Albright, James B. Ashbrook and Anne Harrington, Sourcebooks.
Where God Lives: The Science of the paranormal and How Our Brains Are Linked to the Universe, Melvin Morse, M.D. with Paul Perry, Harper San Francisco.
Why God Won't Go Away: Brain Science and the Biology of Belief, Andrew Newberg, M.D. Eugene D'Aquilli. M.D., Ph.D., y Vince Rauss, Ballantine.

Agradecimientos

Cuando comenzamos la película, pensamos: «Se trata de una película únicamente». Pero nos adentrábamos en un movimiento. Mucha gente que vio la película pensó: «¡Por fin! ¡Siempre había deseado que se hiciese una película sobre este tema!». Bien, nosotros también lo deseábamos; nos habíamos dado cuenta de que probablemente acabaríamos haciéndola nosotros mismos.

Quisiéramos dar las gracias a todos que han mandado su petición en conciencia. Se palpa el deseo de cambio. Agradecemos a todos los que nos han ayudado a llevar a cabo la película; a todos ustedes que nos han apoyado en las salas de cine, mediante e-mails y llamadas de teléfono a la redacción «exigiendo» a veces ver la película; a todos los que trajeron a sus amigos y a los amigos de sus amigos, y a todos ustedes que patearon las calles hablando de la película. Todos juntos estamos realizando algo maravilloso.

Hay muchas personas que trabajaron duro tras las pantallas para sacar a la luz la película y ahora este libro. Gracias a Gabby, Melissa, Pavel, Cate, Straw, Debbie, Jason, Shelley, John y David por su apoyo incondicional, hora tras hora de trabajo al teléfono, en Internet y de cualquier otra forma necesaria para llevar la película a la gente. Y a todos los que trabajan en Samuel Godwyn, IDP y en Twentieth Century Fox Home Video por creer en la película, y a Richard Gaurdian por darla a conocer mundialmente.

Gracias a todos los componentes de nuestra editorial, HCI, y en especial a Amy Hughes, nuestra editora; a Larissa Hise Henoch, que creó la mayor parte del material gráfico, y a Bret Witter, que supervisó todo el proyecto.

Gracias a nuestras familias y a nuestros amigos por dejarnos el espacio y el tiempo que costó hacer realidad nuestros sueños: a Gordie y Elorathea, por la inspiración personal (Betsy); a Mary Lou, por todos los años de amor y ayuda (Mark), y por conseguir que yo mantuviese mi sonrisa e incluso la carcajada durante todo el proceso: a Walter, Viva, Rama y a K. T. Elliott (Will).

A Ramtha & JZ Knight, sin los que nada de esto hubiese sido posible. A todos nuestros científicos y entrevistados, Fred Alan Wolf, Dean Radin, Lynne McTaggart, Dan Monti, David Albert, Jeffrey Satinover, Stuart Hameroff, Amit Goswami, Bill Tiller, Miceal Ledwith, Joe Dispenza, Candace Pert, Andrew Newberg, Ervin Laszlo y John Hagelin, gracias a todos por vuestras mentes brillantes y vuestro deseo de llegar allí donde la mayoría de los hombres y mujeres tienen miedo de llegar.

Los nuevos límites no son un país o un planeta. Es la mente. Estas ideas suponen el futuro de la humanidad.

Will Betsy Mark